이것은
이름들의 전쟁이다

CALL THEM BY

이것은
이름들의
전쟁이다

리베카 솔닛 지음 · 김명남 옮김

Rebecca
Solnit

THEIR

TRUE NAMES

아서 도브(Arthur Dove), 「감상적인 음악」(Sentimental Music), ca. 1913.

  예전 언젠가 선거철에, 영국 일간지 『가디언』*The Guardian*은 전세계가 미국 대통령 선거에 투표할 수 있어야 한다고 제안했습니다. 미국 대통령이 마치 지구 전체를 다스리는 사람처럼 굴기 때문이죠. 제국의 시민으로 산다는 것은 몹시 당황스러운 일입니다. 그리고 그 결과 중 하나는 미국이 세계를 아는 것과는 비교가 안 될 만큼 세계 대부분의 나라에서 살아가는 사람들이 우리를 훨씬 더 많이 안다는 점입니다. 캐나다 사람들은 미국과 캐나다의 국경을 '세상에서 제일 긴 일방향 거울'이라고 부르지요. 아쉽게도 나와 한국의 관계도 그러합니다. 2017년 늦여름에 처음 한국을 방문하여 한국의 용감한 페미니스트들과 페미니즘을 이야기하고 그들의 이야기를 들었던 것은 잊지 못할 경험이었지만, 그후에도 상황은 마찬가지죠.

  한국에 갔을 때 나는 농담으로 계속 여러분에게 대통령

탄핵 방법을 알려달라고 졸랐습니다. 비록 여러분의 나라를 너무 모르기는 합니다만, 그동안 몇몇 영웅적인 한국인들의 활동을 감탄하며 지켜봐왔습니다. 일본군에 의해 강제로 성 노예가 되었던 여성들이 배상과 인정을 요구하며 싸우는 모습을 봐왔고, 2003년 멕시코 깐꾼에서 열린 세계무역기구 각료회의 때 농민 이경해씨가 항의의 자살로 세계에 충격을 안겼던 일을 기억합니다(그래서 "또도스 쏘모스 '리'", 즉 "우리는 모두 '이'다"라는 구호가 울려퍼졌죠). 내 동생 데이비드는 2005년 세계무역기구 홍콩 회의 때 항의 시위를 조직했는데, 그때 한국 농민들이 바리케이드에 저지당하자 헤엄쳐서라도 회의장으로 접근하려고 했던 모습을 목격하고 존경심에 가득 차서 돌아왔습니다. 그리고 이제 여러분은 대통령을 탄핵시켰고, 여성들은 가부장제와 여성혐오에 대항하여 맹렬하게 들고일어났습니다.

미국이 국가적으로 비교적 평온했던 시기에 나는 주로 내가 사는 지방과 지역의 정치, 그리고 국제정치에 집중했습니다. 그러나 도널드 트럼프Donald Trump라는 끔찍한 위기의 시기를 맞고부터는 미국 정치, 미국 수도, 그 모든 일의 한복판에서 왕좌에 앉아 있는 어릿광대와 그가 가하는 다양한 종류의 위협으로부터 도무지 시선을 돌릴 수 없었습니다. 그의 위협 중 가령 핵전쟁 같은 것은 아직 가능성일 뿐이지만, 이민자 아이들에게 가하는 위협 같은 것은 현재 벌써 잔인하게 실행되고 있습니다.

　이 책은 우선 내가 사는 나라의 갈등과 위기에 관한 이야기들입니다. 또한 우리가 어려운 시기를 맞고서야 비로소 알게 되는 것은 무엇인가, 현재의 정치 지형의 밑바탕에는 어떤 신념과 감정과 태도와 망각이 깔려 있는가 하는 이야기들이기도 합니다. 조지 오웰George Orwell이 1930년대 말에 썼던 스페인 내전 기록을 읽으면서, 나도 그저 희망을 품어봅니다. 내가 이 책에서 기록한 희망, 분노, 부정, 단언, 공격, 변호, 범주, 가정, 연대 등등이 특정한 시기와 장소를 묘사하는 데 그치지 않고 다른 사람들에게도 무언가 유효한 이야기를 들려줄 수 있었으면 하는 희망을. 번역을 통해 이 책을 읽는 여러분 모두에게 감사합니다.

2018년 10월

리베카 솔닛

정치와 미국의 언어

아르네-톰프슨 분류 체계에 따르면, 여러 설화 유형들 가운데는 "주인공이 초자연적이거나 위협적인 원조자의 진짜 이름을 부름으로써 그를 물리치는 이야기"들이 있다. 먼 옛날 사람들은 이름에 힘이 있다는 사실을 알았다. 요 즘도 아는 사람들이 있다. 무언가를 정확한 이름으로 부르 는 행위는 무대책·무관심·망각을 눈감아주고, 완충해주 고, 흐리게 하고, 가장하고, 회피하고, 심지어 장려하는 거 짓말들을 끊어낸다. 호명만으로 세상을 바꿀 수는 없지만, 호명은 분명 중요한 단계다.

그 대상이 암울한 것일 때, 나는 호명을 일종의 진단으 로 여긴다. 물론 진단된 질병이라고 해서 모두 치료할 수 있는 것은 아니다. 그러나 일단 내가 대면한 것의 정체를 알면 그것을 어떻게 처리해야 하는지도 훨씬 더 잘 알 수 있다. 그 첫단계로부터 연구, 지지, 효과적 치료가 진행될 수 있을 테고, 어쩌면 질병과 그 의미를 재정의하는 작업도 가능할 것이다. 일단 질병에 이름을 붙이면, 같은 질병을 겪는 사람들의 공동체와 접촉할 수 있고 스스로 그런 공동체를 꾸릴 수도 있다. 게다가 가끔은 진단된 것이 정말로 낫는다.

명명은 해방의 첫단계다. 자신의 진짜 이름으로 불린 독일 설화 속 난쟁이 룸펠슈틸츠헨은 자기파괴적 분노를 발작적으로 터뜨렸고, 그 덕분에 주인공은 그에게 강탈당할 위기에서 벗어날 수 있었다. 우리는 옛이야기를 보통 마법에 걸리는 이야기들이라고 생각하지만, 종종 그 이야기들의 실제 목표는 마법에서 깨어나는 것이다. 주인공에게서 말하는 능력을 빼앗았거나, 그를 알아볼 수 없는 모습으로 변모시켰거나, 심지어 인간의 형상을 잃게끔 만들었던 주술·환영·변신을 깨뜨리는 이야기들이다. 정치인을 비롯한 유력 지도자들이 비밀리에 저질러온 짓을 정확히 호명하는 행위는 종종 그들의 사임과 권력 이동으로 이어진다.

무언가를 정확한 이름으로 부르는 행위는 숨겨져 있던 잔혹함이나 부패를 세상에 드러낸다. 혹은 어떤 중요성이나 가능성을 드러내기도 한다. 이야기를 바꾸는 일, 이름을 바꾸는 일, 새 이름이나 용어나 표현을 지어내고 퍼뜨리는 일은 세상을 바꾸려 할 때 핵심적인 작업이다. 해방을 추구하는 운동들에서도 새 용어를 만들거나 알려지지 않은 용어를 널리 알리는 작업은 늘 중요했다. 그 덕분에 이제 우리는 '정상상태화' '자원채굴주의' '태울 수 없는 탄소'라는 용어를 쓴다. '흑인으로 걷다' '가스라이팅' '감옥-산업 복합체' '새로운 짐 크로 법' '적극적 동의' '시스젠더' '걱정을 빙자한 트롤링' '왓어바우티즘' '남성계' 등등의 용어를 쓴다.*

● **정상상태화(normalization)**: 원래 정상이 아니던 것을 새로운 정상 상태로 받아들인다는 뜻으로, 트럼프의 각종 일탈을 용인할 만한 행위로 받아들인 공화당 및 유권자를 질책하는 뜻에서 자주 쓰이기 시작했다.

● **자원채굴주의(extractivism)**: 자연자원을 대량 채굴하여 해외시장에 내다 파는 행위로, 식민주의의 약탈 및 경제 세계화의 맥락에서 부정적인 뜻으로 주로 쓰인다.

● **태울 수 없는 탄소(unburnable carbon)**: 기후협약 등에 따라 탄소 배출 한계를 지킬 경우, 매장량이 확인되었거나 이미 확보한 화석연료도 태울 수 없게 되는 것을 뜻한다.

● **흑인으로 걷다(walking while Black)**: 음주운전(driving while intoxicated)이라는 용어에서 '흑인으로 운전하다'(driving while Black)라는 표현이 나온 것은 교통경찰이 흑인 운전자를 유달리 많이 제재한다는 사실을 꼬집기 위해서였고, 거기에서 파생한 이 표현은 흑인 보행자가 경찰로부터 인종차별적 검문과 수색 등을 더 자주 당한다는 뜻이다.

● **가스라이팅(gaslighting)**: 상황과 심리를 조작하여 상대가 스스로의 판단력과 현실감각을 의심하도록 만듦으로써 지배력을 행사하는 정신적 학대 행위로, 희곡 「가스라이트」에서 유래한 말이다.

● **감옥-산업 복합체(the prison-industrial complex)**: '군산복합체'에서 파생된 용어로, 교도소 민영화 등으로 교정 체제가 대기업과 유착한 것을 뜻한다.

● **새로운 짐 크로 법(the new Jim Crow law)**: 19~20세기 미국의 '짐 크로 법'은 공공장소에서의 흑백 시민 분리를 규정했던 법규로 현재는 인종차별법의 동의어로 쓰이는데, 21세기 들어, 흑인 인구의 대량 투옥에 인종 통제 의도 및 차별적 요소가 있음을 지적하며 '새로운 짐 크로 법'이라고 부르기 시작했다. 제도의 구조나 실행 면에서 교묘하게 인종차별이 이뤄지는 것을

이 작업은 양쪽 모두에게 통한다. 트럼프 행정부가 '가족 상봉'이라는 상서로운 표현을 불길하고 꼭 전염병처럼 들리는 '연쇄 이주'chain migration라는 표현으로 바꾼 것을 떠올려보라. 조지 W. 부시 행정부가 '고문'을 '선진 심문' enhanced interrogation으로 재정의했던 것, 많은 언론사가 고분고분 그 표현을 따라썼던 것을 떠올려보라. 빌 클린턴 행정부가 '21세기로의 가교'building a bridge to the 21st century라는 공허한 표현으로 기술이 가져올 멋진 신세계를 찬양하면서 기술이 우리를 19세기 수준의 경제 격차와 악덕 자본가

가리켜 이 표현을 쓴다.

● **적극적 동의(affirmative consent)**: 성행위에서 행위자가 '적극적 저항'을 하지 않은 경우에는 암묵적으로 동의한 것으로 간주해 성폭력이 아니라고 보았던 옛 기준을 대신하는 새 기준으로, 모든 행위자가 발화로 '적극적 동의'를 해야만 동의된 관계라고 보는 것을 뜻한다.

● **시스젠더(cisgender)**: 트랜스젠더에서 나온 그 반대말로, 생물학적 성별(출생시 지정 성별)과 스스로 정체화한 성별정체성이 일치하는 사람을 뜻한다.

● **걱정을 빙자한 트롤링(concern trolling)**: 주로 인터넷 공간에서, 어떤 집단의 목표를 공유하는 척하다가 '단, 이런 점은 좀 걱정스럽다'며 발전적 제안인 듯 의견을 내지만 사실은 훼방 놓으려는 '트롤링(인터넷 공간에서 사람들의 화를 부추기려고 의도적으로 도발하는 짓)'에 지나지 않는 것을 뜻한다.

● **왓어바우티즘(whataboutism)**: 소련/러시아가 서방으로부터 비판받을 때마다 '그러는 너희의 이런 문제는 어떻고(What about…)?' 하고 대꾸했던 데서 나온 말로, 정당한 문제 제기에 그와는 맥락이 다른 문제 제기로 대꾸하는 논점 일탈의 오류 혹은 술수다.

● **남성계(manosphere)**: 남성들이 페미니즘에 대응하여, 혹은 반대하여 남성들이 겪는 문제와 남성성에 관련된 주제를 논의하는 공간, 주로 인터넷 공간을 뜻한다. ── 옮긴이

사회로 되돌릴 수도 있다는 사실은 은근슬쩍 가렸던 것을 떠올려보라. 로널드 레이건이 '복지 여왕'welfare queen이라는 가상의 인물을 만든 뒤 그의 부당한 욕심을 핑계 삼아서 빈곤 계층에 대한 원조를 줄이고 만연한 빈곤의 현실을 무시했던 것을 떠올려보라.

거짓말하는 방법은 헤아릴 수 없이 많다. 어떤 조치에 의해 영향받게 될 영역을 통째 간과함으로써 거짓말할 수도 있고, 결정적 정보를 빠뜨림으로써 거짓말할 수도 있고, 원인과 결과의 연결 고리를 끊어버림으로써 거짓말할 수도 있다. 정보를 왜곡하거나 불균형하게 제시하여 반증함으로써 거짓말할 수도 있고, 폭력을 완곡하게 표현하거나 적법한 행위에 비방하는 이름을 붙임으로써 거짓말할 수도 있다. 그래서 가령 백인 아이들은 그냥 '어울려 노는' 것이지만 흑인 아이들은 '어슬렁거리고' '슬금슬금 돌아다니는' 것이 된다. 언어는 지우고, 왜곡하고, 잘못된 방향을 가리키고, 거짓 미끼를 던지거나 주의를 흩뜨릴 수 있다. 언어는 시체를 파묻을 수도 있고 파낼 수도 있다.

우리는 기후위기 데이터에 양면적인 측면이 있는 것처럼 말할 수 있고, 기업에 고용되어 왜곡된 정보를 흘리는 홍보업자들을 압도적 다수의 과학자들과 동등하게 존중해야 한다는 듯 말할 수 있다. 우리는 흩어진 점들을 연결하길 거부할 수도 있다. 미국은 오랫동안 젠더폭력에 대해서 그렇게 해왔다. 그래서 여성에 대한 끔찍한 수준의 가정폭력과 성폭력은 서로 아무런 관계없이 뿔뿔이 흩어진 이야기, 사소하고 보도되지 않는 낱낱의 이야기로만 머물러 있었다. 우리는 피해자를 비난하거나 이야기를 재구성함으로써 여성들이 만성적으로 공격당하는 것이 아니라 여성들이 만성적으로 거짓말하고 망상에 시달린다고 말할 수도 있다. 후자라고 말하면 현 상태가 안전하게 지켜지지만 전자라고 말하면 와해되니까. 여기에서 우리는 무언가를 무너뜨리는 일이 가끔은 건설적이라는 사실을 새삼 인식하게 된다. 또 남자에게는 거의 쓰이지 않지만 여자에게만 비난의 뜻으로 쓰이는 표현은 수없이 많고 —— 몇가지만 꼽으면 '드세다' '새되다' '헤프다' '히스테릭하다' 등이다 —— '우쭐댄다'나 '이국적이다'처럼 인종적 저의가 담긴 표현들도 있다.

언어는 갈등이 없는 곳에서 갈등을 만들어낼 수도 있다. '계급 대 정체성 정치'라는 표현은 우리가 누구나 둘 다 갖고 있다는 사실을 무시하고, 노동계급으로 불릴 만한 사람들 중 다수가 여성과 유색인이라는 사실을 무시한다. 반면 월가 점거 운동이 내세운 슬로건이었던 '우리는 99퍼센트다'는 우리가 여러 계급으로 계층화될 필요가 없는 사회, 그러나 '나머지 1퍼센트'가 —— 이 표현은 사람들의 입에 붙어서 일상 어휘로 편입되었다 —— 다른 모든 사람들과 자신들을 구분지어온 사회에 대해 생각해보자고 말한다.

말의 엄밀함, 정확함, 명료함은 중요하다. 또한 당신이 말하는 상대를 존중하는 것, 사람이 되었든 지구가 되었든 그 말의 주제나 역사적 기록에 대한 존중의 태도를 보이는 것도 중요하다. 그것은 어떤 면에서 자기를 존중하는 일이기도 하다. 많은 오래된 문화들은 '말이 그 사람을 보여준다'고 여긴다. '우리의 말이 우리의 무기입니다'라는 표현은 사빠띠스따Zapatista 반란군 부사령관 마르꼬스Subcomandante Marcos의 글을 모은 선집의 제목이었다. 만약 당신의 말이 믿을 만하지 않다면, 쓰레기라면, 거짓이라면, 일회성 감언이설이라면, 당신은 아무것도 아니다. 당신은 늑대를 봤다고 거짓말한 양치기 소년, 떠버리, 사기꾼이다.

적어도 예전에는 그랬다. 지금 이 순간 우리가 겪는 위기 가운데 하나가 언어의 위기인 것은 바로 이 때문이다. 언어는 막연한 의도만을 담은 실답지 않은 소리로 퇴보하고 있다. 실리콘밸리는 공유경제니 파괴적 혁신이니 연결성이니 개방성이니 하는 그럴듯한 표현들을 점유하여 자신들의 정체를 눈가림하고 자신들의 목표를 추구하는 수단으로 쓴다. 한편 감시 자본주의 같은 용어들은 그에 반격한다. 미국의 현 대통령이 자행하는 언어 자체에 대한 언어폭력은 또 어떤가. 그는 단어들의 무의미한 나열에 가까운 말을 불분명한 발음으로 질금질금 흘리면서 무엇이 되었든 그가 원하는 바가 곧 진실이고 사실이라고 주장한다. 그가 원하는 바라는 것이 설령 바로 어제의 진실이나 사실과도 또 달라진 내용이더라도. 그가 무엇을 추구하려고 하건, 그가 실제로 추구하는 건 무의미함이다.

의미를 추구하는 삶이란 물론 우리가 각자 삶을 어떻게 살아가는가 하는 행동의 문제이지만, 동시에 우리가 그 삶을 어떻게 묘사하고 자신 외에 무엇을 곁에 두고 살아가는가 하는 문제이기도 하다. 나는 이 책의 한 대목에서 이렇게 말했다. '일단 우리가 이것을 정확한 이름으로 부르면, 그때부터 우리는 비로소 우선순위와 가치에 대해 진정한 대화를 나눌 수 있다. 잔학함에 대한 저항은 그 잔학함을 숨기는 언어에 대한 저항에서 시작하기 때문이다.'

격려encourage는 말 그대로 용기courage를 불어넣는다는 뜻이고, **분열**disintegration은 말 그대로 통합integration을 잃는다는 뜻이다. 언어를 정확하고 조심스럽게 쓰는 것은 의미의 분열에 대항하는 방법이자 우리가 사랑하는 공동체를 격려하고 우리에게 희망과 전망을 불어넣는 대화를 독려하는 방법이다. 모든 것을 그 정확한 이름으로 부르는 일, 이것이 내가 이 책에서 하려고 애쓴 일이다.●

● 이 책의 글들은 워낙 격동적인 시기에 씌어졌기 때문에, 처음 발표된 시점에는 합리적 기대로 보였던 일이 지금은 그렇게 보이지 않을 수도 있다는 사실을 독자 여러분이 염두에 두어주기를 바란다.

차례

CALL THEM BY THEIR

TRUE NAMES

겨드랑이
기름때

여자를 교회에서 끌어낼 수는 있어도 여자의 마음에서 교회를 끌어낼 수는 없다. 적어도 나는 그렇게 생각했다. 가톨릭 냉담자였던 어머니가 아이스크림과 브로콜리로 유혹과 죄와 구원의 드라마를 연출하는 모습을 볼 때, 혹은 죄를 저질렀다는 생각에 두려움으로 굳어버리는 모습을 볼 때. 어머니는 성사聖事와 의식은 뒤로했으나 어떤 죄도 영영 용서받을 수 없다는 불안은 뒤로하지 못했다. 너무 많은 사람들이 완벽을 믿지만, 완벽은 완벽하지 않은 모든 것을 망친다. 완벽은 그럭저럭 좋은 것의 적이자 현실적인 것, 가능한 것, 재미있는 것의 적이기 때문이다.

내 어머니의 징벌적 신은 코요테의 적이었다. 늘 시시덕 거리고, 음탕하고, 사고를 잘 치는 코요테와 그 사촌들은 여러 북아메리카 원주민 설화에서 세상의 창조자로 등장 하는 예측불허의 존재들이다. 그들 덕분에 나는 이 세상은 영원히 완벽에 도달하지 않으며 협동과 옥신각신을 통해 만들어지는 것일지도 모른다는 생각을 갖게 되었다. 내가 그런 설화를 처음 접한 것은 25년 전, 카위아족 아버지를 둔 개념예술가 루이스 디소토Lewis DeSoto가 내게 자기 작품에 관한 글을 써달라고 요청한 때였다. 그는 카위아족의 구전 설화를 누군가 기록한 것을 한부 복사하여 내게 건네주었다. 카위아족은 오늘날 캘리포니아라고 불리는 방대한 지역에서 살았던 수많은 자그마한 부족들 중 하나다.

카위아족은 모하비 사막 서부에서 살았다. 루이스가 내게 건넨 이야기에 따르면, 최초에 세상은 어둠뿐이었으나 이윽고 "멀리서 아름다운 소리가 들렸는데 마치 먼 곳에서 누가 노래하는 듯한 소리였다". 이야기는 이렇게 이어진다. "땅은 아직 꼴을 갖추지 못해 비어 있었고, 어둠이 심연을 덮고 있었다." 성경의 「창세기」와 흡사하다. 그러다가 어머니 어둠은 출산을 시도하고, 두번 유산한 끝에 쌍둥이 형제를 낳는데, 쌍둥이는 늘 누가 먼저 태어났는가를 두고 티격태격하며 자란다.

그 쌍둥이는 세상과 그 속의 모든 것을 만들기 시작하고, 그러던 중 세상에 질병과 죽음이 있어야 하는가 하는 문제를 두고 입씨름한다. 입씨름에서 이긴 쪽은 인구과잉을 염려한다. 진 쪽은 홱 토라져서 이 세상에서 손을 떼는데, 황급히 떠나느라 그만 자신의 피조물 중 일부를 놔두고 간다. 코요테, 야자나무, 파리 등등을. 남은 형제는 이후 자기 딸인 달에게 욕정을 품고, 방울뱀에게 독니를 주고, 사람들에게 무기를 주어 서로 죽이게 하는 등 엄청난 골칫거리가 되고, 그의 피조물들은 그를 죽일 방법을 궁리한다. 이 세상에는 절대적으로 착하기만 한 이는 없다. 신들부터가 그렇다.

내가 사는 이곳 샌프란시스코만의 토착민인 올로니족은 최초에 코요테가 있었다고 말한다. 그 코요테가 독수리와 벌새와 함께 이 세상을 만들었다. 벌새는 코요테가 아내의 몸 중 정확히 어느 부분에 삽입해야 임신시킬 수 있는지 알아내려고 애쓰는 모습을 보며 비웃는다. (코요테가 늘 이렇게 순진하기만 한 것은 아니다. 오대호 인근 위너베이고족의 설화에서, 코요테는 탈착식 음경을 제 몸에서 떼어내 저 멀리 날아가서 남몰래 삽입하고 오라는 지령을 내린다. 그것이 꼭 무슨 창조 시대의 드론이라도 되는 양.) 캘리포니아의 시인 게리 스나이더Gary Snyder는 말했다. "늙은 의사 코요테는 (…) 선악을 뚜렷이 구분하고 싶어하지 않습니다." 대신 코요테는 쉽게 전염되는 활력과 엄청난 창조력을 넘치도록 갖고 있다. 또다른 캘리포니아 원주민 부족의 창조 신화에서, 신들은 인간의 생식에 대해 논쟁한다. 한 신은 남자와 여자가 밤중에 작대기를 하나 사이에 놓아두고 자면 일어났을 때 그 작대기가 아기가 되어 있는 것이 아닐까 하고 말한다. 다른 신은 남자와 여자가 밤중에 많이 껴안고 웃어야만 아기가 만들어질 것이라고 한다.

이 유연한 이야기들, 즉흥과 실패와 섹스를 두려워하지 않는 이야기들은 재즈를 연상시킨다. 이와 대조적으로 구약성경의 창조주는 폭군적인 작곡가다. 그의 악보는 단 하나의 올바른 방식으로만 연주되어야 한다. 불칼을 든 천사가 인간을 에덴에서 쫓아낸 것은 우리가 뱀과 이야기를 나누고 간식으로 먹을 과일을 잘못 골랐기 때문이었다. 그뒤 우리에게는 고통과 저주뿐이었다. 그러니 구원은 꼭 필요했다. 모든 것을 측정하는 기준이 완벽이었으니까. 그기준에 대자면 모든 것이 기준 미달이다.

「창세기」의 영향을 받은 세계 인구의 절반이 넘는 사람들은 거의 모두 우리가 어떤 형태로든 은총을 잃고 타락한 존재라고 믿는다. 세속적인 이야기들조차 그런 얼개를 취하는 경향이 있다. 보수주의자들에게는 그들만의 타락 이전의 에덴이 있고, 그 에덴에는 보통 강인한 아버지들과 조신한 여자들이 있고 퀴어는 존재하지 않는다. 진보주의자들도 세상이 지금처럼 오염되지 않았던 시절에 대해 늘이야기한다. 모계 사회, 구석기 식단, 치즈에서 의자까지 하여간 거의 모든 것이 장인적으로 제작되었던 시절을 그리워한다. 그러나 만약 우리가 은총을 포기한다면, 은총으로부터의 타락도 그만둘 수 있다. 그 대신 완벽하진 않지만 썩 좋은 것들을 즐길 수 있게 된다.

캘리포니아 북부의 또다른 토착민인 포모족에 따르면, 세상은 창조자가 제 겨드랑이의 기름때를 공처럼 동그랗게 뭉친 것으로부터 만들어졌다. 주로 시에라네바다산맥 북부에 사는 마이두족에 따르면, 세상은 거북의 손톱에서 긁어낸 진흙으로부터 만들어졌고 거북은 그 진흙을 원시 바다의 바닥에서 긁어모았다고 한다.

이런 옛이야기들은, 내가 물려받은 것은 아니지만, 내가 물려받은 이야기를 한번 재고해보면 어떻겠느냐고 권하는 이야기들이다. 정말로 완벽함이 썩 좋은 것의 적이라면, 완벽하지 못함은 썩 좋은 것의 친구일지도 모른다.

〔2014〕

CALL THEM BY THEIR TRUE NAMES

여성혐오를
비정상으로,

여성을
다시 인간으로*

세상에 어떤 새로운 사실이 알려지고, 그에 반응하는 과
정에서 페미니즘이 전진할 때, 종종 한명의 가해자와 한
건의 사건에 초점이 집중되고는 한다. 그러면 여성혐오가
사회 구석구석 퍼져 있다는 사실을 알지 못하는 사람들은
그 사건이 보편적 현상이 아니라 예외적 현상이라고 말하
는 이야기를 지어낸다. 영화 제작자 하비 와인스틴Harvey
Weinstein이 저지른 성범죄는 진보주의자들이나 할리우드
에서만 찾아볼 수 있는 문제라는 둥, 하원의원 후보자였던
로이 무어Roy Moore와 폭스 뉴스의 유명 진행자였던 빌 오
라일리Bill O'Reilly가 저지른 성범죄는 보수주의자들에게나
찾아볼 수 있는 문제라는 둥, 가정폭력 전력이 있는 이 대
량 살인자는 퇴역 군인이나 외톨이나 정신질환자 사이에

● 이 글은 한국어판에만 특별 수록한 것이다.

서만 찾아볼 수 있는 경우라는 둥, 각각의 사건이 사회의 보편적 패턴에서 벗어난 작은 결함일 뿐 패턴 그 자체는 아니라고 주장하는 이야기들이다. 그러나 그런 사건들은 이상이 아니라 정상이다. 미국 사회는, 다른 문제들도 많이 겪지만, 아직도 만연한 여성혐오로 인해 왜곡되고 제약된 사회다.

물론 모든 남자들이 그런 것은 아니지만 — 우리는 이런 말로 계속 남자들을 안심시켜주어야 하는데, 여성이 자신의 생존에 관련된 문제를 이야기할 때조차도 남자들의 기분을 상하게 하지 않도록 주의해야 한다고들 말하기 때문이다 — 그 수는 사실상 모든 여자들이 영향을 받을 만큼은 된다. 어떤 면에서는 모든 남자들도 영향을 받는다. 왜냐하면 우리 모두가 이런 사회에서 사느라 어느 정도는 다들 뒤틀렸기 때문이고, 비록 거의 대부분의 가해자가 남성이기는 해도 케빈 스페이시Kevin Spacey 사건이 보여주었듯이 이따금 다른 남자들과 소년들도 피해자가 되기 때문이다. 가해자가 되는 것은 비인간화되는 일이고, 피해자가 되는 것도 마찬가지다. 우리는 이 상황을 비정상화함으로써 우리를 재인간화해야 한다.

여성은 집에서, 길거리에서, 직장에서, 파티에서, 요즘은 인터넷에서도 어떻게든 자신의 생존, 신체적 온전성, 인격성을 지키는 일에 인생의 적잖은 시간을 낭비한다. 오래

쉬쉬되었던 와인스틴의 행동을 『뉴요커』*The New Yorker*와 『뉴욕 타임스』*The New York Times*가 폭로한 뒤 봇물처럼 터져나왔던 이야기들이 그 증거다. 유명한 여자들이 유명한 남자들에게 농락당해왔음을 알려주는 뉴스들, 유명하지 않은 여자들이 소셜미디어에서 털어놓은 경험들, 그리고 강간이든 추행이든 직장 내 성희롱이든 가정폭력이든 세상에 버젓이 활개 치는 수많은 가해자들이 그 증거다.

우리에게 좋은 남자라고 불리고 싶은 듯한 많은 남자들은 이 사실에 충격을 받은 듯하다. 그들은 자신은 이런 현실과 아무 상관이 없다고 거듭 말한다. 하지만 무지는 일종의 용인이다. 우리 사회가 피부색을 따지지 않는 사회인 척하는 것이든, 여성혐오 따위는 진작 극복한 옛일에 불과한 사회인 척하는 것이든 마찬가지다. 무지는 내 주변 사람들이 어떤 방식으로 살아가고 죽는지, 왜 그러는지 이해하려고 들지 않는 것이다. 요즘처럼 이야기들이 터져나온 것이 처음도 아니라는 사실을 무시하거나 잊는 것이다. 요즘 같은 시기는 1980년대에도 있었고, 1991년 애니타 힐 Anita Hill의 청문회 증언 때도 있었고, 2012년 말 스튜번빌 고등학교의 집단강간과 인도 뉴델리의 강간-고문-살해 사건 때도 있었고, 2014년 아일라비스타 총기 난사 대량 살인 사건 때도 있었다. 내가 늘 되뇌는 제임스 볼드윈 James Baldwin의 말이 있다. "범죄는 순수함으로 구성된다." 볼드원의 말은 1960년대 초 백인들이 인종차별의 폭력성과 파괴성을 모르는 체했던 일, 직시하지 않기로 선택했던 일을 꼬집은 것이었다.

지금 우리 주변의 현상을 직시할 생각이 없는 남자들에게도 같은 말을 적용할 수 있을 것이다. 미국은 11초마다 한명씩 여성이 구타당하는 나라, 『뉴잉글랜드 의학 저널』 *The New England Journal of Medicine*에 따르면 "미국 여성의 비치명적 부상 원인으로 가장 흔한 것은 가정폭력"이고 미국에서 발생하는 여성 살인 사건의 3분의 1은 범인이 현재나 과거의 남성 파트너인 나라, 매년 수십건의 강간이 벌어지지만 강간범 중 약 2퍼센트만이 형을 사는 나라이니까. 미국은 빌 코스비Bill Cosby가 반세기 동안 거리낌 없이 연속 성범죄를 저지르면서도 60명이 넘는 여자들의 입을 막을 수 있을 만큼 위력을 휘둘렀던 세상이다. 와인스틴이 109명이 넘는 여자들을 성추행하고 성폭행해왔지만 대부분의 피해자들이 강고한 체제가 깨지거나 바뀌기 전에는 의지할 데가 없었던 세상이다. 배우 로즈 맥고언Rose McGowan이 와인스틴에 관한 트윗을 올렸을 때는 개인 전화번호를 써놨다는 이유로 계정이 정지당했지만, 극우파의 자칭 비평가 잭 포소빅Jack Posobiec이 로이 무어에게 열네살에 성적 학대를 당했다고 밝힌 여성의 직장 주소를 트윗으로 올렸을 때는 아무 조치도 취해지지 않았던 세상이다. 트위터는 그동안 거침

없이 소신을 밝힌 여성 사용자들에게 협박이 숱하게 쏟아져도 늘 아무 조치도 취하지 않았다.

혹 여러분이 위협이나 공격이나 구타나 강간을 당하는 여자들에 관한 사실 한가지를 깜박 잊었을까봐 말씀드리면, 그런 여자들은 그 일이 끝나기 전에 자신이 살해될지도 모른다고 생각한다. 적어도 나는 그렇게 생각했던 적이 있다. 그리고 종종 "누구한테 말했다가는 알지" 하는 위협도 이어진다. 공격자는 물론이고, 공격자가 어떤 행동을 했는가 피해자에게 어떤 도움이 필요한가 하는 이야기를 듣기 싫어하는 주변 사람들도 그렇게 말한다. 가부장제는 이야기들과 여자들을 죽여서 세력을 유지한다. 당신이 여성이라면, 이런 일들은 당신에게 영향을 미친다. 상처를 입힌다. 당신에게 당신은 무가치하고 하찮고 목소리 없는 사람이라고 말해주고, 세상은 당신이 안전하고 평등하고 자유롭게 살 수 있는 곳이 아니라고 말해준다. 당신의 삶은 남이 훔칠 수 있는 것, 심지어 전혀 모르는 낯선 사람이 훔칠 수도 있는 것이라고 말해준다. 그저 당신이 여성이기 때문에. 그리고 그런 일이 생길 때 사회는 대체로 모르는 척할 것이라고, 오히려 당신을 비난할 것이라고 말해준다. 이 사회 자체가 여성으로 존재하는 일을 처벌하는 체계이기 때문이다. 이런 일들을 묵과하는 침묵이 이 사회의 기본 설정이고, 페미니즘은 그 침묵을 애써 깨뜨려왔으며 지금도 깨뜨리고 있다.

각각의 행동은 어느 한 남자의 혐오나 부당한 권리의식에서, 혹은 둘 다에서 생겨났겠지만, 그렇다고 해도 그것들은 결코 고립된 사건이 아니다. 그런 행동들이 누적되면, 여성이 사적·공적·직업적 영역에서 움직이고 말할 공간을 축소시키는 효과, 여성이 힘을 얻을 가능성을 축소시키는 효과를 발휘한다. 물론 많은 남자들은 직접 공격을 자행하지는 않겠지만, 마침내 몇몇 사람들이 지적하기 시작했듯이 그런 남자들도 이 상황으로부터 혜택을 입는다. 이 상황이 그들의 경쟁자를 일부 제거해주고, 늘 평평하다고 말하는 운동장에 실은 마리아나 해구만큼 깊은 함정을 파놓았기 때문이다. 세계적으로 유명한 수영 선수이자 자신이 열네살 때부터 올림픽 챔피언 출신의 코치로부터 성폭력을 당했던 사실을 밝힌 다이애나 나이애드Diana Nyad는 그 일로 자신이 어떤 피해를 입었고, 어떻게 바뀌었고, 삶의 안녕이 어떻게 훼손되었는가 하는 이야기를 우리에게 들려주었다. 그녀는 이렇게 말했다. "용케 무너지지는 않았지만, 그날 내 삶은 전혀 다르게 변했습니다. (…) 내게는 침묵해야 한다는 것이 추행 자체에 맞먹는 형벌이었습니다." 이 이야기는 내가 아는 다른 여성 수십명의 이야기라고 해도 좋다. 내가 듣거나 읽은 다른 여성 수백수천명의 이야기라고 해도 좋다.

우리는 물리적 공격과 이후의 침묵 강요를 별개의 사건으로 취급하지만, 둘은 같은 일이다. 둘 다 여성을 지워 없애려고 하는 일이다. 가정폭력과 강간은 피해자에게 네게는 아무 권리가 없다고, 자기결정권도 온전한 신체를 지킬 권리도 존엄을 지킬 권리도 없다고 말하는 일이다. 피해자가 목소리를 내지 못하도록 만드는, 자기 삶과 운명에 발언권을 갖지 못하도록 만드는 잔혹한 방법이다. 그후 공동체나 가족이 피해자를 불신하거나 모욕하거나 처벌하거나 쫓아내는 것은 피해자를 같은 방식으로 다시 한번 학대하는 짓이다. 혹은 로즈 맥고언이 하비 와인스틴에게 강간당했다는 주장을 제기한 뒤 겪었던 일처럼, 피해자의 목소리를 가두고 피해자의 진실을 훼손하려는 스파이들이 피해자를 따라다닐 때도 있다. 로넌 패로Ronan Farrow가 『뉴요커』 기사에서 맥고언의 입을 다물게 하려고 고용된 스파이들이 있었다는 사실을 폭로한 뒤, 동료 기자 에밀리 누스바움Emily Nussbaum은 이렇게 말했다. "만약 로즈 맥고언이 좀더 일찍 모사드 스파이 이야기(하비 와인스틴의 변론을 맡은 법률회사가 맥고언을 감시할 사람을 고용했는데, 그중에는 이스라엘 정보기관 요원 출신도 있었다고 한다 ─ 옮긴이)를 꺼냈다면, 사람들은 그냥 그녀가 미쳤다고 생각했겠죠."

힘 있는 남성들의 이런 악의는 정상이 아니어야 하지만, 이런 일이 보통임을 확인시켜주는 이야기들이 너무 많다.

이런 일이 드물고 예외적인 척 말하는 것은 세상이 지난 수십년 동안 이 문제를 숨겨온 하나의 방편이었다. 남자가 자신을 해치려고 했다는 말을 꺼낸 여자들은 너무 자주 미친 여자나 앙심에 찬 거짓말쟁이 취급을 받았다. 여자 하나를 버스 밑에 내던지는 것이 문화 전체를 내던지는 것보다 쉬우니까. 버스는 여자들로 된 레드카펫을 밟고 굴러간다. 그 버스에서 트럼프가 나와 자신은 여자들의 거시기를 움켜쥐어도 아무 문제 없었다고 떠벌리고, 그렇게 말한 지 한달이 못 되어 대통령으로 당선된다. 그가 세운 행정부는 성범죄 피해자의 권리를 비롯하여 여성의 권리란 권리는 다 베어버리는 일에 착수했다.

폭스 뉴스는 빌 오라일리가 3,200만 달러의 합의금으로 성희롱 사건을 무마한 뒤 그와의 계약을 갱신했다. 그 돈은 피해자의 침묵에 대한 대가였고, 그 침묵에는 그가 피해자에게 저지른 짓이 기록되어 있는 이메일을 몽땅 삭제하는 일도 포함됐다. 와인스틴 영화 제작사는 피해자들에게 계속 돈을 주었고, 그 합의금으로 피해자들의 침묵을 샀다. 남성 코미디언들은 동료인 루이스 C. K.Louis C. K.를 둘러싸고 침묵의 보호벽을 세운 듯하다. 그들은 그럼으로써 원하지 않고 동의하지 않았고 질겁하는 여자들 앞에서 자위하는 짓을 저질러온 남자가, 그 여자들보다 더 소중하고 앞으로도 그의 목소리가 더 중요하리라고 생각한다는 점을 분명히 했다. 그러나 그러다가 결국 무슨 일이 터진다. 모두의 눈앞에 뻔히 보이면서도 감춰져 있던 이야기를 기자들이 캐낸다. 그러면 더 많은 이야기들이 터져나온다. 출판업자, 레스토랑 주인, 감독, 유명 작가, 유명 화가, 유명 정치 활동가에 관한 이야기들이. 우리는 이런 이야기를 잘 안다. 우리는 2012년 스튜번빌 집단강간 사건의 피해자가 같은 고등학생들에게 강간당한 일을 신고했다는 이유로 주변 사람들로부터 박해와 위협을 받았던 것을 안다. 그 학군의 성인 네 명은 범죄를 은폐하여 사법 처리를 방해하려 한 죄로 기소되었다. 그들의 메시지는 분명했다. 남자 아이가 여자아이보다 더 중요하다는 것이다. 2003년 한 조사에 따르면, 직장 내 성희롱을 신고한 여성의 75퍼센트가 보복에 시달렸다.

  이런 끔찍한 처벌이 일상에 어른거리지 않는다면, 여성들의 삶은 과연 어떨까? 여성들은 어떤 역할과 성취를 해낼까? 그런 세상은 과연 어떨까? 그렇다면 누가 힘을 쥐느냐, 우리가 힘을 어떻게 생각하느냐 하는 양상이 지금과는 분명 달라질 테고, 그것은 곧 모두의 삶이 달라질 수도 있다는 뜻이다. 우리는 다른 사회가 될 것이다. 지난 150여년 동안 조금 달라지기는 했지만, 그래도 남북전쟁 이래 지금까지 이 사회는 여전히 흑인들에게 불리하다. 여성이 투표권을 얻은 지 75년도 넘었지만, 그래도 이 사회는 여전히 모든 피부색의 여성들을 배척한다. 흑인 여성은 물론 이중고를 겪는다. 만약 우리의 영웅담과 신화, 우리의 감독들과 언론계 거물들, 우리의 대통령들과 의원들과 최고경영자들과 거부들이 백인과 남성 일색이 아니라면, 우리는 과연 어떨까? 지금 폭로당하는 남자들이 그동안 우리 사회의 이야기들을 통제해온 사람들이었기에, 가끔은 라디오 방송국 중역이나 영화 감독이나 대학 학장으로서 정말 말 그대로 이야기를 통제해온 사람들이었기에 하는 말이다. 그 이야기들은 우리가 통과하는 문이기도 하고, 우리 면전에서 쾅 닫히는 문이기도 하다.

다이애나 나이애드가 강간범을 코치로 두고도 훌륭한 수영 선수가 된 것은 대단한 일이었다. 미국 올림픽 대표 체조 선수들이 성추행범을 담당 의사로 두고도 금메달을 딴 것은 대단한 일이었다(지금까지 150명이 넘는 여성들이 그를 고발했다). 하지만 만약 그들을 해치려고 작정한 남자들, 그들을 해치는 것을 자신의 권리이자 쾌락이라고 여긴 남자들에게 피해를 당하지 않았다면, 그들의 삶은 과연 어땠을까? 직업적 성취뿐 아니라 사적인 삶은 또 어땠을까? 만약 우리 사회가 여성에게 가해지는 처벌과 그 처벌을 가하는 남자들을 정상으로 여길뿐더러 칭송하기까지 하는 사회가 아니었다면, 우리 모두의 삶은 과연 어땠을까? 우리는 이런 폭력으로 그동안 어떤 여성들을 잃었을까? 우리가 그들을 알 기회도 없이, 그들이 세상에 자신의 흔적을 남길 새도 없이?

사건이 벌어졌던 때로부터 반세기가 흐른 뒤, 배우 티피 헤드런Tippi Hedren은 앨프리드 히치콕Alfred Hitchcock 감독이 카메라 밖에서는 그녀를 추행하고 카메라 안에서는 벌주었으며 그녀가 계속 성적 접근을 거부하면 "분노로 얼굴이 시뻘게져서" "네 경력을 끝장내겠다"고 말했다는 사실을 밝혔다. 히치콕은 여러 영화 속에서도 아름다운 여성을 벌하고 싶은 욕망을 이야기의 추진력으로 삼았던 사람답게, 최선을 다해 제 말을 지켰다. 헤드런이 1964년 영화 「마니」 Marnie의 주연으로 오스카상 후보에 오르는 것도 막았다. 이런 유명인사들은 예외가 아니다. 전형적인 사례다. 학교, 사무실, 교회, 정치 운동 조직, 가족 내에서도 벌어지는 드라마를 공인으로서 공개적으로 펼쳐 보인 것뿐이다.

우리가 사는 세상은 셀 수 없이 많은 여성들의 창조적·전문적 역량이 트라우마와 위협으로, 폄하와 배척으로 훼손되는 세상이다. 여성이 동등하게 자유로우며 사회에 기여하도록 동등하게 격려받는 세상, 만연한 두려움 없이 살아가는 세상은 지금과는 상상을 초월할 만큼 다를 수 있다. 마찬가지로, 유색인종 유권자들이 투표권을 억압당하지 않는 미국, 그들이 폭력도 배제도 비방도 겪지 않는 미국에서는 비단 최근 선거의 결과가 달라지는 데 그치지 않고 아예 처음부터 다른 후보자들과 다른 공약들이 나왔을 수 있다. 사회 구조 전체가 지금과는 다를 것이다. 그렇게 달라진 모습이 곧 정의일 것이고, 평화일 것이다. 적어도 정의와 평화가 구축될 수 있는 토대일 것이다.

리베카 트레이스터Rebecca Traister를 비롯한 몇몇 사람들은 한가지 중요한 지적을 했다. 우리는 가해자로 폭로된 남자들의 창작자 경력이 끝난 것을 안타까워할 게 아니라, 그들에게 짓밟히고 배척당한 탓에 우리에게 자신의 창조적 역량을 보여줄 기회가 없었고 앞으로도 영영 없을 사람들이 과연 어떤 기여를 할 수 있었을지 생각해보아야 한다고. 트럼프가 당선된 뒤 사람들은 권위주의와 거짓말을 우리 사회의 정상 상태로 여기지 말자고 말하고 있지만, 여성혐오와 인종차별로 인한 손실은 한번도 정상 상태가 아닌 적이 없었다. 우리가 할 일은 이 상태를 비정상화하는 것, 이 상태가 우리에게 요구하는 침묵을 깨뜨리는 것이다. 모두의 이야기가 들리는 사회를 만드는 것이다.

이 또한 이야기들의 전쟁이다.

〔2017〕

1부

재앙적 선거

아서 도브, 「폭풍우」(Thunderstorm), 1921.

CALL THEM BY THEIR
TRUE NAMES

도널드
트럼프의
고독

옛날 옛적에 한 아이가 부잣집에서 태어났다. 그에게는 아무런 부족함이 없었다. 그러나 그는 바닥 모를, 끝 모를, 사나운, 욕심 사나운 갈망에 사로잡혀서 더 많은 것을 원했고, 그리고도 더 원했고, 늘 더 원했다. 그는 바다 밑을 기는 한쌍의 뾰족한 오렌지색 집게발처럼 늘 종종거리고 돌아다니면서 남들을 꼬집었고, 늘 더 멀리 손을 뻗었다. 그는 사체를 먹는 게였고, 바닷가재이자 그 바닷가재를 부글부글 삶는 솥이었고, 흰개미였고, 자신만의 작은 제국을 다스리는 폭군이었다. 처음에는 물려받은 재산에서 추진력을 얻었고, 그 다음에는 그가 쓸모있는 한 그를 너그럽게 봐주었던 사기꾼 및 폭력배 들과 어울렸다. 사람들이 법이나 규칙에 따라 살지 않고 사적인 의리에 따라 살다가 결국 상대를 배신하거나 배신당하거나 하는 영역에는 늘 그런 해이함이 존재하는지도 모르겠다. 아무튼 그래서 그는 70년 동안 자신의 식욕을 충족시키면서 방종을 유감없이 행사해왔다. 거짓말하고, 속이고, 훔치고, 노동자들의 임금을 떼어먹고, 난장판을 만들고, 그 난장판을 내버려두고 떠나서 더 많은 싸구려 보석을 움켜쥐고, 가는 곳마다 폐허를 남겼다.

그는 위대한 건설자가 될 것이라고 했으나, 실제로는 대체로 파괴자였다. 그는 건물과 여자와 회사를 손에 넣은 뒤 그것들을 다 똑같이 다루었다. 한껏 자랑한 뒤 내팽개쳤고, 파산과 이혼으로 치달았고, 마치 옛 벌목꾼들이 강물에 둥둥 떠서 제재소로 흘러가는 통나무 위를 훌쩍훌쩍 건너다녔던 것처럼 소송에서 소송으로 건너다녔으나, 그가 부정거래자들의 지하세계에 운신하는 한 법규는 늘 근들거렸고 집행은 그보다 더 근들거렸기에 그는 계속 물 위에 떠 있을 수 있었다. 그의 식욕은 끝을 몰랐고, 그는 더 많은 걸 원했다. 그래서 세상에서 가장 강력한 사람이 되겠다는 도박에 나섰고, 경솔한 그 소원은 현실로 이뤄지고 말았다.

그를 생각하면, 뿌시낀A. Pushkin이 다시 들려주었던 옛 이야기 「어부와 물고기」가 떠오른다. 어느날 늙은 어부의 그물에 황금 물고기가 걸린다. 말할 줄 아는 물고기는 어부에게 자신을 바다로 돌려보내주면 소원을 들어주겠다고 제안한다. 어부는 그 자리에서 아무것도 요구하지 않지만, 귀가해서 아내에게 마법적인 존재를 만났다고 이야기한다. 그러자 어부의 아내는 남편을 돌려보내 새 빨래통을 얻어오게 한다. 그 다음에는 누추한 오두막을 대신할 번듯한 집을 얻어오게 한다. 소원이 모두 이루어지자 그녀는 차츰 교만해지고 탐욕스러워져서, 남편을 다시 보내 대저택에서 하인을 부리는 부자가 되게 해달라고 요구한다. 그녀는 그렇게 얻은 하인들을 학대하고, 그러고도 또 남편을 물고기에게 보낸다. 늙은 어부는 부탁하는 부끄러움과 아내의 욕심 사이에 끼어 이러지도 저러지도 못하는 처지로 물고기에게 연신 굽실거린다. 아내는 결국 황제가 되고, 자신을 따르는 귀족들을 시켜서 남편을 황궁에서 쫓아낸다. 우리는 이 남편을 의식, 즉 타인을 인식할 줄 알고 자신과 타인의 관계를 인식할 줄 아는 의식으로 보고, 아내를 갈망이라 봐도 좋을 것이다.

어부의 아내는 마침내 바다의 용왕이 되어 황금 물고기마저 다스려 소원을 끝없이 이루려 한다. 늙은 어부는 또 한번 소원을 물고기에게 전하려고, 혹은 하소연하려고 바다로 간다. 그러나 이번에 물고기는 입도 뻥긋하지 않고 그저 꼬리를 한번 찰싹거린다. 늙은 어부가 뒤돌아서자 바닷가에는 아내가 서 있었고 곁에는 망가진 빨래통과 누추한 오두막이 있었다. 이 러시아 민담은 우리에게 도를 넘는 욕심은 위험하다고, 과유불급이라고 말해준다. 지나치게 많은 것은 아무것도 없는 것이나 다름없다.

세상에서 가장 강력한 사람이 된 아이, 최소한 세상에서 가장 강력한 사람들이 살았던 부동산을 차지하는 데 성공한 아이는 과거에 가족 사업을 운영했다. 그 다음에는 자신이 어릿광대가 아니라 기업체를 운영하는 당당한 황제인 척하는 언리얼리티 방송 프로그램에 출연했다. 이 모든 일은 그의 자의식을 추켜세우기 위해서 만들어진 거울들의 복도였다. 자의식은 그가 내팽개치지 않고, 착실하게 높이 더 높이 올려온 유일한 건축물이었다.

나는 너무 강력해진 나머지 잔인하고, 잘못되고, 어리석고, 한심하고, 역겨운 짓을 할 때도 그 사실을 지적해줄 사람이 주변에 아무도 없는 남자를 적잖이 만나보았다(여자도 전혀 없는 것은 아니지만 거의 없었다). 그들의 세상에서는 결국 타인이 깡그리 사라진다. 당신이 타인의 기분과 요구에 귀 기울일 의향이 없다면, 타인을 신경 쓰지 않는다면, 당신은 곧 타인의 존재를 인정할 의향이 없는 셈이니까. 꼭대기에 있는 사람들이 외로운 것은 이 때문이다. 그런 하찮은 독재자들은 정직한 거울도 타인도 중력도 없는 세상에서 사는 듯하다. 그들은 자신이 저지른 실패의 충격에서조차 보호받는다.

"그들은 무신경한 사람들이었다." F. 스콧 피츠제럴드는 『위대한 개츠비』의 핵심이라 할 만한 대목에서 어느 부유한 커플을 이렇게 묘사했다. "물건이든 생물이든 다 부수고 나서는, 돈이든 엄청난 무관심이든 달리 무엇이 되었든 그들을 함께 지켜줄 만한 것 속으로 몸을 피하여 자신들이 만든 난장판을 남들이 치우게 했다." 세상에는 저런 파괴적인 인간들에게 둘러싸여 살아가는 사람들이 더러 있다. 우리가 무한한 가치를 품고 있는데도 우리에게 무가치하다고 말하는 사람들, 우리가 똑똑한데도 우리에게 멍청하다고 말하는 사람들, 우리가 성공하고 있는데도 우리에게 실패하고 있다고 말하는 사람들. 우리를 끌어내리는 사람들의 반대는 우리를 과대포장하고 추켜세우는 사람들이 아니다. 우리와 동등한 사람들, 우리에게 너그럽지만 합당한 책임을 지도록 만드는 사람들, 우리의 모습과 행동을 있는 그대로 비춰 보여주는 정직한 거울들이다.

우리는 서로에게 주는 피드백으로, 상대의 야비함과 거짓됨을 참아주지 않음으로써, 우리와 함께하는 사람이라면 응당 우리를 듣고 존중하고 반응해야 한다고 요구함으로써 서로의 정직함을 지켜주고 선함을 지켜준다. 그리고 우리가 자유로운 사람이자 스스로를 귀하게 여기는 사람이라면, 우리는 얼마든지 그럴 수 있다. 이것을 사회적 담론의 민주주의라고 불러도 좋을 것이다. 그 속에서 우리는 나와 마찬가지로 타인에게도 욕망과 두려움과 감정이 있다는 사실을 상기한다. 나는 월가 점거 운동에서 어느 나이 든 여성이 했던 말을 지금도 수시로 떠올린다. "우리는 모두가 중요한 사람이 되는 사회를 만들기 위해서 싸우는 겁니다." 마음과 감정의 민주주의는, 물론 경제와 정치의 민주주의도, 아마 그런 모습일 것이다.

트럼프가 승리한 뒤, 세상은 한나 아렌트Hannah Arendt가 했던 말이 걱정스러우리만치 꼭 들어맞는 세상이 되었다. 이후 아렌트의 책이, 특히 『전체주의의 기원』*On the Origins of Totalitarianism*이 많이 팔렸다. 인문학자 린지 스톤브리지 Lyndsey Stonebridge는 크리스타 티핏Krista Tippett이 진행하는 라디오 방송 「존재에 관하여」*On Being*에 출연하여 아렌트는 누구나 자기 자신과 내면의 대화를 나누기를, 비평적인 자아분열을 통하여 자기 자신에게 질문을 던져보기를 권했다고 말했다. 그런 대화를 어부와 아내가 나누는 진정한 대화라고 해도 좋을 것이다. 스톤브리지는 이렇게 결론지었다. "그런 대화를 할 줄 아는 사람은 더 나아가 남들과 대화를 나누게 되고, 그 다음에는 남들과 함께 판단하게 됩니다. [아렌트가 말한] 이른바 '악의 평범성'은 남들의 목소리를 들을 줄 모르는 것, 자기 자신과 대화할 줄 모르는 것, 혹은 세상과, 도덕적 세상과 대화하겠다는 생각 자체를 떠올릴 줄 모르는 것을 뜻합니다."

어떤 사람들은 자신이 가진 힘으로 그 대화를 중단시키고, 차츰 퇴화하며 궤도에서 벗어나는 자신만의 자아감각과 의미감각으로 진공 속에서 살아간다. 그것은 아첨꾼들과 룸서비스만 있는 무인도에서 홀로 미쳐가는 것이나 마찬가지다. 당신이 북쪽이었으면 하고 바라는 방향을 고분고분 북쪽으로 알려주는 순응적 나침반을 갖고 있는 것이나 마찬가지다. 가정의 독재자든, 작은 회사나 큰 기업의 독재자든, 한 나라의 독재자든, 권력은 부패한다. 그리고 절대권력은 종종 그것을 소유한 사람의 인식을 부패시키거나 축소시킨다. 나르시시스트, 소시오패스, 병적 자기중심주의자의 세상에는 타인이 존재하지 않는다.

우리는 실패와 역경을 통해서 자신과 타인에 대한 인식을 얻는다. 세상이 늘 나를 중심으로 돌아가지는 않는다는 사실에 익숙해진다. 그 사실에 익숙해질 필요가 없는 사람은 취약하고, 유약하고, 반박을 감당하지 못하며, 늘 자기 마음대로 해야만 살 수 있다고 믿는다. 내가 대학에서 만났던 부잣집 아이들은 주변에 벽이 있다는 사실을 확인하고 싶어하는 양 마구 발버둥쳤고, 중력이 자신들을 땅으로 끌어내리기를 바라는 양 자신이 물려받은 높은 위치에서 훌쩍 뛰어내렸다. 그러나 그들의 부모와 특권이 몇번이고 거듭 바닥에 안전망과 충격 흡수 장치를 깔아주었고, 벽에 솜을 붙여주고 뒷수습을 해주었기 때문에 그들의 행동은 늘 무의미했고, 말 그대로 아무 결과도 낳지 못했다. 그들은 우주에 나간 우주인처럼 허공에 둥둥 떠 있을 뿐이었다.

평등은 우리를 정직하게 유지해준다. 우리와 동등한 타인들은 우리의 모습과 행동이 어떤지 상기시켜주는 존재다. 제대로 된 사회에서 자유 언론이 수행하는 역할을 우리의 사적인 삶에서 수행해주는 존재다. 불평등은 거짓말쟁이와 망상을 낳는다. 힘 없는 사람들은 마지못해 진심을 숨기게 되고 — 노예들, 하인들, 여자들이 거짓말쟁이라는 평을 듣는 것은 이 때문이다 — 힘 있는 사람들은 점점 더 멍청해진다. 그들이 아랫사람들에게 요구하는 거짓말 때문에 멍청해지고, 그들에게는 하찮은 인간, 중요하지 않은 인간, 침묵당해왔거나 비위를 맞추도록 훈련되어온 인간에 지나지 않는 타인을 알 필요가 없기 때문에 멍청해진다. 내가 특권을 무지와 짝짓는 것은 이 때문이다. 무지는 특권 고유의 결핍이다. 타인의 말을 듣지 않는다면, 당신에게 타인은 실재하지 않는 존재가 된다. 오로지 자신만 존재하는 불모지 같은 세상에 혼자 남는 것이다. 거기서 틀림없이 굶주리겠지만 만약 어떤 진정하고 깊은 의미에서 세상에 타인이 존재한다는 사실을 잊은 지 오래라면, 당신은 아마 자신이 왜 굶주리는지 모를 것이다. 우리에게는 평등한 접촉의 필요성을 논하기에 알맞은 언어가 많지 않다. 설령 있더라도, 그런 대화를 흔하게 나누지 않는다.

한 남자가 세상에서 가장 강력한 사람이 되고 싶어했다. 그리고 우연과 조작과 일련의 재앙 덕분에 소원을 이루었다. 그는 분명 더 많은 힘이 있으면 더 많은 아부가, 더 위엄 있는 이미지가, 자신의 훌륭함을 비춰줄 더 큰 거울이 늘어선 복도가 따라오려니 기대했을 것이다. 그러나 그는 힘과 명성의 속성을 오해했다. 이 남자는 그동안 친구들과 지인들을, 아내들과 하인들을 괴롭혔다. 사실과 진실을 괴롭혔다. 자신이 그들보다 대단하고 진실보다 대단하다고 우겼고, 진실도 자신의 뜻에 따라야 한다고 우겼다. 그는 물론 그렇게 대단하지 않았지만, 그에게 괴롭힘당한 사람들은 그런 척해주었다. 혹은, 그가 이것저것 판촉하는 사탕발림을 내던지고는 제 입에서 말이 떨어지기가 무섭게 뒤집어버리는 세일즈맨이어서 그랬을지도 모른다. 허기진 유령은 늘 그 다음 것을 원할 뿐, 마지막을 원하는 법이 없다.

이 남자는 권력이 자신 안에 깃들어서 자신을 위대하게 만들어주리라고 기대했다. 건드리는 것은 뭐든 금으로 변했다는 미다스의 손길 같은 것이리라고 믿었다. 그러나 대통령의 힘은 예나 지금이나 그런 것이 아니라 관계들로 구성된 하나의 체계다. 그 힘은 대통령의 명령을 선선히 따르겠다는 국민들의 의향에서 나오고, 그런 의향은 대통령이 법치와 진실과 국민을 존중한다는 전제에서 나온다. 아무도 따르지 않는 명령을 내리는 사람은 자신의 무력함을 더러운 빨래처럼 만천하에 내건 셈이다. 이 대통령의 임기

초 언젠가, 그의 수하 중 하나가 대통령의 권위는 도전받지 않을 것이라고 선언했다. 세상에는 이런 발언으로 아랫사람들에게 공포심을 심을 수 있는 독재자도 있겠지만, 그것은 이미 그가 충분한 공포를 조성해놓았기 때문이다.

진짜 독재자는 협동에 의지하지 않고 그저 명령을 하달하기만 한다. 그러면 그것을 깡패, 폭력배, 비밀경찰, 친위대, 암살단이 수행한다. 진짜 독재자는 정부를 자신에게 종속시켜서 그 조직이 법 체계나 국가의 이상이 아니라 그 개인에게 충성하도록 만든다. 반면 독재자가 되고 싶어하는 이 남자는 자신이 속한 체제는 그와는 다르다는 사실을 몰랐다. 이 체제에서는 정부에서 일하는 사람들 중 많은 수가, 어쩌면 입법부에 있는 그의 당 사람들을 제외하고는 거의 전부가 그가 아닌 법과 원칙에 충성한다는 사실을 몰랐다. 백악관 보좌관 스티븐 밀러Stephen Miller가 아무도 대통령의 권위를 의심하지 않는다고 선언했을 때, 우리는 모두 비웃었다. 대통령은 마치 신하를 불러들이듯이 FBI의 수장, NSA의 수장, 국가정보국 국장, 자신의 개인 변호사를 불러들여 증거를 감추고 수사를 멈추라고 지시했지만, 그들의 충성은 자신을 향한 것이 아님을 확인하는 데 그쳤다. 그에게는 아쉬운 일이었겠지만, 그는 우리가 여전히 일종의 공화국에 살고 있으며 자유 언론의 입을 그렇게 쉽게 막을 순 없다는 사실을 확인하는 데 그쳤다. 대중 역시 그에게 겁먹지 않고, 기회가 있을 때마다 열성을 다해서 그를 놀린다.

진짜 독재자는 바다 건너에 있다. 뿌시낀의 나라에 있다. 그는 자기 나라의 선거를 부패시키고, 총알과 독약과 사고처럼 보이도록 조작한 의문사들로 정적을(특히 기자들을) 제거한다. 성공적으로, 전략적으로 공포를 퍼뜨리고 진실을 괴롭힌다. 그러나 그런 그도 미국 선거에 끼어듦으로써 도를 넘었고, 암암리에 묻으려고 했던 일들이 공개됨으로써 결국 전세계가 그의 행동과 과거와 그 영향을 걱정스러운 눈으로, 심지어 분개한 눈으로 따져보게 되었다. 러시아는 미국과 유럽 선거에 개입함으로써 그나마 가졌던 평판과 신뢰마저 망가뜨리고 제 본색을 천하에 드러냈는지도 모른다.

미국의 어릿광대가 내린 명령에 사람들은 불복했다. 그의 비밀은 어찌나 많이 새어나가는지, 그의 집무실이 베르사유의 분수처럼 보일 지경이다. 아니면 적어도 숭숭 뚫린 체처럼 보인다. 그가 취임하고 얼마 지나지 않았을 때, 『워싱턴 포스트』*The Washington Post*는 무려 서른명의 익명 제보자로부터 얻은 정보에 기반한 놀라운 기사를 실었다. 야당은 권력이랄 것이 별로 없는 소수당임에도 불구하고 그의 공약 이행을 훼방할 수 있었다. 판사들은 그의 행정명령을 계속 유예시켰다. 스캔들이 종기와 발진처럼 분출했다. 미국 시민들은 선거 정치의 장 안팎에서 유례없는 수준으로 다양한 종류의 저항에 참여하고 있다. 그는 미인대회, 카지노, 고급 콘도, 가짜 교육을 제공하면서 진짜 빚을 지우는 가짜 대학, 그가 남들의 가짜 운명을 좌우하고 모든 가치와 의미를 결정하는 척하는 가짜 리얼리티 텔레비전 쇼 등으로 구성된 작은 세상의 독재자였으나, 이제 그 자신이 운명의 노리개가 되었다.

그는 세상에서 가장 많이 조롱당하는 남자다. 2017년 1월 21일 여성행진이 열린 뒤, 사람들은 그가 역사를 통틀어 하루 동안 가장 많은 여자들에게 퇴짜 맞은 남자라고 농담했다. 신문, 텔레비전, 만화, 해외 정상들이 그를 조롱한다. 그는 수많은 농담의 대상이다. 그가 트윗을 올릴 때마다 평범한 시민들이 공격과 조롱의 맹습을 즉각 퍼붓는다. 시민들은 비대한 권력에게 날카로운 진실을 말해줄 수 있다는 것을 기뻐한다.

그는 모든 것을 갖고 싶어했던 어부의 아내이고, 조만간 아무것도 갖지 못한 상태로 끝장날 것이다. 오두막 앞에 망연히 주저앉은 어부의 아내는 소원을 줄줄이 빌기 전보다 더 가난해진 셈이었다. 이제 가난뿐 아니라 자신이 저지른 실수와 파괴적인 자만심도 갖고 있기 때문에, 다르게 할 수 있었음에도 불구하고 힘과 명예가 제 머리 위로 와르르 무너져내리도록 만들었기 때문에, 그 모든 일이 자업

자득이기 때문에.

  백악관의 남자는 추하게 벌거벗은 채, 고름 같은 자의식 덩어리로서, 사람들의 혹독한 시선을 받으며 앉아 있다. 그의 통제력은 그의 이해력을 넘어섰다. 방종이 그의 이해력을 무디게 만들었기 때문이다. 그가 얼음을 지치듯이 미끄러져 다니는 매끄러운 표면 아래에서는 그도 틀림없이 알고 있을 것이다. 자신이 스스로의 이미지를 망쳤다는 사실을, 그리고 머지않아 자신도 도리언 그레이처럼 스스로 야기한 부식에 잡아먹히리라는 사실을. 어떤 식으로든 분명 이 문제가 그를 끝장낼 테지만, 그는 수백만명을 자신과 함께 몰락시킬지도 모른다. 어떤 식으로든 그도 아마 알고 있을 것이다. 자신이 절벽에서 발을 내디뎠고, 스스로를 허공의 왕으로 선언했고, 그래서 지금 자유낙하하는 중이라는 사실을. 그가 착지할 지점에는 똥무더기가 기다린다. 모두 그의 똥으로 이루어진 똥무더기다. 그가 그 속에 처박힐 때, 그제야 비로소 그는 진정으로 스스로를 만들어낸 사람이 될 것이다.

〔2017〕

✛ 코다

나는 여기 덧붙이는 이 글을 2018년 7월 16일, 트럼프가 블라지미르 뿌찐Vladimir Putin과의 비밀 회동을 마치고 나온 뒤 뿌찐을 노골적으로 존중하는 태도를 드러내어 전세계에 충격을 안겼던 날 (물론 대부분의 사람들은 놀라지 않았겠지만) 아침에 썼다.

옛날 옛적에 한 남자가 약조를 맺었다. 세상의 왕이 되기로 하되, 혹은 겉으로나마 그렇게 보이기로 하되, 그 대가로 다른 어느 위협적인 남자가 그의 왕이 되기로 하는, 그의 모든 비밀과 기록을 갖고 있고 언제든 그를 망가뜨릴 수 있는 왕이 되기로 하는 약조였다. 그는 으스댔고, 흐뭇해했고, 뻐겼고, 번들번들한 자기애의 물살을 타고 신나게 내달렸다. 그러나 이윽고 그를 왕으로 만들어준 사람을 만날 순간이 왔다. 그를 왕으로 만들어준 사람은 비밀 회동에서 번득이는 눈길로 그를 꼼짝 못하게 만들었고, 지금 상황이 어떤 상황이고 그의 주인이 누구이고 시체들이 어디에 묻혀 있는지를 상기시켰다. 시체들은 활짝 열린 무덤에 묻혀 있었다. 무덤이 진줏빛 묘비의 이빨을 드러내면서 그에게 씩 웃어 보였다.

방에서 나온 그는 이제 알았다. 만물의 왕이라도 자기

자신의 왕이 아닌 사람은 실은 누구의 왕도 아니고 다른 이의 졸개일 뿐이라는 사실을. 그 순간 자신의 목에 매인 줄은 너무 짧게 느껴졌고, 목을 두른 칼라는 너무 갑갑했고, 군주연하는 태도는 우스꽝스러워 보였다. 그는 슬프고 비참하고 주눅든 상태로 방에서 기어나왔다. 여느 때 낑낑거리고 우쭐거리고 호통치던 목소리는 패배한 듯했고 단조로웠고 두려워하는 듯했다. 그의 왕은 자신이 죽인 사냥감을 바라보며 미소 짓는 고양이처럼 악의에 찬 시선으로, 응석을 받아주는 듯한 눈으로 그를 보았다. 사태가 이 지경이 되는 동안, 그의 주변인 가운데는 예수의 이름으로 그에게 이런 질문을 던질 줄 아는 사람이 단 한명도 없었다. 사람이 온 세상을 얻고도 자기 자신을 잃으면 무슨 소용이 있겠느냐? 다른 사람에게 자기 영혼을 판다면, 그래서 그가 이번 생애에 언젠가 대가를 수금하러 나타난다면? 그의 승리는 늘 그의 패배에 둘러싸여 있었고, 이제 그 패배가 그를 조여오기 시작했다.

그러자 추종자들은 등을 돌렸다. 그를 비난하며 허둥지둥 도망쳤다. 그가 새삼스럽게 도를 넘는 일을 해서가 아니었다. 그가 도를 넘었다는 사실이 이제 온 세계에 드러났기 때문이다. 그들은 더이상 그를 따라 그렇게까지 도를 넘을 수는 없었다. 혹은, 그것이 자신들을 붙잡을 덫이 되리라는 사실을 더이상 부정할 수 없었다. 그날, 그의 시대는 끝났고 새로운 시대가 시작되었다. 그의 몰락이 상승만큼이나 드라마틱하게, 이상하게, 예측불가의 방식으로 펼쳐질 시대가. 그날, 그의 추종자들이 쏟아낸 비난은 그들에게 새로운 덫이 될 것이다. 그들이 두번 다시 거짓말로 그를 면죄해주던 시절로 돌아가지 못하도록 붙잡는 덫이. 그들은 자기 몸에서 그의 범죄를 씻어내기 시작했지만, 그들 자체가 그 범죄의 얼룩이었다. 그들은 자신에게서 자신을 씻어내려고 하는 셈이었다. 하지만 그가 제 딴에는 이끈다고 이끈 정부의 현 직원들과 옛 직원들, 즉 그가 권력을 쥐기 위해 희생시킨 것이 무엇인지 직언할 때마다 그로부터 모욕만 받아온 행정부 구성원들이 한 사람 한 사람 들고일어나서 그를 비난했다. 그들은 그를 배신자라고, 거짓말쟁이라고, 바보라고, 돌봐야 할 것들을 오히려 모조리 파괴하는 자라고 비난했다.

그날, 무언가가 변했다. 거대하고 구체적이지만 가늠할 수 없는 변화였다. 아니, 향후 몇년의 역사가 씌어지는 날이 오면 그때는 아마 계산할 수 있을 것이다. 그러나 그 결과가 무엇일지, 그날에는 전혀 상상할 수 없었다.

〔2018.7.16.〕

CALL THEM BY THEIR

TRUE NAMES

여성혐오의
중요한 사건들

2016년 10월 9일 열린 대통령 후보자 두번째 토론회 후, 여자들은 내게 자신이 과거에 겪었던 흉측한 사건이 문득 떠올랐다고 말했다. 혹은 잠을 이룰 수 없었다고, 혹은 악몽을 꾸었다고 말했다. 토론회에서 나온 말들은 중요했고, 그 말들이 전달된 방식도 중요했다. 도널드 트럼프는 힐러리 클린턴Hillary Clinton의 말을 열여덟번 끊었다(첫번째 토론회에서는 쉰한번 끊었다). 그 며칠 전 공개된 비디오테이프에서 그가 자신은 여자들의 "거시기를" 마음대로 움켜쥔다고 자랑했던 것에 대해 사회자 앤더슨 쿠퍼Anderson Cooper가 질문하자, 그는 이렇게 대답했다. "그건 라커룸 수다였죠. 그냥 그런 얘기였을 뿐이에요. 나는 ISIS에게 본때를 보여줄 겁니다. (⋯) 우리는 더 중요하고 더 큰 문제로 넘어가야 합니다." 그러고는 "미국을 다시 안전하게 만들겠다"고 약속했다. 그 자신으로부터는 아니었지만. 그 주

에 여자들과 ISIS는 트럼프가 공격하겠다고 다짐한 대상이라는 점에서 비공식적인 한쌍이 되었다.[•]

그러나 말은 행동에 비하면 부차적인 것이었다. 트럼프는 토론장을 어슬렁거렸고, 등 뒤에서 불쑥 나타났고, 노려보았고, 으르렁거렸고, 연단을 두 손으로 붙잡고 엉덩이를 돌리는 모습이 꼭 교미하는 것 같았으며, 그러느라 잠시 얼이 빠진 것 같았다. 그 위협적인 모습이 어찌나 극적이고 히치콕적이던지, 할리우드의 작곡가 대니 엘프먼 Danny Elfman은 가장 흉한 순간들을 짜깁은 동영상 위에 깔 배경음악을 작곡했다. 엘프먼은 이렇게 말했다. "트럼프가 토론회 도중 힐러리 뒤에서 비틀비틀 걷는 모습은 꼭 좀비 영화 같았습니다. 당장이라도 그녀를 덮치고 머리를 뜯어내 뇌를 파먹을 것 같았죠." 친구들은 내게 그가 그녀를 공격할지도 모른다는 생각이 들었다고 말했다. 나도 그가 화내며 돌아다니는 모습을 보면서 그럴 수도 있겠다고 생각했다. 그는 말하자면 그녀의 공간을 침범했다. 그런데도

• 2016년 10월 7일은 최근 미국 역사에서 가장 특별한 날 중 하나였다. 그날 오바마 행정부는 뿌찐 정권이 미국 대선에 개입해왔다고 공개적으로 발표했다. 이 뉴스는 경천동지할 소식으로 받아들여져야 했지만, 「액세스 할리우드」가 공개한 트럼프 동영상의 외설스러운 추잡함이 대중매체의 관심을 움켜쥐는 바람에 금세 가려졌다. 그러나 그 뉴스도 위키리크스가 민주당전국위원회(DNC)의 해킹된 이메일들을 공개하는 바람에 관심의 중심에서 밀려났는데, 좀더 성실한 매체들이었다면 이 뉴스를 오바마 행정부의 경고와 이어낼 수 있었을 것이다.

그녀가 침착하게 토론에 집중하는 모습은 그야말로 영웅적이었다. 선거 기간 내내 많은 남자들이 그랬던 것처럼, 그는 그녀가 그 속에 있다는 사실만으로도 참을 수 없이 화가 나는 듯했다. 그녀가 선거에 나섰다는 사실이, 그녀의 공간에 존재하고 있다는 사실이.

90분 토론 내내 트럼프는 무대를 어슬렁거렸고, 가스라이팅을 했고, 클린턴을 깎아내렸고, 말을 끊었는데, 종종 클린턴의 말이 거짓말이라고 하거나 아니면 그냥 그녀의 말과 목소리를 자신의 목소리로 압도하려는 의도였다. 그는 또 성적 수치심을 안기려고 했으며(그가 빌 클린턴을 성희롱이나 성폭력으로 고발했던 여성 세명을 자신에게 할당된 가족석에 앉히려 시도했던 것이 이 토론회였다), 그녀를 감옥에 처넣겠다고 위협했다. 이전 유세에서는 지지자들에게 그녀를 쏴버리라고 충동질하기도 했다. "힐러리는 수정헌법 제2조를 사실상 폐지하려고 합니다." 그는 사람들의 분노를 조장하고 다녔던 집회들 중 한군데에서 이렇게 으르렁거렸고, 빤한 허위 사실 다음에는 태연한 위협마저 내뱉었다. "만약 그녀가 제 입맛대로 판사들을 고르게 되면, 그때는 여러분이 할 수 있는 일이 전혀 없을 겁니다. 글쎄요, 수정헌법 제2조 지지자들은 어쩌면 방법을 알지도 모르겠지만." 뉴저지 주지사 출신의 크리스 크리스티Chris Christie는 공화당 전당대회에서 참가자들로 하여금

"클린턴을 가둬라!"라고 연호하도록 했다. 봄에 트럼프는 지지자가 쓴 다음과 같은 트윗을 리트윗했다. "힐러리 클린턴은 자기 남편조차 만족시키지 못하면서 어떻게 자기가 미국을 만족시킬 수 있다고 생각하는 거지?" 대통령은 모종의 신비로운 방식으로 국가와 혼인하는 모양이었다. 정말로 그렇다면, 미국은 곧 매 맞는 아내가 될 것이었다. 괴롭힘당하고, 거짓말을 듣고, 협박을 듣고, 가스라이팅당하고, 배신당하고, 사기꾼에게 갈취당하는 여자가 될 것이었다.

트럼프는 격식을 차리지 않는 가부장이다. 배불뚝이이고, 헐렁한 양복을 입고, 머리카락은 번들거리고 입술은 푸드덕거리며 얼굴은 조롱과 분노와 자축을 드러내는 광대 같은 표정으로 찌푸린다. 한편 그가 러닝메이트로 고른 사람은 격식이 지나쳐서 답답한 가부장이다. 날씬하고, 머리를 짧게 깎고, 늘 긴장 상태인 마이크 펜스Mike Pence 말이다. 펜스는 실제로 정부에서 일한 경험이 있다. 인디애나 주지사로 4년 일하는 동안 여덟 개의 반낙태 법안에 서명했고, 트럼프가 불운한 미인대회 우승자들의 뒤를 쫓는 것처럼 가족계획협회Planned Parenthood의 뒤를 쫓으면서 열렬히 공격했다. 공화당의 선거 강령은 늘 그렇듯이 여성의 생식권을 무력화하고자 혈안이었고, 나아가 이성애자·남성·백인이 아닌 모든 사람들과 관련된 거의 모든 권리를 무력화하고자 혈안이었다.

여성혐오는 도처에 있었다. 좌우를 가리지 않았던 여성혐오의 주된 표적은 클린턴이었지만, 곧 넘쳐흘러서 모든 진영의 모든 여성에게로 향했다. 초반에 트럼프의 분노는 폭스 채널의 앵커 메긴 켈리Megyn Kelly에게 집중되었다. 그가 몇몇 여성의 외모를 두고 무례하게 발언한 것에 대해 켈리가 질문을 던진 것이 화근이었다. 그는 CNN에서 다음과 같은 이상한 말을 했다. "〔켈리의〕 눈에서 피가 배어나오고 있었습니다. 온몸에서 배어나오고 있었죠." 그는 또 경쟁자들의 아내를 폄하했고, 공화당 예비선거의 맞수였던 칼리 피오리나Carly Fiorina의 외모를 깎아내렸다. 힐러리 클린턴이 전 미스 유니버스 알리시아 마차도Alicia Machado에 대한 그의 태도를 거론하며 미끼를 던지자, 아니나 다를까 그는 예상대로 한밤중에 미친듯이 트윗을 써서 마차도를 공격했다. 그는 또 "거시기를 움켜쥔다"고 말하는 동영상이 공개된 뒤 과거 그에게 성폭력을 당했다고 고발하고 나선 여자들을 공격했다.

트럼프의 대리인들과 핵심 지지자들은 여성혐오 군단이라고 부를 만하다. 토크쇼 「더 뷰」The View를 진행했던 스타 존스Star Jones의 말을 빌리자면, "뉴트 깅그리치Newt Gingrich, 루돌프 줄리아니Rudolph Giuliani, 크리스 크리스티는 여성혐오 삼인방이죠." 그 군단에는 스티브 배넌Steve Bannon

도 포함된다. 배넌은 대안 우파 사이트 '브라이트바트 뉴스'Breitbart News의 회장으로서, 마일로 이아노풀로스Milo Yiannopoulos를 고용하여 남성 권리 운동의 여성혐오적 분노에 백인 우월주의와 반유대주의를 결합한 새로운 극우파 도당을 형성하도록 지원했다. 로저 에일스Roger Ailes도 있다. 에일스는 스무명이 넘는 여자들이 수십년에 걸친 성희롱, 그로테스크한 비하, 여성 직원들에 대한 착취를 증언하여 2016년 7월 폭스 뉴스에서 잘린 뒤 트럼프의 토론 코치가 되었지만, 곧 사이가 틀어졌다. 일설은 에일스가 트럼프의 집중력 부족에 질렸다고 한다. 폭스 사前 앵커 앤드리아 탄타로스Andrea Tantaros는 에일스가 지휘하던 시절의 폭스를 "섹스로 돌아가는 곳, 플레이보이 맨션 같은 밀교, 협박과 추잡함과 여성혐오에 찌든 곳"이었다고 말했다. 그렇다는 것은 곧 한 남자의 끔찍한 매음굴이나 다름없던 방송국이 극우파의 부상과 진실된 뉴스의 추락을 둘 다 적잖은 정도로 획책했다는 말이다. 그러나 늙은 우파 남성들이 여성혐오자라는 소리는 악어는 문다는 소리만큼이나 놀라울 것 없는 이야기다.

클린턴은 남성 정치인에 대해서는 거의 언급되지 않는 특징들을 빌미로 끊임없이 질책받았다. 그중 하나는 야망이었다. 야망이라니, 그건 선출직 공무원에 출마한 사람이라면 모두가 갖고 있는 특징이라고 봐도 좋을 텐데. 하지만 『사이콜로지 투데이』*Psychology Today*의 기사 제목에 따르면, 오직 클린턴의 경우만큼은 "병적으로 야망이 큰" 상태라는 것이 가능한 모양이다. 그녀는 목소리를 갖고 있다는 이유로도 비난받았다. 버니 샌더스Bernie Sanders는 호통을 쳤고, 트럼프는 비명을 지르거나 킬킬거렸지만, 폭스의 시사 평론가 브릿 흄Brit Hume은 오직 클린턴의 "날카롭고 강의하는 듯한 말투"에만 불평하면서 목소리가 "그다지 매력적이지 않다"고 지적했다. MSNBC의 로런스 오도넬Lawrence O'Donnell은 클린턴에게 마이크 사용법을 공개적으로 가르쳤다. 밥 우드워드Bob Woodward는 클린턴이 "비명을 지른다"고 불평했다. 정치 신문 『힐』*The Hill*의 편집자 밥 큐잭Bob Cusack은 "힐러리 클린턴은 목소리를 높이면 진다"고 말했다. 그럼 여성은 관능적으로 속삭이는 목소리로 유세해야 한다는 말인가 싶지만, 그렇게 한다면 물론 힘을 보여주지 못했다고 비판받을 것이다. 그렇다고 힘을 보여주었다가는 여성으로서 실패한 것이 될 텐데, 왜냐하면 이 설정에서 힘이란 남성의 특권이기 때문이다. 곧 애초에 이 설정은 여성을 포함하지 않도록 짜여 있다는 뜻이다.

새디 도일Sady Doyle은 이렇게 썼다. "클린턴은 슬퍼하거나 화낼 수 없다. 하지만 기뻐하거나 즐거워할 수도 없다. 그뿐 아니라 이런 감정들을 표현하는 것을 삼가서도 안 된다. 이 궁지에서 빠져나갈 길이라곤 없다. 그녀의 행동은 무엇이든 다 틀린 게 된다." 거짓말에서 추파까지 트럼프가 저지른 온갖 행동을 여성 후보자가 한다고 상상해보면, 우리가 남성성에 얼마나 큰 자유를 부여하는지 인지할 수 있다. 일찍이 1900년에도 수전 B. 앤서니Susan B. Anthony는 말했다. "여성이 새롭게 시도한 여러 행동 가운데 대중 앞에서 말하는 것만큼 심한 항의를 받은 행동은 없다. 여성이 시도한 다른 어떤 행동도, 심지어 참정권을 확보한 일조차 이만큼 많이 욕먹고 규탄당하고 반감을 사지는 않았다." 몇년 전 메리 비어드Mary Beard가 한 말도 있다. "우리는 여성의 침묵을 바라는 남성 문화에서 전혀 벗어나지 못했다."

트럼프는 클린턴이 지난 30년 동안 권력을 쥐고 있었다는 이야기를 지겹도록 반복했다. 그는 클린턴 개인을 페미니즘과, 혹은 진보주의와, 달리 무엇이 되었든 그가 무찌를 생각인 세력과 동일시했다. 이런 서사에서 클린턴은 막강하고 초월적인 힘을 지닌 듯, 두번째 토론회 때 트럼프가 그녀의 등 뒤에서 어른거렸던 것처럼 국가의 배후에서 늘 어른거리기라도 한 듯했다. 좌우를 막론하고 사람들은 클린턴이 남편의 정책에 남편 자신보다 더 책임이 큰 것처럼 말했고, 선거 기간 중 거의 언급되지 않은 부시 행정부보다 이라크 전쟁에 더 책임이 큰 것처럼 말했고, 그녀가 오바마의 공약을 수행한 것이 아니라 오바마가 그녀의 공약을 수행하기라도 한 양 오바마의 정책에 책임이 있는 것처럼 말했다. 이런 서사들은 그녀를 무한한 힘을 가진 여자 악마, 혹은 사악한 마녀로 묘사했는데, 그녀가 한번 권력을 가졌으면서도 또 갖고 싶어한다는 것이 그 이유였다. 이런 걸 보면 사람들은 여성이 지닌 힘은 크기를 불문하고 무조건 너무 많다고 여기는 것 같고, 정말 많은 남자들이 여자를 몹시 무서워하는 것 같다.

실은 클린턴의 존재 자체가 많은 사람을 격분하게 만드는 것 같았다. 적어도 1992년부터 죽 그래왔던 것처럼. 여성혐오와 클린턴에 대해서 이야기하는 것은 복잡한 일이다. 왜냐하면 그녀는 수십년 동안 많은 일을 해온 복잡한 인물이기 때문이다. 그녀가 그간 보여온 말과 행동에 반대하거나 싫어할 이유는 물론 있겠지만, 그것만으로 지금 그녀에게 쏟아지는 격앙된 감정을 다 설명할 수는 없다. 그녀는 보수주의자로 컸지만(이번 선거 중 좌파 진영의 일부는 그녀가 과거에 '골드워터 걸'이었다는 걸 구실로 그녀를 미워했는데, 그녀가 공화당 후보 배리 골드워터Barry Goldwater의 선거 운동에 참여했던 것은 투표권도 없던 고등학생 시절이었다) 곧 급진적 진보주의자가 되어 1968년과 1972년에 역사상 가장 좌측으로 기울었던 민주당 대통령 후보자들의 선거 운동에 참여했다. 1972년 선거 때는 텍사스에서 라틴계 유권자들의 등록을 독려하는 일을 맡았다. 그녀는 대학 졸업 논문을 솔 앨린스키Saul Alinsky(노동자들의 풀뿌리 조직운동을 이끈 급진적 노동운동가 ─ 옮긴이)에 대해서 썼고, 나중에 그로부터 일자리를 제의받기도 했다. 그후 여성과 어린이의 권리를 옹호하는 활동을 펼쳤고, 그러다가 1980년대 들어서는 우파로 좀 기울었는데, 아마 남편의 고향인 아칸소주의 정치 풍토나 레이건 시대에 적응하기 위해서였을 것이다.

우리는 그녀의 경력에서 페미니스트로서의 고점들과 친기업 신자유주의자로서의 저점들을 얼마든지 짚어낼 수 있겠지만, 그런 것보다는 미국과 세계의 미래에 좀더 관심이 있는 사람에게는 그녀의 2016년 선거 공약이 후보들 중 가장 적절해 보였을 것이다. 문제는 정작 아무도 클린턴이 어떤 공약을 했는지는 모르는 것 같다는 점이었다. 주요 방송사들은 선거 보도에 수백시간을 할애하면서도 후보자들의 공약을 보도하는 데는 겨우 32분을 썼다. 정치인이 정책과 입장 때문에 대중의 반감을 산 예라면 그동안에도 무수히 많았지만, 클린턴의 공약은 사실 샌더스의 공약과 비슷한 구석이 많았고, 최근의 모든 민주당 유명 남성 정치인들의 공약과도 비슷하거나 오히려 그보다 더 좌측으로 기울었다. 그녀의 남편은 물론이고 버락 오바마, 조 바이든Joe Biden, 존 케리John Kerry, 하워드 딘Howard Dean보다도. 하지만 그 남성들에게는 용인되거나 그냥 좀 싫은 정도였던 일이 그녀에게는 천인공노할 일이 되었다. 그들이 일으켰던 적개심이라고 해봐야 그녀가 맞닥뜨린 신경질적 분노에 비하면 비교하기 민망한 수준이었다. 그녀는 기적적이게도 그런 분노에 직면해서도 꿋꿋이 나아갔다.

"미국을 다시 위대하게"라는 트럼프의 슬로건은 백인 남성의 기득권이 지켜지는 꿈의 낙원으로 돌아가자고 호소하는 듯했다. 그 낙원에서는 석탄이 끝내주게 좋은 연료이고, 블루칼라 제조업 일자리는 1956년 수준이고, 여자들은 가정에 매여 있고, 백인 남성들의 욕구가 최우선인 것 같았다. 선거 후에는 좌파 진영에서도 많은 사람들이 그 합창에 가세하여, 클린턴이 진 것은 그녀가 이른바 백인 노동자 계층에게 충분히 신경 쓰지 않은 탓이라고 주장했다. 그녀가 여성을 무시했다는 질책을 듣지는 않는 점을 고려할 때, 그들이 말하는 백인 노동자 계층이란 사실상 백인 남성을 가리키는 암호인 것 같다. 그리고 그 남자들은 다른 어떤 집단보다도 트럼프의 승리에 책임이 컸다(백인 남성의 63퍼센트가 트럼프를 찍었고 31퍼센트가 클린턴을 찍었다).

클린턴이 진 것은 공화당이 오랫동안 전략적으로 수백만 유색인종 유권자의 투표권을 박탈해왔기 때문이라고 주장할 수도 있을 것이다. 공화당은 투표소 수를 줄였고, 투표 시간을 줄였고, 잠재적 투표자들을 괴롭히거나 위협했고, 신분증 대조 검토 프로그램 같은 투표자 신원 조회 법을 도입하여 유색인종 투표자들의 등록을 훨씬 더 어렵게 만들었다. 그도 아니면 FBI 국장 제임스 코미James Comey 가 선거 열흘 전 악의적으로 개입했기 때문이라고 할 수도 있을 것이고, 언론이 오랫동안 부정적으로 보도해온 탓이라고 할 수도 있을 것이고, 그녀의 당선을 훼방하려고 기획된 국외 세력의 개입 탓이라고 할 수도 있을 것이고, 여성혐오 때문이라고 할 수도 있을 것이다. 그러나 클린턴의 낙선 이유에 대한 이 모든 가설들 대신 우리 귀에 들려온 가설은 두가지뿐이었다(그리고 이런 상황에도 불구하고 어떻게 클린턴이 일반투표에서는 300만표에 가까운 격차로 이겼는가를 분석하는 말은 전혀 들리지 않았다. 그녀가 받은 이 전체 표수는 미국 대선 역사상 어느 백인 남성 후보자가 받은 표보다 많았다).

'백인 노동자 계층에 더 관심을 쏟았어야 했다'는 분석에 따르면, 클린턴이 진 것은 백인 남성에게 관심을 충분히 쏟지 않은 탓이라고 한다. 이 분석을 내세우는 자들은 미국인의 37퍼센트는 백인이 아니라는 점, 그리고 미국인의 51퍼센트는 여성이라는 점에는 흥미가 없는 듯했다. 나는 늘 — 텔레비전에서, 영화에서, 신문에서, 스포츠에서, 책에서, 내가 받은 교육 과정에서, 사적인 삶에서, 미국의 모든 차원을 통틀어 누가 가장 많이 소유하고 있고 가장 많이 공직을 보유하고 있는가 하는 엄연한 사실을 통해서 —
백인 남성은 이미 충분한 관심을 받고 있다고 느낀다.

두번째 가설은 43퍼센트가 클린턴을 찍고 53퍼센트가
트럼프를 찍은 백인 여성에 관한 이야기였다. 우리 백인
여성은 트럼프를 찍었다는 사실로 맹비난을 당했다. 여기
에는 모든 여성은 페미니스트여야 한다는, 단 오로지 여성
만이 페미니스트여야 한다는 전제가 깔려 있다. 나는 미국
에 페미니스트가 아닌 여성이 많다는 사실이 조금도 놀랍
지 않다. 페미니스트가 되려면 여성의 평등함과 권리를 믿
어야 하는데, 이에 동의하지 않는 가족, 공동체, 교회, 국가
속에서 살아가는 사람이 그런 생각을 지니면 자칫 삶이 불
쾌해지고 위험해질 수 있다. 여성이 구타당하는 사건이 약
11초에 한건씩 벌어지는 나라, 십대에서 사십대 사이 여성
인구의 부상 이유 중 첫 손가락에 꼽히는 것이 여성의 현
재 혹은 과거 파트너인 나라에서는 그런 신념을 품지 않는
편이 더 안전할 때가 많다. 페미니즘이 늘 악마화되고 왜
곡되는 나라에서는 그런 신념을 어디서나 쉽게 접할 수 있
는 것도 아니다. 또 여성이 인종차별주의자에게 투표하는
것은 훨씬 더 나쁜 일로 여겨지는 것 같다. 백인 여성은 그
일로 맹비난을 당하지만 백인 남성은 비난을 면한다(모든
인종 범주에서 남성이 여성보다 트럼프를 더 많이 찍었고,
전체적으로 여성의 54퍼센트가 클린턴을 지지했지만 남성

의 53퍼센트가 트럼프를 찍었다).

요컨대 여성은 젠더 충성도가 없다고 미움받은 셈이다. 그런데 여성이 겪는 웃긴 일이 무엇인가 하면, 우리 여성은 젠더 충성도가 있어도 미움받는다는 것이다. 여성들이 주요한 여성 후보자를 선호하면 생식기로 투표하느냐는 비아냥을 듣지만, 미국 역사 내내 대부분의 남성들이 남성 후보자를 선호했는데도 그들에게는 자지로 투표한다는 비아냥이 따라붙지 않았다. 음경이 거론된 것은 딱 한번, 공화당 예비선거 토론회에서 마코 루비오Marco Rubio가 트럼프의 음경이 작다고 말하자 트럼프가 그렇지 않다고 허세 부린 때뿐이었다. 배우 수전 서랜든Susan Sarandon은 "나는 생식기로 투표하지 않아요"라고 말해놓고서는 녹색당 후보자 질 스타인Jill Stein을 찍었다. 스타인도 클린턴 못지않게 어엿한 여성 생식기적 후보자인 줄 알았는데 아닌 모양이다.

"최근 대통령 선거 운동과 그 끔찍한 결과가 주는 여러 교훈들 중 하나는 정체성 진보 운동의 시대가 막을 내려야 한다는 것이다." 마크 릴라Mark Lilla는 『뉴욕 타임스』 기사에서 이렇게 썼다. 그는 클린턴이 매 유세마다 흑인, 라틴계, LGBT, 여성 유권자를 명시적으로 호명한 것은 잘못이었다고 비판했다. "그 전략은 실수였다. 혹 미국을 구성하는 인구 집단을 언급할 것이라면, 모든 집단을 다 언급하는 편이 낫다." 저 목록에는 사실 미국 인구 대다수가 포함되지만, 아무튼 누가 빠졌다는 것일까? 백인 이성애자 남성이다. 클린턴이 아시아계와 원주민 인구를 빠뜨렸다고 릴라의 마음이 상했을 리는 만무하니까.

'정체성 정치'라는 말은 인종이나 젠더나 성적 지향을 이야기하는 것을 가리키는 부정적 의미의 용어로 변했지만, 미국은 지난 160년 넘게 바로 정체성 정치의 방식으로 해방을 이야기해왔다. 저 기준에 따르자면, 프레더릭 더글러스Frederick Douglass, 해리엇 터브먼Harriet Tubman, 엘리자베스 캐디 스탠턴Elizabeth Cady Stanton, 수전 B. 앤서니, 아이다 B. 웰스Ida B. Wells, 로자 파크스Rosa Parks, 벨라 앱저그Bella Abzug, 엘라 베이커Ella Baker, 베이어드 러스틴Bayard Rustin, 맬컴 엑스Malcolm X, 위노나 라듀크Winona LaDuke, 바인 들로리아Vine DeLoria, 델 마틴Del Martin, 하비 밀크Harvey Milk는 모두 우리가 넘어서야 하는 것이라고 비판되는 한낱 정체성 정치의 실천가들에 지나지 않게 된다. 선거 직후, 탈 정체성 정치 시류에 올라탄 버니 샌더스는 이렇게 말했다. "이제 '이봐요, 나는 라틴계 여성이니까 나를 찍으세요' 하고 말하는 것만으로는 부족합니다. 우리는 그 라틴계 여성이 이 나라의 노동자 계층과 함께할 것인지 아닌지도 알아야 합니다. (…) '나는 여성이니까 나를 찍으세요.' 이렇게 말하는 것만으로는 충분하지 않습니다. 안 됩니다, 그것만으로는." 정작 클린턴은 그런 말을 한번도 하지 않았다. 오히려 트럼프야말로 "나는 백인 남성이니까 나를 찍으세요"라는 말을 쉼 없이 공격적으로 내뱉었다고 볼 수 있을 것이고, 그러는 샌더스 자신도 같은 메시지를 암묵적으로 전달했거나 구태여 말로 내뱉을 필요도 없이 그로부터 득을 보았다고 평가해도 괜찮을 것이다. 『복스』*Vox*의 데이비드 로버츠David Roberts 기자는 클린턴이 유세 연설에서 사용한 단어들의 빈도를 분석해보았다. 그 결과 그녀는 주로 노동자, 일자리, 교육, 경제를 이야기했다고 결론 내렸다. 사람들이 그녀가 무시한다고 질책했던 바로 그 요소들 말이다. 클린턴은 '일자리'라는 단어를 600회 가까이 말했고, '인종차별' '여성 인권' '낙태'는 각각 몇십회쯤만 말했다. 그런데도 사람들은 그녀가 노상 자기 젠더 이야기만 하는 것처럼 묘사했다. 실제로 그 이야기에 대해 닥치지 못했던 것은 그녀를 제외한 나머지 모두였음에도.•

2015년 겨울 샌더스의 약속으로부터 부흥한 유토피아적 이상주의는 어떻게 그토록 급격히 클린턴 지지는 곧 반反

• 일년 뒤, 버지니아주 의원으로 당선된 트랜스젠더 후보자 대니카 롬(Danica Roem)은 이렇게 말했다. "나는 쉴 새 없이 일자리 이야기를 했습니다. 도로, 학교, 의료, 평등. 유세 중에 계속 리 카터(Lee Carter, 그 역시 옆 지역구에서 당선된 진보 후보였다 ─ 옮긴이)와 만났기 때문에, 내가 이런 이야기들을 했다는 걸 분명히 압니다. 그런데도 사람들은 우리가 '유치원생들에게 트랜스젠더와 사회주의를 가르친다'고 비난했죠."

버니라고 간주하는 이원론적 증오로 변했을까? 이 문제는 끔찍한 수수께끼 같았던 이번 선거의 여러 수수께끼 중 하나였다. 아무튼 그 격하게 혐오하는 증오심이 어찌나 설득력 있었던지, 트럼프가 본선거에서 이긴 뒤에야 비로소 민주당 예비선거에서 깨어난 것 같은 사람이 많았다. 그때까지도 그들은 클린턴이 여전히 샌더스를 상대로 싸운다고 믿었든지, 아니면 클린턴은 꼭 엄마처럼 누구도 막을 수 없는 존재이니 그들이 마음껏 미워해도 괜찮고 그래도 어차피 그녀가 이길 것이라고 믿었든지. 내 주변 많은 사람들은 절대적인 종교적 헌신처럼 보이는 신념으로 샌더스를 사랑했고, 그보다 더 격렬한 신념으로 클린턴을 미워했다. 우파의 증오는 트럼프의 유세장에서 연거푸 물리적 폭력으로까지 흘러넘쳤지만, 좌파의 독설도 만만치 않았다.

나는 내 주변 사방에서 군중 심리를 목격했다. 스스로를 더 부추기고, 스스로를 더 강화하고, 의문이나 반대나 복잡성은 처벌하는 비합리적 집단 사고를 목격했다. 『1984』에 나오는 '2분 집단 증오 시간'이 떠올랐다.

2분 증오 시간의 끔찍한 점은 반드시 참여해야만 한다는 점이 아니라 참여하지 않고는 배길 수 없다는 점이었다. 30초만 지나면 어떤 가식도 필요하지 않게 되었다. 두려움과 복수심이라는 끔찍한 황홀경이, 죽이고 싶고 고문하고 싶고 망치로 얼굴을 짓뭉개고 싶은 욕망이 전류처럼 모든 사람에게 흘러, 사람들은 자신의 의지와도 무관하게 오만상을 쓰며 비명을 지르는 광적인 상태에 빠졌다. 그러나 그들이 느끼는 분노는 아직 추상적이고 방향이 뚜렷하지 않은 감정이어서, 블로램프의 불꽃처럼 쉽게 한 대상에서 다른 대상으로 방향이 바뀔 수 있었다.

바로 저런 감정이 클린턴에게 향했고, 그녀의 지지자라면 누구에게든 선뜻 그 방향을 돌릴 태세였으며, 반역자라는 비난을 비롯하여 온갖 악담도 따라붙었다. 많은 클린턴 지지자들은 입을 다물거나 비밀리에 지지하는 쪽으로 마음을 바꾸었는데, 후보자에게 필요한 지지는 이런 종류가 아니었다. 샌프란시스코의 한 친구는 이렇게 썼다.

　내가 아는 사람들 중 클린턴을 찍을 생각인 모든 여자들과 거의 모든 기자 및 기고자들은 그녀에 대해 긍정적인 발언을 할 때면 늘 페이스북에 올리는 글이든, 주요 언론에 싣는 긴 기사이든, 모든 글에서 "물론 그녀가 완벽한 후보자는 아니지만…" 혹은 "물론 나도 그녀의 경력에서 몇몇 측면은 심각하게 반대하지만…" 하는 취지의 문장을 포함시켰다. 이런 문장은 트롤들의 분노를 미연에 방지하기 위해 반드시 집어넣어야 하는 표준 문안이었다(그러더라도 어차피 결국에는 누군가 나타나서 당신이 섬기는 여왕의 대관식을 남들에게도 강요하려는 거냐고 비난을 퍼붓겠지만, 표준 문안은 최소한 그 시기를 늦춰주었다).

*

클린턴이 일반투표에서 이겼다는 사실을 언급하면, 내가 접한 남자들 중 많은 수가 혼란스러워했다. 그들은 그 사실을 그녀의 승리로는 생각하지 않거나 생각하지 못했다. 그때 나는 이렇게 썼다. "좀 너무 많지 않나 싶은 수의 백인 남자들은 자신이 객관성을 독점하고 있다고 믿은 나머지 자신의 주관적 판단에는 여성혐오가 전혀 없다고 장담하고, 심지어 자신은 주관성이나 감정에 휘둘리지 않는다고 장담한다. 다른 사람들의 의견에는 근거가 없다고 말한다. 왜냐하면 그들의 의견은 아예 의견이 아니니까." 이런 남자들은 이후 클린턴이 얼마나 한심한 패배자인지 이야기하기 시작했는데, 이전에 그녀가 승리할 수도 있다는 전망이 그들에게 야릇하고 대단히 감정적인 혐오를 불러일으켰던 것처럼 이런 시각은 그들에게 어쩐지 야릇한 자극이 되는 듯했다.

우리가 자유롭고 공정한 선거를 치르지 못했음을 시사하는 증거는 상당히 많다. 어쩌면 그런 증거들로 이의를 제기하여 트럼프를 저지할 수 있었을지도 모른다. 하지만 좌파의 이런 남자들은 클린턴이 패배자가 되기를 간절히 바란 나머지 트럼프가 이기기를 바랐다. 그래야만 다른 어떤 대의에 대한 헌신보다도 강렬한 그들의 마음속 집착을 사실로 확인받을 수 있을 테니까. 그들은 클린턴이 패배자라서 패배했다는 동어반복을 고집했고, 그밖의 다른 요인들은 모두 무시했다. 트럼프는 워낙 약한 후보였기 때문에 그가 소수자층에서 이기기 위해서는● 수백만 유색인종 유권자의 선거권을 박탈해야 했고, 투표권법을 무력화해야 했고, 역사상 가장 따분하고 밋밋한 스캔들일 것이 분명

● 정말로 트럼프가 이겼다면 말이지만. 나는 나중에 이렇게 썼다. "플로리다, 노스캐롤라이나, 펜실베이니아, 위스콘신을 포함한 여러 경합주에서 출구 조사 결과와 개표 결과 사이에 두드러진 불일치가 확인되었다. 보통은 개표 결과를 출구 조사 결과보다 더 신뢰하지만, 세계 다른 나라들에서는 출구 조사를 실제 결과의 진실성을 확인해주는 중요한 자료로 여긴다. 만약 저 주들에서 이겼다면 클린턴은 선거를 압도적으로 이겼을 것이다. 어쩌면 정말 이겼는지도 모른다. 선거 직후, 밥 피트라키스(Bob Fitrakis)와 하비 와서먼(Harvey Wasserman)은 이렇게 보도했다. '28개 주 가운데 24개 주에서, 출구 조사 미조정 데이터의 클린턴 득표수는 공식 최종 결과보다 유의미하게 더 높게 나왔다. 조작되지 않은 선거에서 이런 일이 벌어질 가능성은 사실상 통계적 불가능성의 영역이다.' 이들의 말이 옳은지 아닌지는 알 수 없다. 왜냐하면 이렇다 할 조사가 이루어지지 않았기 때문이다. 질 스타인이 요구하여 이끌어낸 미시건, 위스콘신, 펜실베이니아주 재검표도 당황한 기색이 역력한 공화당에 의해 중지되었다."

한 클린턴의 개인 이메일 서버 사용 사건을 무지막지한 범죄로 포장하는 선전을 장기간 벌여야 했으며, 마지막에는 FBI 국장 제임스 코미까지 나서서 명백한 방해 공작을 펼쳤다. 우리는 코미의 터무니없는 술책을 겪으면서, 관계가 소원한 변태 남편을 가진 보좌관을 둔 여성 정치인이 되는 편이 실제 스스로 십여명의 여성에게 추행과 성폭력을 가한 공격자가 되는 편보다 더 타격이 크다는 사실을 알게 됐다.

힐러리 클린턴은 무모하고, 불안정하고, 무지하고, 어리석고, 무한히 천박하고, 기후변화를 부정하고, 백인 우월주의자에 여성혐오자에 독재자의 야심과 도둑정치가의 계획을 가진 사람과 우리 사이에 선 최후의 보루였다. 많은 사람들이, 특히 백인 남자들이 그녀를 견디지 못했다. 그리고 이것은 트럼프의 승리를 설명하는 다른 어떤 이유만큼이나 타당한 이유였다. 클린턴이 자신을 설득하여 그녀를 찍도록 만드는 데 실패했다고 하는 남자들의 말을 나는 무수히 자주 들었다. 그들은 이 패배를 우리의 패배가 아니라 그녀의 패배로 보았고, 패배를 그녀의 탓으로 돌렸다. 마치 당선이란 자신들이 하사하는 선물인데 그녀는 그 선물을 받을 만하지 않았기 때문에, 혹은 그녀가 매력을 발휘하지 못했기 때문에 주지 않았다는 것처럼. 그들은 우리가 트럼프를 저지하는 데 실패한 일에 대해 그들 자신을,

유권자들을, 체제를 비판하지 않았다.

〔2016〕

CALL THEM BY THEIR

TRUE NAMES

사라진
2,000만명의
이야기꾼

대부분의 새로운 생각은 주변부나 그늘에서 시작되어 중심으로 옮겨온다. 그것은 종종 소수의 사람들만이 생각했던 것, 급진적이거나 전위적이거나 좀 지나치다고 여겨졌던 것, 혹은 그냥 아무도 주목하지 않았거나 별달리 심각하게 여기지 않은 것이었다. 만약 그것이 정의에 관한 생각이라면, 사람들은 처음에 그것을 극단적이거나 비현실적인 생각이라고 여긴다. 그래도 생각은 꾸준히 이동하고, 그러다보면 여정의 끝에 가서는 누구나 예전부터 그 생각을 죽 해왔던 것처럼 된다. 좀더 정확하게 말하자면, 모든 사람들이 자신은 그 생각을 늘 해왔다고 생각하는 상태가 된다. 사실 예전에는 관심을 쏟지 않았거나 전혀 다르게 생각했다는 사실, 지금 와서 보면 차별이나 우둔함으로 느껴지는 생각을 했다는 사실은 슬쩍 잊는 편이 편리하기 때문이다. 새로운 생각은 새로운 생물종과 같다. 그것은 진화한다. 서식지를 넓힌다. 주변 생태계를 바꾼다. 그러다 이윽고 처음부터 늘 거기 있었던 것처럼 환경에 녹아든다. 우리가 마치 늘 노예제를 규탄했던 것처럼, 여성도 당연히 투표권을 가져야 한다고 믿었던 것처럼, 이성애자가 아닌 사람들도 똑같은 권리를 가져야 마땅하다고 생각했던 것처럼 된다.

2017년 가을, 우리는 폭력과 혐오와 차별이 그 대상이 되는 사람들을 몰아낸다는 사실을 새로운 각도에서 생각해보게 되었다. 우리가 가진 이야기들에는 우리가 갖지 못한 이야기들의 유령이 깃들어 있다는 사실도 생각해보게 되었다. 이런 생각은 하비 와인스틴을 비롯한 할리우드 유력 남성들의 젠더폭력이 그동안 업계에 어떤 영향을 미쳤는가를 분석할 때 중요한 관점으로 작용했다. 이런 관점을 일찍이 떠올린 사람 중 하나였던 리베카 트레이스터는 이렇게 썼다.

고발당한 남자들은 우리가 어떤 예술을 보고 감상할지, 더 중요하게는 어떤 예술에 돈을 지불할지 결정하는 일에 관여하는 사람들이다. 그들은 누구의 이야기가 스크린에 걸릴지 결정한다. (…) 그 남자들은 또 시민들에게 정치인에 관해 어떤 메시지를 전달할지 결정하는 일에 큰 영향력을 발휘하고, 그럼으로써 국민들이 선거에서 어느 정치인을 고를지 결정하는 일에도 영향력을 미친다. (…) 우리는 일상적인 폄훼와 학대라는 위험을 헤쳐나가다 지쳐 직장을 떠난 여자들, 평생 일군 경력을 버린 여자들을 제 위치에 소급해서 돌려놓을 수 없다. 그 여자들이 만들 수 있었을지도 모르는 영화, 홍보할 수 있었을지도 모르는 예술, 보도할 수 있었을지도 모르는 뉴스를 이제 와서 소급해서 볼 방법은 없다.

트레이스터와 질 필리포비치Jill Filipovic를 비롯한 많은 사람들이 지적한바, 미국 미디어 업계의 남성 유력자들 중 일부가 상습적 성희롱 가해자였음이 밝혀졌는데 바로 그 남자들이 — 찰리 로즈Charlie Rose, 맷 라우어Matt Lauer, 마크 핼퍼린Mark Halperin 등등 — 그동안 힐러리 클린턴에 대한 적대적인 이야기를 형성해온 장본인들이었다. 누가 영화를 만들지, 어떤 이야기를 사람들에게 들려줄지 결정하는 남자들에게서 시작된 생각은 정치인을 어떻게 묘사할지, 정치인에 관해서 무엇을(가령 클린턴의 이메일을) 강조하고 무엇을(가령 트럼프의 폭력단과의 연계, 거짓말, 파산, 소송, 성폭력을) 강조하지 않을지 결정하는 남자들에게 옮아갔다. 그리고 그런 생각은 선거에 영향을 미쳤다. 만약 이야기의 틀을 결정하는 사람들이 달랐더라면 어땠을까? 충분히 다른 결과가 나올 수도 있었다고 상상해볼 법하다.

2017년 말, 이런 관점이 타당하다고 느낀 『뉴요커』의 리처드 브로디Richard Brody는 그해 최고의 영화들을 꼽는 기사에서 이 생각을 전면에 내세웠다. 그해 최고의 영화를 꼽는 기사란 보통 진보적인 정치적 개혁을 제안하는 지면이 아니다. 그런데도 그런 기사에까지 이 생각이 도달했다는 사실은 그해 가을에 이 생각이 얼마나 멀리, 얼마나 빠르게 퍼졌는지 보여주는 증거였다. 브로디는 이렇게 썼다.

어떤 기준으로 올해의 영화를 꼽든, 그 목록들에는 반드시 빠진 것이 있다. 빠진 영화가 있고, 빠진 연기가 있고, 그밖의 창작 행위에서도 빠진 것이 있다. 왜냐하면 그것들이 실현되지 않았기 때문이다. 왜 실현되지 않았느냐 하면, 영화계에서 감독이나 제작이나 그밖의 주목할 만한 활동으로 서서히 두각을 드러내던 여자들이, 혹은 이미 연기를 하거나 각본을 쓰거나 다른 창조적 활동을 하던 여자들이(물론 남자들도 몇 있다), 자신이 가진 힘을 남용하여 자신의 쾌락이나 이익을 추구한 남성 유력자들에게 협박당하고, 위협당하고, 침묵당하고, 그밖의 여러 방식으로 영화 산업에서 떨려나가서 경력이 끊어졌기 때문이다.

비로소 많은 사람들의 머릿속에 이런 부재가 존재하게 되었다.

그렇다면, 미국의 서사에서는 무엇이 빠져 있을까? 여성 감독들, 흑인 시나리오 작가들, 여성혐오적이지 않은 첫 문장을 쓸 줄 아는 주류 언론 기자들만이 아니다.

유권자들이다.

투표는 일종의 말하기다. 내가 무엇을 믿는지, 내가 보고 싶은 세상은 어떤 세상인지 말하는 한 방법이다. 목소리를 가진다는 것은 단순히 무언가를 말할 수 있다는 뜻만은 아니다. 그것은 또한 역할을 가진다는 것, 주체성을 가진다는 것, "이 경찰이 폭력을 쓰는 것을 내가 목격했습니다"라는 말이든 "아니, 너랑 섹스하기 싫어"라는 말이든 "내가 꿈꾸는 사회는 이렇습니다"라는 말이든 남들에게 영향을 미치는 말을 할 수 있다는 뜻이다.

내가 계산하기로, 지난 선거에서 약 2,000만명의 유권자가 투표권을 박탈당했다. 투표자 신원 확인 법, 엄연한 유권자를 불신하여 신원 사기를 막겠다는 취지로 여러 주들이 유권자 명단을 공유하는 이른바 크로스체크 데이터베이스, 선거인 명부에서 일정 조건을 만족시키지 못하는 선거인들의 이름을 삭제하는 조치, 투표권법의 핵심을 무효화한 2013년 연방대법원 판결, 투표소를 없애거나 투표 시간을 줄이는 조치, 투표소에 나타난 선거인들을 괴롭히는 행위, 중범죄 전과자들의 투표권 박탈⋯ 방법은 수두룩했고, 그 결과 많은 사람들이 권리를 빼앗겼다. 또 하나의 새로운 짐 크로 법이라고 말해도 좋을 만큼 대대적인 규모로. (사라진 선거인의 규모에 대한 명확한 집계는 없다. 가령 중죄를 선고받은 미국인 600만명 이상이 그렇듯 투표권이 원천차단된 집단도 있고, 또 가령 투표자 신원 확인법 등으로 방해나 괴롭힘에 시달려서 그 수가 줄어드는 집단도 있다는 사실 때문에 이 문제는 좀더 복잡해진다.)

정치는 우리가 삶의 지표로 삼는 이야기를 말하는 한 방식이다. 우리가 아이들의 건강과 복지를 귀하게 여기는지 아닌지, 여성의 신체적 자율권과 모든 사람의 평등을 귀하게 여기는지 아닌지, 어릴 때 이 나라로 건너온 미등록 이민자를 뜻하는 '드리머'들을 보호할지 아닐지, 기후변화에 관해 행동할지 아닐지 등등에 따라 결정을 내리며 살아간다는 사실을 보여주는 한 방법이다. 투표가 결코 유일한 방법은 아니지만, 우리가 전국적 서사에 영향을 미치는 결정적 방법임에는 분명하다. 우리는 누가 중요하고 무엇이 중요한가에 관하여 하나의 이야기를 선택하고, 그 이야기에 따라 세상을 재편한다. 그래서 갑부에게 세금을 깎아주고 아동에게 의료 서비스를 제공하지 않는 세상이 만들어지는가 하면, 기후협정을 맺고 수백만 헥타르의 연방 토지를 보호하고 대학들을 지원하는 세상도 만들어진다. 우리는 만일 포스트모더니즘의 전성기라면 '거대 서사'라고 불렸을 듯한 큰 이야기 속에서 살아간다. 따라서 우리는 누가 그 이야기를 들려주는가, 누가 그 줄거리를 쓰는가, 그 줄거리가 바뀌면 어떻게 되는가 하는 질문을 늘 던질 수 있다.

『마더 존스』*Mother Jones*의 아리 버먼Ari Berman —— 이 주제에 관한 최고의 대변자다 —— 같은 기자들이 투표권 억압에 관한 기사를 쓰면, 사람들은 지난 대선에서 힐러리 클린턴이 이겨야 했다는 말을 하려는 것 아니냐고 생각한다. 2016년에 투표할 수 있었던 사람들의 구성이 달랐다면 물론 그런 결과가 나올 가능성이 있었겠지만, 투표권 억압은 그보다 훨씬 더 큰 이야기고 잠재적 결과도 그보다 훨씬 더 급진적일 것이다.

공화당은 지난 수십년 동안 유색인종 유권자의 투표권을 체계적으로, 전략적으로, 점차적으로 억압함으로써 전국적 세력으로서의 입지를 겨우 유지했다. 공화당은 소수당이다. 공화당은 백인들의 불만, 여성혐오, 강자들에게 호의적인 현재의 강령으로는 공정한 전국선거에서 결코 이길 수 없다는 사실을 알기 때문에, 불공정한 선거를 치르는 일에 착수했다. 또 주와 연방 차원에서 다수당의 자리를 지킬 요량으로 많은 주들에서 심각한 게리맨더링(자기 정당에게 유리하도록 선거구를 조정하는 일 —— 옮긴이)을 저질렀다. 일례로 2012년에 공화당은 전체 득표수가 더 적었는데도 연방 하원에서 더 많은 자리를 차지하여 다수당이 되었다.

그 2,000만표가 억압당하지 않았다고 상상해보라. 그렇기는커녕 거꾸로 투표가 더 쉬워지고 더 장려되었다고 상상해보라. 백인들의 불만을 대변하는 당은 진작 사라졌거나 현재와는 전혀 다른 모습이 되었을 것이다. 민주당 또한 달라졌을 것이다. 민주당이 더 많은 젊은이들, 더 많은 가난한 사람들, 더 많은 비백인 인구, 인권과 복지 안전망과 경제정의와 더 강력한 기후변화 대응을 지지하는 더 많은 사람들에게 응답해야 했다고 상상해보라. 전체 유권자층이 지금보다 훨씬 더 진보적이어서 — 만약 투표권을 억압당했던 사람들이 모두 투표했다면 (그리고 물론 젊은이들이 더 많이 투표에 참여했다면) 실제 그랬을 것이다 — 민주당이 구태여 중도 보수 유권자들을 놓고 경쟁할 필요가 없는 나라를 상상해보라. 정말 그랬다면, 비단 2016년 대선 결과만 달라지는 것이 아니라 다른 공약으로 다른 후보자를 내는 다른 정당, 다른 뉴스 보도, 다른 결과가 나왔을 것이다. 이야기를 들려주는 사람이 바뀌었을 테고, 모두의 이야기가 들려지는 방식이 바뀌었을 것이다.

미국은 비백인 인구가 점점 더 많아지는 나라다. 비백인 유권자는 전반적으로 사회정의, 경제정의, 환경정의를 좀 더 지지한다. 나는 미국이 너그럽고 진보적인 사람들로 가득한 나라라고 믿는다. 우리는 2017년 11월 선거에서 여덟명의 트랜스젠더 후보자를 당선시킨 사람들이고, 그 직후 제프 세션스Jeff Sessions의 공석을 메우고자 치러진 앨라배마 상원의원 선거에서 공화당의 미치광이 극우파 후보자 로이 무어 대신 민주당의 온건파 후보자 더그 존스Doug Jones를 찍은 사람들이다. 한 친구는 내게 만약 흑인 투표권이 억압당하지 않았다면 존스가 2퍼센트포인트가 아니라 그보다 더 큰 차이로 당선되었을 것이라고 말했다. 1870년 수정헌법 제15조로 흑인 남성에게 투표권이 주어지고 1920년 수정헌법 제19조로 모든 여성에게도 투표권이 주어진 뒤에도 사실상 이런저런 방식으로 그 투표권들은 줄곧 억압당해왔다. 그것이 억압당하지 않았다면, 오늘날 유권자들의 선택지가 과연 무어와 존스뿐이었을까? 앨라배마가 과연 오늘날의 앨라배마였을까?

『틴 보그』*Teen Vogue*의 세라 무차Sarah Mucha는 이렇게 보도했다. "NAACP 법률구조교육재단의 변호사 듀얼 로스Deuel Ross에 따르면 (…) 앨라배마 등록 선거인 중 약 11만 8,000명이 주법이 요구하는 유효한 사진 신분증이 없다는 이유로 [2017년 12월 17일 보궐] 선거에서 투표하지 못했다." 이것은 전체 투표자의 약 10퍼센트다. 그들의 부재로 게임의 양상이 달라졌다. 2016년 선거 때 위스콘신 같은 주들에서 막대한 수의 자격 있는 선거인들이 부재를 강요당하여 역시 게임의 양상이 달라졌던 것처럼(한 조사에서는 위스콘신의 2016년 투표 환경이 가깝게는 2012년 수준으로만 유지되었더라도 약 20만명의 유권자가 더 참가할 수 있었을 것이라고 보았다). 앨라배마의 흑인 유권자들이 참여를 어렵게 만드는 방해물을 극복하기 위해 영웅적인 고투를 벌였던 사실은 널리 보도되었지만, 애초에 그들이 애쓸 필요가 없었어야 하는 일이었다.

현재 이 문제를 바로잡기 위해 여러 활동이 이루어지고 있다. 주로 개별 주 차원에서 풀뿌리 시민 조직과 인권 단체가 진행하는 작업이다. 이 문제는 훨씬 더 가시화되어야 하고, 훨씬 더 뜨겁게 논쟁되어야 하고, 사람들의 생각에 훨씬 더 많이 등장해야 한다. 사라진 사람들에게 투표권을 되찾아주는 일은 우리 시대의 가장 큰 싸움 중 하나가 되어야 한다. 우리는 원칙을 지키기 위해 그렇게 해야만 한다. 이것은 심각한 불평등을 바로잡는 일이기 때문이다. 우리가 그래야만 하는 이유는 또 있다. 이 투표자들은 정의, 포용, 평등에 관하여 전반적으로 아름다운 꿈을 품고 있는 사람들이기 때문이다. 이 투표자들은 미합중국이 어떤 나라이고, 어떤 나라가 될 수 있고, 어떤 나라여야 하는가에 대해서 다른 이야기를 쓸 사람들이기 때문이다. 누가 중요하고 무엇이 중요한가에 대해서 다른 이야기를 쓸 사람들이기 때문이다.

앞으로 걸어갈 길의 방향을 출발점에서 겨우 몇도만 틀

더라도, 몇 킬로미터를 걸은 뒤에는 전혀 다른 지점에 도달하게 된다. 하물며 몇십년을 나아간 뒤에는, 150년을 나아간 뒤에는 어떻겠는가. 시민들의 투표권을 빼앗는 조치 때문에 우리는 그동안 조금씩 오른쪽으로 떼밀렸고, 그 결과 애초에 당도하지 말았어야 하는 지점에 당도했다. 그 과정에서 수많은 삶이 짓밟혔고, 수많은 목소리가 억압당했고, 전쟁들이 터졌고, 시급한 기후변화 위기가 부정되거나 간과되었다. 이미 벌어진 일을 돌이킬 수는 없다. 우리는 이미 특정한 이야기를 들어왔고, 특정한 길을 걸어왔다. 그러나 지금부터 경로를 바꿀 수는 있다. 사라진 수백만표가 중요하다는 이야기를 들려주는 일, 그들을 다시 게임에 참가시키고자 애쓰는 일에서부터 시작하면 된다.

〔2018〕

2부

미국의 감정들

아서 도브, 「은색 공과 바지선 그리고 나무」(Silver Ball, Barge, and Trees), 1930.

CALL THEM BY THEIR TRUE NAMES

고립
이데올로기

우리 시대 우파 이데올로기라는 이상한 수프를 졸이고 또 졸여서 작은 덩어리 하나로 압축하면 무엇이 될까. 세상의 일들은 다른 일들과 연결되어 있지 않다는 생각, 사람은 다른 사람과 연결되어 있지 않다는 생각, 연결되지 않는 편이 모두에게 더 낫다는 생각이다. 그 핵심 가치는 개인의 자유와 개인의 책임이다. 자기 일은 자기가 알아서 돌보라는 것이다. 이렇게 단절을 칭송하는 원칙으로부터 온갖 비합리적인 생각들이 따라나온다. 이 세계관을 극단으로까지 전개하면, 팩트마저 자수성가한 인간이 제 입맛에 맞게 멋대로 지어낼 수 있고 다른 팩트들과 아무 관련이 없는 항목이 되어버린다.

우리는 현대의 이런 이데올로기를 보수주의라고 부르지만, 이것은 사실 좀더 온건했던 초기 보수주의 사상가들의 명제를 뒤집은 정신 나간 자유지상주의일 뿐이다. "사회라는 것은 없습니다." 마거릿 새처Margaret Thatcher는 1987년 인터뷰에서 이렇게 말한 것으로 유명하다. 그런데 이 유명한 발언의 뒷부분은 자주 인용되지 않는다. "개인들과 집단들로 구성된 살아 있는 태피스트리가 있을 뿐입니다. 이 태피스트리의 아름다움과 삶의 질은 개개인이 스스로를 책임지고, 또한 주변을 둘러보면서 자신보다 더 불운한 사람들을 기꺼이 돕는 데 달려 있습니다."

잡지 『우먼스 오운』Woman's Own에 실린 저 인터뷰에서, 새처는 줄곧 전통적 보수주의와 — 모든 사람들이 하나의 섬세한 태피스트리로 이어져 있으며 정부가 지나치게 간섭하다가는 그 태피스트리가 찢어질지도 모른다는 시각 — 새로운 보수주의의 — "너무 많은 아이들과 사람들이 '내게 이런 문제가 있으니까 정부가 해결해줘야 해' 하고 생각하게 되었습니다" — 사이에 놓인 중간 노선을 따랐다. 이후 수십년이 흐르는 동안 어느 시점엔가 이 균형추는 '정부 원조가 사회적 관계를 대체해서는 안 됩니다'에서 '남들 문제를 내가 알 게 뭐야' 쪽으로 확실히 넘어갔다. 혹은, 어느 유명한 노래에서 카우보이가 송아지에게 말하는 것처럼 "이건 네 불행이고 / 내 알 바 아니란다".

그 카우보이는 미국의 고립 이데올로기를 체현한 인물이다. 그러나 자립적 개인의 전형인 카우보이라는 이미지는 오늘날 총기에 대한 우파의 집착도 마찬가지지만 미국의 실제 역사보다는 냉전 시대 서부영화가 그렸던 가상의 역사에 기반한 것이다. 미국 서부는 원래 원주민들의 소유였던 것을 미국 정부가 정착자들에게 나눠주고, 미국 군대가 정착자들을 위해서 원주민을 쫓아내주고, 정부가 보조금을 대어 종횡으로 철로를 놓고, 물 사업 등 대규모 협동이 요구되는 사업들로 북적였던 땅이다. 이런 일들은 서부영화 영웅 셰인이나 「하이 눈」High Noon의 보안관이나 세르조 레오네Sergio Leone의 스파게티 서부극 삼부작에 등장하는 무명의 사나이와는 별 관계가 없었다. 그러나 아무려면 어떤가. 석양을 받은 카우보이의 실루엣은 정말 근사한걸. 그 카우보이가 로널드 레이건이든, 말보로 맨이든. 외톨이는 남의 것을 빼앗지도 않고 남에게 주지도 않는다. 그는 사회를 경멸하고 오직 자신만을 의지한다.

그 남자 자신만을. 여자는 아니다. 이런 사고방식에서, 여자들은 맞서 싸우거나 도망가기보다는 모여서 뭉치는 편인 데다가 경계가 유연해 타인과의 상호작용이 지나치게 많은 존재로 여겨진다. 사실 때로 오늘날 우파 강령에서 모순적이라 지적되는 특징, 즉 그들이 다른 것은 모조리 규제를 없애려고 들면서 여성의 생식 활동만큼은, 나아가 여성의 전반적인 성적 활동만큼은 규제하려고 든다는 점은 여자를 인간으로 본다는 전제가 있어야만 비로소 모순이 된다. 만약 여자를 자연과 구별되지 않는 자연의 일부로만 여긴다면, 여자의 몸은 남자가 마음대로 침범할 권리를 가진 또 하나의 장소에 불과하다.

미국 연방대법관 클래런스 토머스Clarence Thomas는 지난 10년 동안 대법원 구두변론 중 침묵을 지켜왔으나 이를 깨고 2016년 2월 처음으로 공개 질문을 던졌다. 그때 그는 가정폭력 경범죄로 유죄를 선고받은 사람에게 총기 소유를 금하는 것이 헌법에 보장된 권리를 침해하는 조치인가 하는 문제에 깊은 관심을 드러냈다. 헌법이 모든 개인의 총기 소유권을 보장한다는 생각은 앤터닌 스캘리아Antonin Scalia 대법관의 극단적인 수정주의 관점으로 수정헌법 제2조를 해석한 결과인데, 이런 해석을 떠받치는 것이 바로 카우보이 정서다. 총은 나쁜 놈으로부터 자신을 방어하는 데 아주 유용한 도구라는 생각, 내가 총알을 발사할 권리가 남들이 총알에 맞지 않을 권리에 앞선다는 생각. 사실을 살펴보면, 미국에서 총을 써서 '나쁜 놈'으로부터 자신을 방어하는 데 성공하는 사람은 극히 적다. 미국 내 총기로 인한 사망 사건의 3분의 2 가까이를 차지하는 자살을 특수한 형태의 슬픈 자기방어라고 해석한다면 또 모르겠지만. 그러나 고립 이데올로기를 주장하는 사람들은 이런 사실에는 흥미가 없다. 미국에서 친밀한 파트너에게 살해되는 여성의 다수가 총으로 살해된다는 사실에도 흥미가 없다.

아무튼 카우보이 이야기로 돌아가자. 제인 톰킨스Jane Tompkins는 『모든 것의 서부』West of Everything라는 책에서 서부극이 늘 말보다 행동을 높이 산다는 점, 소통적 여성성보다 과묵한 형태의 남성성을 높이 산다는 점을 살펴본 뒤이렇게 결론 내렸다. "과묵함은 자신의 감정을 잘 통제하고 있다는 사실뿐 아니라 육체적 경계도 잘 통제하고 있다는 증거다. 남자란 (…) 자신과 세상을 나누는 경계를 온전하게 지켜야 한다는 것이다. (이런 시각에 어울리게도, 서부극에서 결국 그 통제가 상실되는 순간은 한 남자가 다른 남자의 몸에 총알을 박아넣는 순간이다.)" 침범에의 두려움과 침범을 허락하지 않는 고립에의 환상은 동성애혐오, 그리고 '국경 봉쇄'를 주장하는 광적인 외국인혐오의 핵심이기도 하다. 요컨대 고립은 좋은 일이고, 자유는 단절이고, 좋은 담장이, 특히 미국과 멕시코의 국경에 세우는 담장이 좋은 이웃을 만든다는 것이다.

밋 롬니Mitt Romney와 도널드 트럼프는 둘 다 스스로를 자수성가한 인물로, 자유시장이라는 초원에 선 외톨이 카우보이로 선전했지만, 실은 둘 다 부잣집 자식이다. 2012년 롬니가 부유한 기부자들과 나눈 대화가 몰래 녹화된 적 있었다. 그때 그는 "정부에 기대는 사람들, 자신이 피해자라고 믿는 사람들, 정부에게 자신을 돌볼 책임이 있다고 믿는 사람들, 의료와 식량과 주거와 기타 모든 것을 제공받을 자격이 있다고 믿는 사람들"을 폄하했다.

세금은 시민들 간의 연결을 상징한다. 우리는 세금으로 공동의 이득에 각자 기여한다. 그러나 이런 특수한 형태의 공동의 이해稅書는 적어도 로널드 레이건이 첫 임기 취임사에서 "성공을 벌주는 세금 제도"를 개탄한 때 이래 일종의 억압처럼 왜곡되어 묘사되어왔다. 세수입이 보수주의자들이 좋아하는 대상(다른 모든 것을 압도하는 것은 군대이다)이나 모두에게 필요한 제도(특히 도로와 다리)에 쓰이지 않고 보수주의자들이 생각하기에 독립의 이상을 거스르는 게으름뱅이들과 복지 여왕들에게 투입되고 있다고 주장하는 허위 비방은 세금에 대한 우파의 적개심을 퍼뜨리는 데 기여했다.

2016년 샌프란시스코에서 노숙인 루이스 공고라 빠뜨 Luis Góngora Pat가 경찰에 살해되었을 때, 나는 온라인에서 벌어진 관련 토론을 읽다가 의존성에 대한 이런 적개심을 목격했다. 한 총격 목격자가 연 토론장에서 백여개의 댓글이 달리면서 비교적 점잖은 대화가 이어지고 있었는데, 그러던 중 한 사람이 부아를 터뜨렸다. "나는 당신 같은 인간들에게 신물이 난다. 자신과 가족을 스스로 돌보지 않고 납세자들에게 대신 돌봐달라고 내팽개친 노숙인에게도 자유가 있다고 생각하는 당신들 말이다. 누구든 자신을 돌볼 수 없거나 부양할 수 없는 사람, 자기 짐을 남들이 대신 짊어지기를 바라는 사람은 그 순간 자유를 잃은 거다. 제발 정신 좀 차려라." 이 사람은 나중에 더 부연했다. "돈을 꾼 적 있는가? 그러면 그 순간 자유를 잃은 거다. 누군가에게 빚을 졌으니까. 이게 바로 개인적 책임이라는 거다."

그 토론장에 참여했던 사람들은 아마 저 글을 쓴 사람까지 포함하여 모두가 집주인에게 집세를 내야 하거나 은행에 대출금을 갚아야 하는 처지일 것이다. 따라서 텐트에서 자는 노숙인들보다 더 많은 빚을 지고 있을 것이다. 그뿐 아니라 만약 당신이 어느 도시이든 도시에서 산다면, 수도와 위생 같은 여러 공공 서비스의 덕을 볼 것이고, 그 서비스를 운영하는 기관들의 덕을 볼 것이고, 교통신호와 대중교통 규칙과 건축 조례의 덕을 볼 것이다. 이 모든 일에 세금이 쓰인다. 그러나 자신이 공동체로부터 무엇을 얻고 있는지를 잊어버린 사람은 자신이 아무것도 빚지지 않았다고, 혼자 해나갈 수 있다고 착각한다.

이런 사실을 떠올리면, 저 댓글을 달았던 사람의 말을 횡설수설로 여기고 그냥 넘어갈 수도 있을 것이다. 문제는 저런 주장이 너무 익숙하다는 점이다. 오늘날 보수주의자들의 수사법이 꼭 저렇다. 그들에 따르면 자유는 돈으로 살 수 있는 사치재이고, 돈은 노동에서 나오므로, 이유를 불문하고 일하지 않는 자는 자유를 누릴 자격이 없다(부자이면서도 일하지 않는 사람은 이 분석에서 면제된다). 자유와 독립이 우리가 추구할 이상이라면, 의존은 그저 경멸스러운 것 정도가 아니라 맹렬하게 혐오스러운 것이 된다. 자유 기업 활동을 찬양하는 소설 『아틀라스』*Atlas Shrugged*에서 작가 에인 랜드Ayn Rand는 남에게 의존하는 사람들을 기생충이자 약탈자라고 불렀다. "우리는 사회안전망이 신체 멀쩡한 사람들에게 의존과 안주의 삶을 살도록 얼러주는 해먹으로 변질되기를 바라지 않습니다." 랜드의 숭배자 중 한 명인 폴 라이언Paul Ryan 의원은 이렇게 말했다.

오늘날의 우파는 모든 사람들이 제각각 떨어진 섬이고 혼자서도 온전한 존재이기를 바라지만, 사실은 누구도 그렇게 완벽하게 독립적일 수는 없다. 우리는 폐에 공기를 들이마시지 않고서는 살 수 없고, 제 힘으로 태어나거나 스스로를 양육할 수 없고, 스스로를 땅에 묻을 수도 없으며, 그 시작과 끝 사이에서 살아 있기 위하여 의존하는 재화와 서비스를 대부분 스스로 생산하지 않는다. 우리 장속에는 미생물이 잔뜩 들어 있고, 그들 없이는 입에 넣는 동식물을 소화시킬 수 없다. 우리가 살기 위해서 먹는 동식물도 보통 다른 사람들이 길렀을 것이다. 우리는 함께 하나의 복잡한 체계를 구성하는 점들이고, 하나의 거대한 뇌에서 딸깍거리는 시냅스들이다. 좋든 싫든, 우리는 그 속에 함께 있다.

당연히 세상에는 사회라는 것이 있고, 우리는 그 속에

들어 있다. 뿐만 아니라 그 사회의 아래와 위와 주변에도, 사회의 내부와 우리의 내부에도 생태라는 것이 있다. 인간 사회는 생태계라는 더 큰 체계 속에 존재하고, 종종 그 체계와 충돌하기도 한다. 생태학적 사고는 세상의 모든 것이 서로 의존하고 있으며 연결되어 있다는 생각을 구체적으로 표현해준다. 이 현실은 가령 유카나무의 특정 종이 특정 나방에게 의존하여 꽃가루받이를 하고 그 나방의 유충은 그 유카나무의 씨앗을 첫 식사로 먹는다는 사실을 이야기할 때는 아름다운 공생의 꿈이 된다. 반면 유독한 폴리염화바이페닐이 북극까지 퍼져서 그곳 여성들의 모유에 축적되고 북극곰 같은 먹이사슬 최상위 육식동물에게도 축적된다는 사실을 이야기할 때는 악몽이 된다. 1869년에 요세미티를 누비던 존 뮤어John Muir는 이렇게 말했다. "우리가 무엇이든 그것 하나만 집어올리려고 해보면, 그것이 우주의 나머지 모든 것들과 얽혀 있다는 사실을 알게 된다."•

이런 전통적 세계관은 신비주의적이거나 영적인 시각으로 보일 수도 있겠지만, 이런 시각이 생물권이라는 큰 체계 내의 자연계들을 정확히 묘사한다는 사실은 현대 과

• 그러나 뮤어는 자신에게 이런 깨우침을 주었던 경관을 구성하는 핵심 요소 중 하나가 아메리카 원주민들이라는 사실은 인정하지 않았다. 나는 1994년 출간한 『야만의 꿈들』(Savage Dreams)에서 이 심란한 삭제를 핵심 주제로 다뤘다.

학이 입증했다. 만약 우리가 옐로스톤에서 늑대를 죽이면, 엘크의 개체수가 폭발적으로 늘어서 다른 많은 동식물이 피해를 입을 것이다. 만약 우리가 작물에 DDT를 뿌리면, 의도대로 해충이 죽기는 하겠지만 1962년에 레이철 카슨 Rachel Carson이 알려주었듯이 가만 놔두었다면 많은 곤충과 설치류의 개체수를 조절해주었을 새들까지 함께 죽는다.

이 모든 현실은 고립 이데올로기에게 큰 골칫거리다. 개인의 자유, 즉 남들의 필요에 신경 쓰지 않을 자유를 극대화할 권리에 방해가 되기 때문이다. 오늘날의 보수주의자들이 생태학적 상호연관의 현실을 그토록 집요하게 부정하는 것은 이 때문이다. 그들은 우리가 환경에 무엇 하나만 더하거나 무엇 하나만 제거해도 환경 전체가 바뀐다는 사실, 그 변화가 우리 뒤통수를 칠지도 모른다는 사실을 극구 인정하지 않는다. 사람들은 하나의 살충제나 하나의 유정을 옹호할 때 흔히 그것이 더 광범위한 체계의 일부가 아니라 따로 고립된 요소라는 주장을 논거로 댄다. 그리고 가끔은 — 요즘은 갈수록 더 그렇다 — 그 광범위한 체계 자체가 아예 존재하지 않을 때도 있다.

기후변화만큼 개인주의적 사고의 어리석음을 또렷이 보여주는 혹은 체계적 대응을 요구하는 문제는 없다. 고립 이데올로기를 주장하는 사람들에게는 이 사실이 이중의 과제다. 그들은 기후변화의 해결책으로 제안된 방법들을 거부한다. 생산과 소비에 제한을 가하고, 규제를 가하고, 산업계와 정부가 협력하고, 국제적으로 공조해야 한다는 전망이 그들을 발끈하게 만든다. 2011년 나오미 클라인 Naomi Klein은 자유지상주의 싱크탱크인 하틀랜드 연구소의 모임에 참석한 뒤, 왜 보수주의자들은 기후변화에 관한 모든 조치에 맹렬하게 반대하는가를 논의한 기념비적 에세이를 썼다. 그 글에서 클라인은 경쟁기업연구소Competitive Enterprise Institute에서 온 남자가 했다는 말을 인용했다. "어떤 자유사회도 이 의제가 요구하는 조치를 자진하여 실행하려고 나서지 않을 겁니다. (…) 그 조치의 첫단계는 성가시게 계속 끼어들어 방해하는 자유를 없애는 작업일 테니까요." 클라인은 이렇게 전했다. "그러나 내가 듣게 될 대부분의 의견들은 그보다는 네번째 줄에 앉은 어느 카운티 행정위원이 피력했던 의견의 다양한 변형이었다. 그는 기후변화란 자본주의를 폐지하고 모종의 생태사회주의로 대체하기 위한 트로이의 목마라고 말했다."

좀더 근본적인 차원을 보면, 기후변화라는 개념 **자체**가 고립주의자들의 심기를 거스른다. 기후변화는 모든 것이 연결되어 있고 아무것도 고립되어 있지 않다는 현실을 다른 어떤 근거보다도 강력하고 다급하게 우리에게 알려주기 때문이다. 당신의 배기관이나 굴뚝이나 질질 새는 수압파쇄법 유정에서 흘러나온 물질은 끊임없이 변화하는 대기의 조성에 영향을 미치고, 그 대기에 이산화탄소를 비롯한 온실 기체가 늘어나면 지구가 태양으로부터 받은 열을 좀더 많이 간직하게 되며, 그 결과는 우리가 보통 지구온난화라고 부르는 현상만이 아니라 기후혼란으로 이어질 것이다.

기후변화의 엄연한 현실을 부정하기가 갈수록 어려워지자, 고립 이데올로기를 주장하는 사람들은 그 대신 그 문제에 대한 인간의 책임을 부정하고 우리가 공동 행동으로 대응할 수 있다는 가능성을 부정하기 시작했다. 폴 라이언은 몇년 전 이렇게 말했다. "기후변화는 불가피한 현상입니다. 다만 문제는 이것입니다. 연방정부가 과연 기후변화에 대해서 조치를 취할 수 있고, 취해야 하는가? 나는 연방정부가 세금과 규제 조치를 다 동원하더라도 기후변화를 막을 수 없다고 봅니다." 물론 연방정부는 할 수 있다. 그러나 그는 연방정부가 그러지 않기를 바란다. 그래서 인간의 영향이 기후변화의 원인이고 인간의 해법이 그 대책이라는 사실을 부정하는 것이다.

고립 이데올로기를 존속시키는 것은 극단적인 태도다. 만약 당신이 사회와 생태계를 부정하기 시작하면, 종국에는 엄연한 현실인 팩트들까지 부정하게 될 것이다. 팩트란 결국 언어, 물리적 현실, 기록이 체계적으로 관계를 맺어서 형성한 네트워크의 일부이다. 그 네트워크는 또 증거, 진실, 문법, 언어의 의미 등등의 규칙에 따라 규제된다. 따라서 팩트를 부정하는 당신은 결국 원인과 결과의 관계마저, 증거와 결론의 관계마저 부정하게 된다. 더 정확하게 말하자면, 당신은 증거도 결론도 자유시장에서 누구나 각자 선호에 따라 생산하고 소비할 수 있는 상품이라고 여기게 된다. 의미를 탈규제화하게 된다.

절대적 자유란 당신이 어떤 진실이든 원하는 대로 가질 수 있다는 뜻이다. 그리고 고립 이데올로기를 주장하는 사람들이 좋아하는 진실은 자유시장 지상주의가 유지되는 진실이다. 당신은 부시 시절의 승리주의가 횡행하던 2004년 론 서스킨드Ron Suskind에게 다음과 같이 말했다는 어느 이름 모를(아마 칼 로브Karl Rove였을 것이다) 수석 고문이 되는 셈이다. "지금 이곳은 제국입니다. 우리는 우리가 원하는 현실을 행동으로 만들어낼 수 있죠." 이런 세계관에서 현실은 시장과 군대의 규칙에 종속되는 상품이다. 따라서 당신이 시장을 장악하거나 제국을 지배한다면 당신의 현실이 다른 선택지들을 밀어낼 수 있다. 이런 '자유'란 당신의 선택지를 제약하는 것이 아무것도 없는 상황을 뜻할 뿐이다. 그리고 이렇게 해서 고립 이데올로기는 결국 극단적 허무주의가 된다. 지구상의 모든 것이 서로 철저히 단절되어 있다는 확신에 기반하여 지구와 지구의 모든 생명을 죽이려고 듦으로써.

〔2016〕

CALL THEM BY THEIR

TRUE NAMES

순진한
냉소주의

1916년 4월 24일, 부활절 주간 월요일에 더블린과 아일 랜드의 몇 안 되는 곳에서 아일랜드 공화주의자들이 영국 점령에 항의하는 무장 봉기를 일으켰다. 당시 대영제국은 세계에서 가장 강력한 나라였고, 아일랜드는 그 제국의 가 장 오래되고 가장 가까운 식민지였다. 그 하찮은 식민지가 거인을 축출한다는 것은 말도 안 되는 이야기로 들렸고, 실제로 거의 모든 기준에서 그들의 시도는 실패였다. 지도 자들은 처형되었고, 영국의 지배는 이어졌다. 그러나 그다 지 오래가지는 못했다. 오늘날 부활절 봉기는 일반적으로 섬의 대부분이 완전히 독립하는 1937년으로 나아가는 데 결정적 단계였다고 평가된다. 100년이 넘게 흐른 지금에 와서는 심지어 1916년의 봉기를 대영제국 종말의 시작으 로 보는 시각도 있다.

사람들은 아랍의 봄 봉기도 당연히 실패였다고 보는 듯

하다. 해당 국가들 중 많은 곳의 현 상황이 과거와 형태만 다를 뿐 그 못지않게 끔찍하기 때문이다. 그러나 2011년 그때 드러난 국민이 참여하는 정부에 대한 열렬한 갈망, 대중의 강력함과 전제 정권의 허약함, (비록 짧게 끝났을 망정) 그 순간 사람들이 느꼈던 순수한 기쁨은 아직 싹트지 않은 무언가의 씨앗을 뿌렸을지도 모른다.

현재 북아프리카와 중동이 겪고 있는 폭력과 불안정을 무시하자는 말이 아니다. 내가 그 지역의 가까운 미래를 낙관한다는 말도 아니다. 아랍의 봄이 가져올 장기적 결과가 어떨지 나는 모르고, 내가 아닌 다른 누구라도 알지 못한다. 우리 시대의 언론과 그밖에 통상적인 지혜를 말하기를 좋아하는 자들은 과거보다는 미래를 보도하기를 선호한다. 그들은 여론조사와 그릇된 유추에 의존하여 앞으로 이런저런 일이 벌어질 것이라고 선언한다. 그들이 자주 틀린다는 사실은 그들의 예언 습관과 그런 말을 참고 들어주는 대중의 반응에 별달리 지장을 주지 않는 것 같다. 이를테면 그들이 미국에서 흑인 대통령 후보자가 당선될 리 만무하다고 말했던 것도 틀렸고, 이 송유관이나 저 송유관이 결국 건설되고 말리라고 말했던 것도 틀렸다. 그들이 가장 하기 싫어하는 말은 "우리는 사실 모릅니다"라는 고백이다.

비전문가들도 나쁜 데이터와 더 나쁜 분석을 동원하여 미래의 불가피성, 현재의 불가능성, 과거의 실패를 확신에차 선언한다. 나는 이런 발언의 바탕에 깔린 심리 상태를 순진한 냉소주의라고 부른다. 이런 심리는 사람들로 하여금 무언가가 가능하다는 감각을 잃게 만들고, 어쩌면 책임감마저 잃게 만든다.

냉소주의는 무엇보다도 스스로를 포장하는 방식이다. 냉소주의자는 자신이 쉽사리 속지 않고 멍청하지 않다는 점을 무엇보다 자랑스러워한다. 그러나 내가 곧잘 접하는 냉소주의는 오히려 둘 다에 해당할 때가 많다. 염세적 경험을 자랑스러워하는 이들이 종종 순진하기 짝이 없다는 사실은 냉소주의자들이 실질보다 스타일을, 분석보다 태도를 앞세운다는 것을 말해준다.

이 사실은 또한 순진한 냉소주의자들이 지나치게 단순화하는 경향이 있음을 알려준다. 단순화가 무언가를 그 본질로만 압축하는 일이라면, 지나친 단순화는 그 본질까지 내던지는 일이다. 지나친 단순화는 여간해서는 확실성과 명료성을 허락하지 않는 이 세상에서 쉼 없이 그것들을 추구하는 일이고, 섬세한 뉘앙스와 복잡성을 명쾌한 이분법 속에 욱여넣고 싶어하는 마음이다. 순진한 냉소주의가 걱정스러운 것은 그것이 과거와 미래를 납작하게 만들기 때문이고, 공공의 삶과 공공의 담론에 참여할 동기는 물론이거니와 지적인 대화에 참여할 동기마저도 위축시키기 때문이다. 이때 지적인 대화란 여러 단계의 중간 상태들, 모호함과 양면성, 불확실성, 미지의 것, 기회 등을 인식할 줄 아는 대화다. 그러나 우리는 그 대신 보통 전쟁 같은 대화를 나누고, 암울한 확신이라는 중화기重火器는 전쟁 같은 대화에서 많은 사람들이 갖고 싶어하는 무기다.

순진한 냉소주의자는 가능성을 격추시킨다. 상황의 복잡성을 온전히 탐구해볼 가능성까지 말이다. 냉소주의자가 겨냥하는 것은 자신보다 덜 냉소적인 사람이므로, 냉소주의는 방어 태세이자 이견을 회피하는 전략이 된다. 냉소주의자들은 잔인함으로 신병을 모집한다. 만약 당신이 순수함과 완벽함을 목표로 설정한다면, 거의 필연적으로 모든 것이 그 기준에 못 미치는 체계를 갖게 될 것이다. 완벽을 기대하는 것은 순진한 짓이다. 불가능한 기준을 적용하는 바람에 엄연한 가치를 인식하지 못하는 것은 더 순진한 짓이다. 냉소주의자는 실망한 이상주의자나 비현실적 기준의 소유자일 때가 많다. 그들은 승리를 불편하게 여긴다. 승리는 거의 늘 임시적이고, 불완전하고, 타협적이기 때문이다. 또한 희망의 개방성에는 위험이 따르기 마련이라는 점이나, 전쟁에서는 자기방어가 최우선이라는 점 때문이기도 하다. 순진한 냉소주의는 절대주의다. 그 실행자들은 우리가 무언가를 개탄하지 않는다면 그것을 진심으로 지지하는 것이나 다름없다고 가정한다. 하지만 무언가가 덜 완벽하다는 이유로 그것을 도덕적으로 타협해버린 것이라고 비난하는 일은 어떤 장소나 체제나 공동체에의 참여가 아니라 자신을 대단한 존재로 과시하는 일에 최우선 순위를 부여하는 일이다.

서로 다른 당파들이 저마다 순진한 냉소주의를 갖고 있다. 일례로, 주류 정치 세력은 통상적인 권력의 회랑을 벗어나서 진행되는 정치 활동을 곧잘 무시한다. 몇년 전 월가 점거 운동이 시작되었을 때, 주류는 그 운동을 조롱하고 무시하고 의도적으로 오해하다가 금세 성급한 종말을 선언했다. 노숙인인지 분노한 시민인지 애매한 서민들이 정치적 역할을 맡는 것을 영 탐탁지 않아했던 사람들은 지난 몇년 동안 그 운동의 부고를 수십번 써댔다.

하지만 월가 점거 운동은 일일이 헤아릴 수 없을 만큼 많은 결실을 맺었다. 각 지역 농성에 관여했던 사람들은 융성하는 그들의 분파가 아직도 변화를 낳고 있다고 말한다. 캘리포니아주에만도 점거 집단이 140개 넘게 있었다고 하며, 그들 각각의 활약을 다 측정하기란 불가능하다. 노숙인 지원 사업처럼 직접적인 결실도 있었다. 전국적으로 주거, 의료비 부채와 학자금 부채, 경제정의, 불평등에 관한 논의의 흐름이 바뀐 것처럼 간접적인 결실도 있었다. 부채상환 거부 운동부터 주 법률 제정까지, 각각의 주제에 관하여 효과적이고 구체적인 행동도 있었다. 점거 운동은 또 버니 샌더스, 빌 더블라지오Bill de Blasio, 엘리자베스 워런Elizabeth Warren 같은 정치인들이 주류로 부상하도록 해주었다.

우리가 점거 운동의 성취를 구체적으로 평가하지 못하는 데는 역사적 사건이란 직접적이고 정량적이고 즉각적인 결과를 내야지, 그러지 않으면 중요한 사건이 아니라고 보는 시각 탓도 있다. 무슨 볼링 이야기라도 하듯 말이다. 저 공이 저 레인에서 저 핀들을 쓰러뜨리거나 그러지 못하거나 둘 중 하나라는 것이다. 그러나 역사적 힘은 볼링공이 아니다. 설령 그런 비유를 받아들이더라도, 그 볼링은 안개 속에서 수십년 동안 펼쳐지는 어떤 형이상학적 게임에 가까울 것이다. 공은 핀 하나를 쓰러뜨린 뒤 15년이 지나고서야 또 하나를 쓰러뜨릴 수도 있고, 우리가 존재마저 잊었던 전혀 다른 레인에서 스트라이크를 올릴 수도 있고, 쓰러진 핀에게 자식이나 정신적 후예가 있을 수도 있고, 그래서 우리의 시야와 예측 능력을 벗어난 곳에서 경기가 계속 펼쳐질 수도 있다. 부활절 봉기가 말하자면 그랬고, 현재의 월가 점거 운동과 '흑인의 목숨은 중요하다' Black Lives Matter 운동이 그러고 있다.

주류의 순진한 냉소주의자들과 마찬가지로, 주변부나 좌파의 순진한 냉소주의자들도 자신에게 변화를 일으킬 역량이 있는지를 의심한다. 이런 생각은 변화에 필요한 노력을 기울이지 않아도 되도록 면제해주는 편리한 핑계로 기능한다. 얼마 전, 나는 학술지 『네이처 기후변화』*Nature Climate Change*에서 읽은 글의 한 대목을 소셜미디어에 공유했다. 일군의 과학자들이 기후변화가 미칠 충격을 향후 1만년에 걸쳐 개괄한 글이었다. 과학자들의 그림은 무시무시하지만 절망적이지는 않았다. "이 장기적 전망에 따르면, 현재까지의 인류문명 역사보다 더 길게 이어지며 재난을 낳을 가능성이 있는 대규모 기후변화를 최소화할 기회의 시간은 앞으로 몇십년뿐이다." 이 문장은 재난에 관한 문장이지만 기회에 관한 문장이기도 하다. 그런데 내가 받은 첫 댓글은 이랬다. "우리가 이미 저지른 일이나 하지 않은 일의 결과를 이제 와서 막을 방법은 없어요." 달리 말하면 이런 뜻이었다. '나는 내가 건성으로 해본 생각을 전문가들이 검토한 과학과 대비시키고 있어요, 나는 글을 꼼꼼하게 읽지 않아요, 나는 모든 것을 다 아는 척 시끄럽게 티내고 있어요.' 이런 댓글은 반사반응으로, 무척 다양한 자극들에 적용 가능하다. 순진한 냉소주의는 다양한 사건들을 접하고도 끝내 고집불통이다. 그중에는 긍정적인 사건도 있고, 부정적인 사건도 있고, 두가지가 섞인 사건도 있고, 개중 상당수는 아직 끝나지 않은 사건들임에도 말이다.

기후 운동은 그동안 강력해졌고 다양해졌다. 북아메리카의 기후 운동가들은 석탄발전소를 속속 폐쇄시키고 있고, 새 석탄발전소 건설을 막고 있다. 수압파쇄법 시공을 막았고, 공유지의 석유 및 가스 채굴 임대를 막았고, 북극 시추를 막았고, 송유관 건설을 막았고, 그러지 못했다면 그 송유관에 흘렀을 석유를 대신 날랐을 석유 철도 건설도 막았다. 미국의 47개 대도시와 소도시, 그리고 하와이주는 가까운 미래에 재생 가능 에너지로 100퍼센트 전환하려고 한다. 다섯개 도시는 벌써 목표를 이뤘다.

전국 차원에서도 놀라운 법안들이 발의되었다. 일례로, 앞으로 공유지에서는 화석연료를 채굴하지 못하도록 막는 법이 상하원 모두에 상정되어 있다. 현재의 의회 구성에서는 그런 법안들이 통과되지 못할 것이 거의 분명하지만, 그런 법안들은 불과 몇년 전만 해도 상상할 수 없었던 입장을 주류 논의에 끌어들였다. 획기적인 변화는 종종 이렇게 시작한다. 직접적인 목적을 달성하는 데는 실패해도, 대화를 바꾸고 향후 활동의 여지를 열어젖힌다. 물론 이런 운동들과 성과들만으로는 아직 한참 부족하다. 규모가 더 커져야 하고, 규모가 더 커지려면 아직 우리에게 포착할 기회가 남아 있다는 사실을 인식한 사람들을 더 많이 끌어들여야 한다.

2015년 말, 북극의 석유 시추를 줄이고 타르 샌드 송유관 건설을 막겠다는 중요한 결정이 연방 차원에서 발표되었다. 순진한 냉소주의자들은 이 결정을 유가 급락의 결과일 뿐이라고 폄하했다. 이 결정은 환경 운동과는 무관한 일이라는 주장을 나도 자주 들었다. 그러나 만약 환경 운동이 없었다면, 유가가 떨어지기도 전에 북극은 시추되었을 것이고 앨버타주의 더러운 원유를 값싸게 얻기 위한 송유관이 지어졌을 것이다. 둘 중 하나 때문이 아니었다. 둘 다 때문이었다.

『복스』의 기후 전문 기자 데이비드 로버츠가 지적했듯이, 키스톤 XL 송유관 저지 운동을 폄하하는 사람들은 활동가들의 목표가 그 특정 송유관을 저지하는 것이고 설령 그 송유관 하나가 취소되더라도 전세계가 구원되지는 않을 테니까 그들의 노력은 애초에 허사라고 가정한다. 이렇게 방구석에 앉아서 기후 운동에 이래라저래라 지시하는 사람들을 로버츠는 '방법이 글렀어 군단'Doing It Wrong Brigade이라고 부른다. 그는 이렇게 지적했다. "[그들의 비판은] 몽고메리의 버스 보이콧 운동이 비교적 소수의 흑인들에게만 영향을 미쳤다고 비판하는 것이나 마찬가지다. 민권 운동의 목표는 흑인들을 한번에 몇명씩 차별적 체제로부터 해방시키는 것이 아니었다. 문화를 바꾸는 것이었다."

키스톤 투쟁을 계기로 미국과 캐나다 국민들은 타르 샌드와 송유관 정치를, 더 나아가 기후 문제의 더 큰 차원들을 공부했다. 사람들의 인식을 깨우고 그들로 하여금 이 갈등에 얼마나 많은 것이 걸려 있는지를 깨닫게 한 것은 이 운동의 한 성과였다. 이 운동은 문화를 바꾸었다.

마찬가지로, 미국의 원유 수출을 허가하기로 한 2015년 12월 의회의 결정은 널리 규탄되었다. 물론 그 결정은 나쁜 일이었다. 그러나 이에 대해 의견을 낸 사람들은 이 결정이 태양 에너지 및 풍력 발전의 세금 혜택 확대에 대한 보상 조치였다는 사실을 모르는 경우가 많았다. 미국외교협회의 마이클 레비Michael Levi와 바룬 시바람Varun Sivaram처럼 그동안 이 문제를 면밀히 추적해온 사람들은 "향후 5년간 수출 금지 해제로 늘어날 이산화탄소 배출량보다 이 세금 혜택 확대로 줄어들 배출량이 훨씬 더 클 것"이라고 믿는다.

변화와 불확실성을 수용하려면, 더 느슨한 자의식이 필요하고 더 다양하게 반응할 줄 아는 능력이 필요하다. 고정된 입장에 붙박인 사람들이 그럭저럭 괜찮은 성공을 불안하게 여기는 것은 이 때문일 것이다. 그렇다고 해서 차라리 그것을 실패로 전환해버리는 것은 수세적 조치다. 그것은 지상의 삶이 우리에게 허락하는 승리, 즉 언제나 불완전하지만 종종 유의미한 승리로부터 등 돌리는 일이다. 경중을 고려하지 않고 모든 것을 하나로 뭉뚱그리는 일이다. 만약 부패가 어디나 고르게 만연하다고 믿는다면, 우리에게는 적절히 대응할 방법이 없을 것이다. 아니, 전혀 대응할 필요가 없을 것이다. 이런 태도가 어찌나 흔한지,

빌 매키븐Bill McKibben은 엑손이 1970년대부터 기후변화 현실을 알고 있었다는 사실이 폭로되었을 때 그 소식을 전하는 글에서 아예 이렇게 선제공격을 날렸다. "몇몇 관찰자들은, 특히 염증을 느끼는 데 전문가인 좌파들은 이 이야기를 오래된 소식처럼 다루었다. 우리가 설령 몰랐더라도 이미 다 아는 이야기였다는 것이다. 어떤 사람은 내게 '그야 당연히 거짓말했겠죠'라고 말했다. 그러나 이런 냉소주의는 엑손에게 가장 효과적인 은폐 수단으로 기능한다."

그런데도 많은 사람들은 엑손 뉴스에 대해서 "기업들이야 원래 늘 거짓말하잖아요"라고 반응했다. 하지만 그 폭로는 정말로 중요한 뉴스였다. 그때까지 여느 기업이 저질러온 부패나 거짓말과도 차원이 다른 일이었다. 우리는 그차이를 제대로 인식해야 한다. "다들 썩었지 뭐" 하는 식으로 가볍게 넘기는 태도는 겉으로는 비난하는 척하지만 궁극적으로는 용서해주는 셈이다.

기업은 무언가를 손실로 처리하고 단념할 때 그 비용을 감당한다. 기업이란 원래 부패한 것이라며 단념할 때 우리 역시 그 비용을 감당하게 된다. 그런 행동은 수동성과 패배로 가는 길을 닦는다. 『로스앤젤레스 타임스』*Los Angeles Times*와 『인사이드 클라이밋 뉴스』*Inside Climate News*에서 엑손을 폭로한 뛰어나고 냉소적이지 않은 기자들, 그리고 이 문제를 줄기차게 항의한 활동가들 때문에 뉴욕과 캘리포니아주 검찰총장은 수사를 개시해야 했고, 그 수사는 엑손에게 제기된 소송들의 근거가 되었다. 또한 그 폭로는 우리에게 대응할 기회를 주었다. 데이비드 로버츠의 표현을 빌리자면, 문화를 바꿀 기회를 주었다. 많은 사람들이 화석연료 투자 철회 운동을 폄하하지만, 그 운동이 활용하는 여느 전술들처럼 이 폭로는 거대한 세력의 위신을 실추시킴으로써 앞으로 더 광범위한 결과를 끌어낼 수 있을 것이다.

순진한 냉소주의의 대안은 무엇일까? 무엇이든 발생하는 일에 적극적으로 반응하는 것, 우리는 앞으로 일어날 일을 미리 알 수 없을 때가 많다는 사실을 인식하는 것, 앞으로 벌어질 일은 보통 축복과 저주의 혼합일 테고 상당히 긴 시간에 걸쳐서 펼쳐지리라는 사실을 받아들이는 것이다. 역사적 기억은 이런 태도를 지지해준다. 간접적 결과, 예상치 못한 격변과 승리, 누적되는 효과, 긴 시간표를 언급하는 이야기들도 이런 태도를 지지해준다.

순진한 냉소주의는 세상보다 자신을 더 사랑한다. 세상을 방어하는 대신 자신을 방어한다. 나는 그보다는 세상을 더 사랑하는 사람들에게 관심이 있고, 그들이 들려주는 말에 관심이 있다. 그 말은 날마다 달라지고, 주제마다 달라진다. 우리가 무엇을 하는가는 우리가 무엇을 할 수 있다고 믿는가에서 시작되기 때문이다. 그리고 그 시작은 가능성에 마음을 열고 복잡성에 관심을 두는 것이다.

〔2016〕

CALL THEM BY THEIR TRUE NAMES

분노에
직면하여

1979년, 귀에 쏙 들어오는 케니 로저스Kenny Rogers의 노래 「카운티의 겁쟁이」Coward of the County가 컨트리 음악 차트 1위를 차지했다. 이 노래는 토미라는 남자의 이야기다. 죄수인 토미의 아버지는 아들에게 자신의 선례를 따르지 말라고 호소한다.

약속해다오, 아들아, 내 실수를 반복하지 않겠다고
가능하다면 늘 말썽을 멀리하려무나
네가 다른 뺨도 대어준다고 해서 약하다는 뜻은 아니
란다

이 노래는 현대 초기의 컨트리 음악인지라, 아들이 아버지의 말씀을 공경해야 한다는 것을 기정사실로 간주하면서 구약성서의 '눈에는 눈' 정서도 따른다. 토미의 여자친구가 집단강간을 당하자, 아버지의 당부는 부질없이 버려진다. 그때까지 카운티의 겁쟁이였던 토미는 강간범들을 혼쭐내준다. 폭력만이 그의 평판을 회복해줄 수 있고, 그의 평판은 그의 남자다움과 뗄 수 없다. 이 이야기에서 실제로 문제가 되는 것은 그의 연인에 대한 보상이 아니라 토미 자신의 남성성이다. 다른 뺨을 대어주는 것은 결국 약한 짓이라고, 노래는 말한다.

「카운티의 겁쟁이」는 분노를 자아와 남자다움을 확인하는 수단으로 칭송한다. 이 노래는 우리에게 질문을 던지고, 그 정답은 폭력이다. 이 노래가 발표되고서 9년 후, 대통령 선거에 나선 민주당 후보자 마이클 듀카키스Michael Dukakis는 선거 기간에 같은 질문을 받았다. 만약 아내가 강간 살해당한다면, 범인들이 사형을 받기를 원하는가? 당시 많은 사람들은 "폭력 범죄를 다루는 방법에는 그보다 더 바람직하고 효과적인 방법들이 있다고 생각합니다"라고 한 후보자의 답변이 그의 선거 운동을 침몰시켰다고 여겼다. 복수 충동의 부족함은 듀카키스를 절제나 자비의 모범이 아니라 카운티의 겁쟁이로 만들었다.

철학자 마사 누스바움Martha Nussbaum은 듀카키스가 거부한 길을 '앙갚음의 길'이라고 부른다. 그녀의 주장에 따르면, 보복을 가하려는 충동은 비단 '우주의 균형'을 맞추고 싶은 마음에서 나올 뿐 아니라 힘을 과시함으로써 자신의 무력함을 극복하고 싶은 마음에서도 나온다. 이 논리에 따르면, 복수는 기울어진 정의의 천칭을 바로잡는다. 그런다고 해서 잃은 것을 되찾을 수는 없고 망가진 것이 고쳐지지도 않지만.

가끔은 강한 반응을 보여야 할 이유가 충분할 때도 있다. 이를테면 더 많은 피해를 예방하기 위해서. 그러나 그보다 밖을 공격하는 것은 안을 들여다보기를 외면하는 수단인 경우가 더 많다. 제니퍼 러너Jennifer Lerner와 대처 켈트너Dacher Keltner의 2001년 연구에 따르면, 화내는 사람들은 행복한 사람들만큼이나 상황의 결과를 낙천적으로 기대한다. 달리 말해, 분노는 물론 우리를 비참하게 만들지만 동시에 좀더 자신감 있게 만들어주고 고통, 두려움, 죄의식, 불확실함, 쉽게 상처받는 마음처럼 보다 내향적인 비참함을 몰아내준다. 우리는 슬픔을 느끼느니 차라리 분노를 느끼려고 한다.

오늘날 미국의 정치 담론에서, 사람들은 끊임없이 분노를 소환하지만 그것을 제대로 살펴보지는 않는다. 분노란 정확히 무엇일까? 가장 기본적인 차원에서, 분노는 위협에 대한 생리적 반응이다. 인간은 이 반응을 다른 포유류들과 공유한다. 분노는 각성, 집중, 행동할 태세에 관련된 육체적 반응, 즉 빨라진 심박, 높아진 혈압, 높아진 체온 등을 드러낸다. 그러나 인간과 다른 동물들의 유사성은 거기까지다. 우리가 개를 작대기로 쿡쿡 찌르면, 개는 으르렁거리고 털을 세우고 심지어 우리를 물 것이다. 하지만 우리가 개가 믿는 신이나 좋아하는 스포츠팀을 모욕한다면, 혹은 누군가가 다른 개한테 집적거렸던 이야기를 들려줄 경우에는 그런 반응을 보이지 않을 것이다. 요즘 조회수를 노린 저질 기사들의 상당수는 사실 다른 누가 다른 어딘가에서 다른 개한테 집적거렸다는 이야기다. 분개하기를 좋아하는 우리의 취향은 걸핏하면 홱 잡아당겨지는 개 목줄이다.

상상력과 이야기 능력을 지닌 우리 종에게는 자신의 지위·믿음·특권에 대한 도전도 위협으로 입력된다. 인간의 분노는 실질적 위험과 가상의 위험 양쪽 모두에 대해 나타나는 반응이다. 자신의 육체적·사회적·감정적 안녕 중 무엇이라도 위태롭다고 느낄 때 나타난다. 발작적 분노는 뇌졸중, 심장 발작, 응혈을 유발할 수 있다. 우리는 툭하면 화내다가 죽는다.

가장 가벼운 수준일 때, 이 감정은 사소한 불쾌함에 대한 짜증과 싫은 마음에 지나지 않는다. 한편 윤리적 성격을 지닌 짜증은 의분이 된다. 내가 저것이 싫을 뿐 아니라 저런 일은 벌어지지 말아야 한다고 느끼는 감정이다. 사실 분노는 보통 자신이 부당한 일을 당했다는 느낌에서 생겨난다. 이 점에서는 내가 당신이 마지막 남은 조각을 먹

어치우지 말았어야 한다고 여기는 기분과 미국이 이라크를 폭격하지 말았어야 했다고 여기는 기분이 그다지 다르지 않다. 두 경우 모두 나는 부정의를 인식하고, 그것이 바로잡아지기를 바란다. 포유류의 자기보호 본능을 넘어선 동기로 말미암아 촉발된 분노를 조종하는 것은 윤리 감각, 즉 사태가 어떻게 되어야 한다거나 어떻게 되어서는 안 된다고 느끼는 감각이다. 그러나 이 정서의 윤리적 요소가 그 심리적 효과를 다 설명해주지는 못한다. 분노는 이해를 막는다. 가장 요지부동이거나 극단적인 수준일 때, 분노는 상황을, 당신이 반대하는 상대를, 당신 자신의 역할과 책임을 이해하는 능력을 훼손한다. 우리가 흔히 '눈먼' 분노라고 표현하는 데는 다 이유가 있다.

이처럼 다른 모든 것을 지우는 분노에 사로잡힌 사람으로, 도널드 트럼프만큼 심한 사례가 또 있을까? 현재 미국을 이끄는 인간은 쩨쩨하고, 앙심이 깊고, 히스테릭한 인간이다. 예외적인 특권 때문에, 그는 역경과 모욕에 대처하는 지극히 기본적인 훈련조차 되어 있지 않다. 그를 뽑은 사람들이 그에게 끌렸던 것은 트럼프가 자신들의 분노를 겨냥하고, 자신들을 더욱더 화나게 만들고, 늘 미움받는 국내외의 표적들에게 복수하겠다고 약속했기 때문이다. 그럼으로써 만약 그가 당선되면 자신들이 누리는 의료 서비스, 안전, 환경, 교육, 경제가 어떻게 될지 판단하는 능력을 철저히 흐려버렸기 때문이다.

하지만 트럼프의 맹렬한 부상은 미국이 분노라는 감정을 떠받들어온 긴 여정에서 하나의 정점일 뿐이다. 예를 들어 미국의 법 체계는 벌써 꽤 오래전부터 불편부당한 정의라는 이상으로부터, 보복에 기반한 체계로 후퇴해왔다. 수감 체계는 여전히 그 사실을 부정하는 용어를 많이 쓴다. 재활이니 교화니 교정이니 하는 단어들이 그렇고, 교도소penitentiaries라는 단어도 애초에 참회penitence를 암시하는 뜻이다. 그러나 현재의 수감 체계가 실제로 드러내는 수사학과 관행은 순전히 징벌적인 것일 때가 많다. 요즘은 범죄 피해자의 가족을 가해자의 사형 집행 자리에 초대하기도 한다. 사형이 마치 사적 복수의 도구인 것처럼. (참가를 거절하는 가족도 많고, 일부는 사형 자체에 항의하기도 했다.)

정부는 폭력은 불가피한 선택이고 절제는 나약함일 뿐이라는 생각을 국민들에게 전하고자 수시로 위협을 지어내거나 과장한다. 미국은 제2차 세계대전 중에는 일본계 국민들을 비난했고, 전후에는 좌파들을 겨냥했다. 그러다 소련이 붕괴하자 허겁지겁 다른 적을 찾아야 했고, 그때 무슬림·이민자·트랜스젠더로 정했던 것을 지금까지 써먹고 있다. 분노 도발은 조작을 통한 통치에 꼭 필요한 수단이다. 가장 잘 분노하는 사람들은 가장 잘 속는 사람들일 때가 많다. 그들은 화를 돋우는 것이라면 무엇이든 제대로 살펴보지도 않고 낚아챈다.

소셜미디어의 청중은 사실관계에는 형식적인 관심만을 쏟은 뒤, 금세 최근에 또 누가 잘못된 말이나 행동을 했다더라 하고 의분을 터뜨리는 재미로 넘어간다. 분노는 많은 정치인과 전문가의 장사 밑천이고, 그들의 목소리를 실어주는 타블로이드나 웹사이트의 장사 밑천이다. 분노는 그들에게 늘 믿음직한 감정이다. 본질적으로 반응적이고 쉽게 휘발되는 감정이기 때문이다. 분노는 돋우기 쉽고, 방향을 조종하기도 쉽다. 제프리 M. 베리Jeffrey M. Berry와 세라 소비에라이Sarah Sobieraj는 『분노 산업』The Outrage Industry이라는 책에서 분노가 특정 고객층에게 표적 마케팅되는 상품이나 다름없는 소비재가 되었다고 말했다. 분노를 돋우는 콘텐츠는 더 쉽게 성공하고, 더 쉽게 '뇌리에 남는다'. 분노 자체가 인간의 마음이 무언가에 사로잡히는 현상이라는 점과도 관계 있을 것이다.

이름난 매체들 중에서도 분노를 파는 매체들은 — 인신공격을 하고, 정치권을 영웅과 악당으로 나누고, 매일 오늘의 일용할 분노를 제공한다 — 보수주의자들을 겨냥하는 경우가 많다. 폭스 뉴스나 토크쇼 라디오 방송국들이 그렇다. 그러나 좌파에도 분노에 매혹된 사람들이 많다. 나는 '분노하지 않는다면 무관심한 것이다'라는 슬로건의 영향 아래 자랐는데, 저 슬로건은 분노라는 감정을 참여나 대의와 등치시킨다. 전자 없이는 후자도 없다고 말한다. 정의로운 분노는 종종 미덕으로 간주된다.

분노와 분개가 꼭 같은 것은 아니다. 분개는 어떤 일에 대한 노여움이라기보다는 그 일을 겪은 피해자에 대한 연민에서 솟는 감정이라고 말해도 괜찮을 것이다. 2017년 1월 28일, 무슬림 국가 국적자들의 입국을 금지하는 행정명령이 시행되었을 때 샌프란시스코 공항에 모였던 대규모 시위대는 남을 해치려고 모인 게 아니라 남이 다치지 않도록 막아주려고 모인 것이었다. 그렇지만 사랑과 증오의 동기를 분명하게 구분하는 일은 생각만큼 쉽지 않다. 자신에게 남을 해치고 싶은 마음이 있다는 사실을 인정하는 사람은 당연히 드물다. 반낙태 운동은 태어나지 않은 아기들에 대한 사랑을 들먹이면서 자신들의 활동을 정당화하지만, 그들을 제외한 거의 모든 사람들이 보기에 그들의 진짜 동기는 주로 여성의 자기결정권에 대한 적개심인 것 같다. 그 분노는 미국에서 가장 치명적인 국내 테러 몇건을 일으켰다.

헌신적인 활동가들을 움직이는 동기는 보통 사랑이다. 그러나 사랑과 증오는 경계가 흐려질 수 있다. 누구든 자신이 사랑하는 것을 위협하는 존재를 겨눈다는 명목으로 증오할 권리를 주장할 수 있기 때문이다. '아기들의 전

사'를 자처했던 로버트 루이스 디어 주니어Robert Lewis Dear
Jr.는 콜로라도스프링스의 가족계획협회 사무실에 총을 난
사하여 어린 자녀의 부모였던 세 사람을 살해했다. (가족
계획협회가 제공하는 서비스에서 낙태는 겨우 3퍼센트만
을 차지한다. 협회 활동의 80퍼센트는 가끔 낙태로 이어지
는 의도치 않은 임신을 예방하는 일이다.) 어떤 사람은 사
랑으로 시작해 자신도 모르게 증오로 이어지는 기나긴 길
에 들어선다. 분노는 증오가 아니다. 그러나 분노 때문에
누군가를 해치고 싶은 마음이 들고, 그 마음이 특정한 표
적에게 가서 고정된다면, 그것이 곧 증오다.

　이런 종류의 갈등에서 증오는 종종 사랑으로 착각되며,
이 사실은 우리가 분노에게 특별한 진정성을 부여하는 것
이 위험한 이유 중 하나다. 사람들은 보수적 유권자들의
분노를 늘 뭔가 진심 어린 걱정, 진정한 신념을 보여주는
심오한 조짐이라고 여긴다. 군중을 선동하기는 무척 쉽다
는 사실이, 그리고 보수주의자들의 걱정 대부분은 사실적
근거가 약하다는 (혹은 아예 없다는) 사실이 누차 증명되
었는데도. 정치 스펙트럼에서 좌우를 막론하고 모든 사람
들이, 이전에는 별로 신경 쓰지 않았고 잘 알지도 못했던
일에 대해 갑자기 분노하곤 한다. 분노는 종종 더 깊은 무
언가를 암시하는 수맥 막대기 같은 것으로 이해되지만, 실
제로는 손가락을 살짝만 가져다대도 휙휙 돌아가는 다이

얼에 더 가까울 것이다.

화낼 권리는 누구에게 있는가? 사람들은 분노가 어떤 무도한 상황에 대한 반응일 경우 정당하다고 여긴다. 따라서 분노의 근거를 부정하는 일은 곧 분노의 타당성을 부정하는 일이다. 그리고 누구에게 화낼 권리가 있는가 하는 질문 다음에는 누구에게 분노로 행동할 권리가 주어지는가 하는 질문이 있다. 인종차별의 현실을 부정하는 것은 백인이 아닌 사람들의 분노를 비합리적이고, 근거 없고, 심지어 범죄적인 분노라고 악마화하는 데 핵심적인 요소다. 여성이 화를 내면, 사람들은 그것을 성격 결함으로 간주한다. 세상은 수십 년 동안 페미니스트를 화난 여자로 정형화해왔고, 그럼으로써 여성의 경험에는 마땅히 화낼 만한 측면들이 있다는 사실을 부정해왔다(사실 페미니스트 여성은 그런 측면들에 슬퍼하거나, 넌더리 내거나, 그로 인해 고통받는 사람들에게 공감하는 것일 수도 있지만, 세상은 여성의 부정적 감정은 뭐든 분노로 정의하고 모든 분노를 결함으로 정의한다). 흑인 여성은 이중고를 겪는다. 흑인 여성의 분노는 인종과 젠더 때문에 이중으로 정당성을 부정당한다.

작가 켈리 선드버그Kelly Sundberg가 자란 보수 기독교 문화에서 용서는 여성의 필수 미덕으로 여겨졌다. 선드버그는 여자아이와 여성의 용서를 칭찬하는 것은 그들에게 남자의 일탈을, 그러니까 폭행과 배신을 몇번이든 참아주라고 격려하는 일이라고 지적했다. 당위가 된 용서는 무력함을 미덕으로 둔갑시킨다. 화낼 권리가 백인 남성만의 특권으로 간주되는 한, 여성과 유색인종이 힘과 맺는 관계는 늘 불안할 수밖에 없을 것이다. 몇곡 안 되기는 해도 여성이 학대하는 배우자를 죽이는 이야기를 노래한 컨트리 음악도 있다. 마티나 맥브라이드Martina McBride, 딕시 칙스The Dixie Chicks, 캐리 언더우드Carrie Underwood가 부른 곡들. 그러나 「카운티의 겁쟁이」에서 폭력이 토미를 남자답게 만들어주었던 데 비해, 여성이 남편을 죽이는 이 노래들에서 그녀가 폭력 덕분에 더 여자다워지지는 않는다. 그저 목숨을 부지할 가능성이 더 높아질 뿐이다.

영장류학자의 용어들, 가령 '위협 과시'나 '우위 행동' 같은 용어들은 인간의 분노가 사회적으로 수행하는 역할을 이해하는 데 있어서 심란하리만치 유용하다. 분노 표현은 타인에게 통제력을 행사하여 자신의 지위를 확인하는 수단이고, 그 지위를 규정하는 한가지 요소는 우위를 차지할 권리인데, 그 권리는 보통 부모나 상사나 경찰관이나 남편에게 있다. '우위를 차지하는' 일은 토미가 끝내 해냈던 일이자 듀카키스가 해내지 못했던 일이다.

누스바움이 지적했듯이, "자신의 특권을 지나치게 믿는 사람은 (…) 분노를 유달리 쉽게 드러내는 경향이 있다."

만약 당신이 늘 자기 뜻대로만 하던 사람이라면, 자신의 방식이 좌절되었을 때 더 쉽게 기분이 상할 것이다. 반면 늘 좌절을 겪는 사람은 자신의 분노를 조심스럽게 할당하는 법을 배워야 한다. 실제로 누구보다 부당한 일을 당한 사람들이 오히려 분개하지 않을 때가 많다. 오드리 로드Audre Lorde는 「분노 사용법」The Uses of Anger이라는 글에서 유색인종 여성은 "분노가 자신을 갈가리 찢어버리지 않도록 그것들을 잘 지휘하는 법을 익혀야만 한다"고 말했다. 작가 스티븐 스미스Stephen Smith도 넬슨 만델라Nelson Mandela의 부고에서 비슷한 말을 했다. 스미스의 글을 인용하자면, 만델라는 감옥에서 "증오와 원한은 모방을 낳는다는 사실, 그것들은 '사악한' 적이 설치해둔 함정이라는 사실을 깨달았다. 그런 감정에 빠져들면, 당신은 당신의 적과 구분하기 어려운 존재가 된다." 만델라는 분노할 자격이 누구보다 충분했음에도 불구하고 분노를 포기했다. 그러나 자신을 둘러싼 세상을 바꾸려는 노력까지 포기하진 않았다. 이 차이는 크다.

분노는 재생 가능한 자원이다. 최초의 노여움이 지나가더라도, 그 모욕이나 부당함의 이야기를 스스로에게 들려주고 또 들려준다면, 심지어 평생 들려준다면, 분노는 계속 되살아나고 강화된다. 미국적인 분노의 이야기들은 분노의 대상에만 집중할 때가 많다. 우리가 분노로 반응하는 것은 필연이고 그 반응을 일으킨 외부 자극만이 변수라는 듯이 말한다. 분노의 상태, 혹은 분노를 뒷받침하는 심리적 습관에 대해서는 거의 살펴보지 않는다. 그런 문제는 다른 곳에서 논의된다. 종교나 심리학에서, 인류학에서 논의된다.

기독교는 분노를 일곱가지 대죄 중 하나로 꼽는다. 그 대척점은 으뜸 가는 미덕 중 하나로 꼽히는 인내다. 불교는 분노를 세가지 독 중 하나로 여긴다. 수양과 자기인식으로 극복해야 할 번뇌로 여긴다. "분노에 관한 전통적인 윤리 계율은 가끔 '화내지 말라'라는 말로 번역됩니다." 선승이자 불경 번역가인 타이겐 댄 레이턴Taigen Dan Leighton은 내게 이렇게 설명했다. "그러나 현대 선불교 조동종에서는 '악감정을 오래 품지 말라'라고 말합니다." 불교 작가 타니사라Thanissara(본명 메리 와인버그Mary Weinberg)는 다음과 같이 설명했다. "분노는 전통적으로 지혜에 가까운 것으로 여겨졌다. 밖을 향해 타인을 겨누거나 안을 향해 자신을 겨누지 않는 한, 분노는 우리에게 에너지를 주어서 우리가 해야 할 일이 무엇인가를 좀더 분명히 이해하도록 돕는다."

누구나 살면서 이런저런 순간에 분노를 느낀다. 그러나 그 감정이 반드시 적개심이 될 필요는 없다. 거듭 갱신하거나 오래 간직할 필요도 없다. 이 점에서 불교는 분노 조절 방법의 깔끔한 본보기 하나를 제공한다. 불교는 그 감정을 제어하라, 그 감정을 느끼되 그 감정에 시달리지는 말라고 말한다.

어떤 문화권에서는 분노를 탐닉해서는 안 될 사치스러운 감정으로 여긴다. 1986년 한 연구에 따르면, 페루 아마존의 마치겡가족은 분노를 위험하고, 건전하지 않고, 폭력과 긴밀하게 연관된 감정으로 여긴다고 한다. 1960년대 초 캐나다에서 이누이트족과 함께 오래 살았던 인류학자 진 브리그스Jean Briggs는 이누이트들이 감정 통제를 아주 훌륭한 능력으로 여긴다고 말했다. "시련 속에서도 평정을 유지하는 능력은 성숙한 성인이 되었음을 보여주는 가장 중요한 징표다." 성인이면서도 다혈질인 사람은 파괴적이고 불안한 사람으로 여겨졌다. 분노는 성장하면서 넘어서야 하는 감정이었다.

우리 미국인들은 분노를 넘어서지 못했다. 그래야만 한다고 생각하지도 않는다. 특히 좌파는 분노를 사회 변화의 긴요한 촉매로 여기는데, 그 신념은 여러 시위와 운동의 이름에서도 드러난다. 1969년 '웨더 언더그라운드'Weather Underground는 '분노의 날'Days of Rage을 조직했고, 그 며칠 동안 젊은 급진주의자 수백명이 시위를 벌여서 시카고 경찰을 수적으로도 압도하고 싸움에서도 이겼다. 1970년대에 대서양 건너편에서는 영국의 '분노하는 군단'Angry Brigade이 연쇄 소형 폭탄 테러를 감행했다. 1991년에는 정치적

록 밴드 '기계에 대한 분노'Rage Against the Machine가 결성되었고, 무정부주의 집단 '사랑과 분노'Love and Rage는 1990년대 거의 내내 같은 이름의 신문을 펴냈다.

좌파 활동가들은 경미한 폭력이 — 물건을 부수거나, 주먹다짐을 하거나, 돌멩이를 던지거나, 엄밀히 말해서 체제 전복을 제외한 모든 일이 여기 해당된다 — 사회 변화의 유용한 전략인가 하는 문제를 두고 상시적으로 논쟁을 벌여왔다. 이때 폭력을 지지하는 사람들은 종종 부끄러움을 안기는 전략을 쓴다. 폭력을 지지하지 않는 사람들을 가리켜 겁쟁이, 타협주의자, 그리고 모욕 중에서도 최악의 모욕인 온건파라고 몰아세우는 것이다. 그러나 폭력의 옹호자들은 곧잘 폭력이 개인의 자기표현의 한 형태라는 논리에 기대는데, 그렇다면 우리에게는 남들도 그 표현 방식을 사용하는 것을 막을 권리가 없다.

이런 생각은 더 오래된 다른 생각에서 비롯하는 듯하다. 무엇이든 자유롭게 흘러넘치지 않는 것은 꽉 막혀 있는 것이고 그러면 해로운 정신적 압력이 누적된다고 보는 생각이다. 충동을 어쩔 수 없는 것으로 보고, 강은 반드시 바다로 흘러야 한다고 보는 생각이다. 이런 관점은 무엇이 강물을 불리는가, 강물이 반드시 흘러야만 하는가, 다른 방향으로 흐를 수는 없는가 하는 문제들은 묻지 않는다. 이런 논리로 정당화된 폭력은 개인적 표현의 한 형태다. 지구적 혁명 전략이라기보다는 부르주아적 개인주의의 일면이다. 이것은 남들이 겪는 억압과 싸우는 것이 아니라 자신의 내면에 억눌려 있는 것과 싸우는 꼴이고, 그 결과야 어떻든 알게 뭐냐는 태도다. 이런 논리는 전략과도 승리와도 아무 상관이 없다.[*]

우리는 지금 눈먼 분노 이야기를 하고 있다. 나도 최근에 그런 일을 겪었다. 나를 화나게 만들었던 것은 반유대주의 발언이었는데, 그 말이 머릿속을 떠나질 않아서 나는 그 대화를 몇번이고 세세히 재현해보았고, 내가 법정에서 맞서 싸우기라도 하는 것처럼 내 논변을 좀더 강화해보았다. 그렇게 속을 부글부글 끓이면서 서른여섯시간 남짓한 시간을 보냈다. 다른 어떤 일을 했더라도 그보다는 더 유익하고 즐겁게 보낼 수 있었을 시간이었다. 그 발언은 어느 자리에서 우리가 좌파의 폭력 사용에 관해 이야기하던 중에 나왔다. 논평이랍시고 그 말을 한 사람은 한 대륙의 한 민족 집단 전체를 가리켜서 카운티의 겁쟁이들이라고 불렀다. "우리는 600만명이나 되는 사람들이 나치 정권에 저항하지 않았기 때문에 결국 죽었다는 사실을 잘 알지 않습니까?" 내가 이의를 제기하자 발언자는 결국 사과했고,

---

[*] 이 글은 백인 우월주의자들의 폭력에 똑같이 맞받아치는 운동인 '안티파'(Antifa)가 부상하기 전에 씌어졌고, 안티파의 경우는 지금 이 이야기와는 시대도 맥락도 전혀 다르다.

사실에 입각하면 자신의 발언이 우둔한 말이었음을 인정했다. 그런데도 나는 분노에서 벗어나지 못했다.

분노는 다른 생각들을 몰아냈고, 내가 직접적으로 위협당하는 것도 아니었던 순간에 나를 붙박았다(물론 반유대주의적 비방과 그 이면의 생각은 오늘날 부활하고 있는 반유대주의적 행위들의 바탕을 이룬다). 꼭 무언가 묵직하고 뾰족한 것이 내 가슴을 탁 들이받아서 닫힌 가슴 속에서 불이 부글부글 끓는 듯했다. 내 마음이 무한궤도에 올라서 폴란드의 빨치산, 프랑스의 레지스땅스, 바르샤바 게토의 봉기, 이딸리아 레지스땅스의 쁘리모 레비Primo Levi 등등에게로 끊임없이 되돌아가는 듯했다. 그러나 그런 되새김은 전반적으로 즐겁지도 생산적이지도 않았고, 마침내 무한궤도에서 내려왔을 때 나는 앞으로는 스스로를 더 잘 제어하겠다고 다짐했다.

내 경험상, 장기적 계획으로 실제적 변화에 헌신하는 사람들일수록 분노의 드라마에 가장 덜 관여한다. 분노의 드라마는 자신도 남들도 지치게 만든다. 예를 들어, 강간 사건에 대한 자세한 서술을 수백건 읽거나 들은 뒤에는 정치적 활동으로 대응해야 한다는 의욕은 변함없이 강하더라도 가장 최근 발생한 또다른 범죄에 일일이 분개하기는 힘들 수도 있다. 내가 아는 활동가들 중에서 가장 헌신적인 사람들은 가장 덜 격분하는 사람들인 경우가 많다. 그들이 최우선으로 받드는 임무는 현실을 바꾸는 것이다. 그들이 우선시하는 것은 자기표현이 아니라 행동이다.

많은 정치적 수사들은 분노가 없다면 강력한 참여도 없을 것처럼 말한다. 분노는 사회 변화라는 엔진을 굴러가게 해주는 휘발유라는 것이다. 그러나 가끔 그 휘발유는 모든 것을 그저 폭발시키기만 한다.

〔2017〕

CALL THEM BY THEIR
TRUE NAMES

성가대에게
설교하기

한번은 그랜드캐니언을 통과하는 래프팅 여행을 할 때 멕시코만의 석유 굴착 시설에서 일한다는 매력적이고 성품 좋은 남자와 함께 다니게 되었다. 그는 막 하원의장이 된 낸시 펠로시Nancy Pelosi를 욕하길 좋아했다. 하루는 내가 그에게 말했다. 나도 펠로시가 싫다고. 왜냐하면 많은 문제들에서 그녀는 내 기준보다 훨씬 더 우파적이기 때문에. 남자는 충격을 받았다. 그에게는 펠로시가 우주에서 맨 왼쪽 끝이었고 그 너머에는 아무것도 존재하지 않았기 때문이다.

석유남은 땅에 있을 때는 콜로라도스프링스에서 살았고, 나는 샌프란시스코 사람이다. 우리는 지리 하나만으로 서로에게 낯선 이국적인 종이 되었다. 2009년에 했던 그 래프팅 여행 중, 나는 낯선 일행들에게 내가 사는 도시의 사람들도 여느 우파 공동체만큼 꽉 막힌 때도 있다는 사실을 실망스러운 마음으로 자주 설명했다. 우리는 각자의 폐쇄된 공간에서 사는 사람들이었고, 나는 우리가 좀더 실질적인 대화를 나눌 수 있기를 바랐다. 그러나 그때 보트에서 우리가 나누었던 대화는 결국 서로에게 별다른 깨달음을 주지 못했다. 나는 석유남의 텍사스 사투리가 좋았고, 우리 둘은 버터밀크 비스킷을 좋아한다는 공통점으로 뭉쳤지만, 어느 쪽도 화석연료 산업에 대해서 상대편의 마음을 바꾸지 못했고 애초에 어느 쪽도 그러려고 시도하지 않았다. 지금 내가 그 만남을 회상하면서 무척 즐거웠다고 느끼는 것은 아마 그 때문일 것이다.

보통 성가대에게 설교하다preaching to the choir라는 관용구는 이미 당신과 의견이 일치하는 청중에게 자꾸 의견을 늘어놓아서 귀찮게 군다는 뜻으로 쓰인다. 이것은 급진주의자들에게 흔한 죄다. 그들은 남들을 꾸짖음으로써 자신의 미덕을 선전하려는 경향이 있다. 그러나 이 표현은 곧잘 지나치게 폭넓게 적용되어, 신념이 부분적으로만 일치하는 사람들끼리의 대화마저 비판하고 폄하하는 데 쓰인다. 이 표현의 이면에는 모름지기 정치 활동이란 무엇보다 복음주의적이어야 하고 심지어 선교적이어야 한다는 생각, 밖으로 나가서 이교도를 개종시키는 일이어야 한다는 생각, 이미 의견이 일치하는 사람들에게 말하는 것은 소득 없는 일이라는 생각이 깔려 있다. 그러나 현실에서는 의견이 심각하게 다른 사람의 견해를 바꾸는 능력은 우리 중에서도 가장 참을성 많고 재주 좋은 사람들에게만 있다.

그리고 설교를 듣는 일에, 동지들과 모이는 일에 정말 아무 의미가 없을까? 우리가 교회에 나가는 것은 노래하고, 기도도 좀 하고, 영혼을 달래고, 친구들을 만나고, 강론을 듣기 위함이 아닌가? 나는 시카고의 어느 합창단에서 고대 및 현대 동유럽 음악을 노래하는 카티야 라이샌더 Katya Lysander에게 저 표현을 어떻게 생각하는지 물어보았다. 그녀는 예배에는 사실 네 종류의 청중이 있다고 말했다. 신자들, 성가대, 설교자, 그리고 신이다. 만약 설교자가 성가대를 마주 보고 말한다면, 그는 방향을 잘못 잡은 셈이다. 신자들을 봐야 하는데 그러지 않은 거니까. 성가대는 보통 설교단 뒤쪽이나 양옆에 있지 않나. 그리고 그녀의 말에서 더 나아가서 생각해보면, 설교자도 성가대의 노래를 듣고, 주교들의 말을 듣고, 동료들의 말을 듣고, 신자들의 말을 듣고, 경전의 말씀을 듣는다. 또 예배가 끝난 뒤에는 모두 교회의 (혹은 시나고그의, 모스크의) 계단으로 나가서 사람들과 어울린다. 요컨대 교회에서 벌어지는 대화는 여러 역할을 맡은 사람들이 나누는 대화의 연속이다.

게다가 성가대에게 설교해서는 안 된다는 말은 설교의 속성을 오해한 말이다. 설교의 일차 목적은 개종이나 새로운 정보 전달이 아니다. 설교자에게는 다른 목적이 있다.

전통적으로 설교는 성스러운 텍스트의 의미가 화수분처럼 영원히 고갈되지 않는다고 여기고 수행하는 일종의 문예비평이다. 대부분의 아이들처럼 많은 어른들도 어떤 이야기는 한번 이상 듣고 싶어하지 않는가? 그리고 가장 심오한 이야기들은 늘 새로운 관점으로 보는 것이 가능하지 않은가? 대개의 종교에는 영원히 마르지 않는 의미의 샘으로 여겨지는 기도들과 이야기들, 성가들과 노래들이 있다. 우리는 한번 더 '강가에 창과 방패를 내려놓을' 수 있고, '한때 눈멀었으나 이제 광명 찾았네'라는 간증을 늘 새로운 방식으로 말할 수 있다.

현재 미시간주 그랜드래피즈에서 목사로 있으며 예전에 샌프란시스코 심포니 합창단에서 노래했던 캐런 헤이굿 스토크스Karen Haygood Stokes는 내게 자신의 목적은 사람들을 설득하여 믿게 만드는 것이라기보다 사람들이 이미 품고 있는 신앙을 더 깊이 탐구해보도록 격려하는 것이라고 말했다. "설교자로서 내 임무는 모두가 동의하는 지점을 찾아서 그 지점으로부터 한발짝이라도 더 나아가는 거예요. 사람들의 마음을 바꾸려는 게 아니라 더 깊이 이해하게 만들려는 거죠." 신자들이 공유하는 공통의 기반은 목적지가 아니라 오히려 출발점이다. "우리가 왜 의견이 일치하는지를 비판적으로 따져본 적 있나요? 하고 묻는 거죠." 이것은 좀더 깊이 살펴보라는 요청, 스스로에게 질문을 던져보라는 요청이다.

성가대에게 설교해서는 안 된다는 생각의 이면에는 우리가 마땅히 청중으로 삼을 대상은 적들이지 동지들이 아니라는 가정이 깔려 있다. 이 생각은 선거 기간에 특히 두드러진다. 오늘날은 선거에서 이기려면 지지 기반에 집중할 것이 아니라 반대 세력의 의견을 바꿔야 한다고 보는 것이 중론이다. 이 논리에 따르면, 내가 선거 기간에 내놓는 글과 말은 모두 내 적들을 향해야 한다. 그들을 끌어들이기 위한 것이어야 한다. 나는 종종 내 발언이 나와 공통점이 거의 없는 낯선 사람들에게 거슬리지 않는 내용이라야 한다는 충고, 그들을 짜증나게 만들거나 소외시키지 않는 말만 — 사실 나는 이런 보드라운 말이 어떤 것인지, 내 안에 그런 말이 있기나 한지 잘 모르겠다 — 해야 한다는 충고를 들어왔다. 내 의견에 열렬히 반대하는 사람들에게 노력을 기울여야 한다는 것이다. 이미 나와 관계를 맺고 이해를 공유하는 사람들에게 말해봐야 시간 낭비니까.

최근 대통령 선거에서 가장 고통스러운 의식 중 하나는 토론회에 이른바 '부동층' 유권자를 초대하여 후보자들에게 질문을 던지게 하는 일이다. 이 구경거리 이면에는 후보자들이 이기려면 자신이 인권에, 부자 감세에, 기타 등등에 찬성하는지 반대하는지 아직 결정하지 못한 유권자를 놓고 경쟁해야 한다는 생각이 깔려 있다. 그러나 많은 증거가 말해주는바, 정치 조직은 이미 자신들에게 동의하는 지지자들을 잘 동원할 때 가장 큰 소득을 거둔다. 자신이 어떻게 투표할지를 정하지 못한 사람이 아니라 투표를 **할지 말지**를 정하지 못한 사람을 노려야 하는 것이다. 이것은 곧 역사적으로 투표소에 갈 가능성이 낮았던 유권자들, 가령 가난한 사람들, 젊은이들, 백인이 아닌 사람들에게 집중해야 한다는 뜻이다. 공화당은 이 사실을 알고 있다. 공화당이 저 집단들을 노린 유권자 억압 전술을 완성하려고 애써온 것은 이 때문이었다.

그럼에도 불구하고 민주당의 중도파는 종종 자신들을 지지하지 않는 사람들에게 구애하려다가 그만 자신들을 지지하는 사람들을 배신한다. 이는 다른 신앙을 가진 사람들에게 진출해보려는 희망으로 자신의 신자들뿐 아니라 자신의 신조까지 차버리는 격이다. 새로운 신자를 모집하는 중이라고 생각하겠지만, 실제로는 자신의 종교를 잃는 중이다. 이런 태도는 민주당의 이른바 복지 '개혁', 테러와의 전쟁, 빈곤층을 벌주는 경제 정책, '백인 노동자 계층'의 환심을 살 수 있다고 생각하는 환상에서 잘 드러났다. 그동안 민주당은 새로운 유권자를 끌어들이려는 잘못된 시도로 기존 지지자를 배신하는 실수를 거듭 저질렀다.

2017년, 몇몇 민주당 정치인들은 좀더 보수적인 유권자층에게 호소하려는 시도로 생식권에 대한 지지를 좀 느슨하게 푸는 입장마저 취했다. 그와 같은 안건을 '정체성 정치'라고 폄하하면서 그런 문제보다 경제정의가 더 중요하다고 여겼다. 하지만 많은 여성들이 지적했듯이, 그런 태도는 인구의 절반인 여성이 자신의 몸을 스스로 통제하고 가족계획을 세울 수 있기 전에는 경제적 평등이 불가능하다는 점을 간과한 것이다. 이 문제는 전략의 문제이기도 하고 원칙의 문제이기도 하다. 우리는 우리와 견해를 공유하지 않는 사람들을 쫓아다님으로써 이길 것인가, 아니면 이미 함께하는 사람들을 위하고 존중함으로써 이길 것인가? 성가대의 목적은 이교도들에게 노래하는 것인가, 아니면 신자들을 고무시키는 것인가? 신자들이 교회에 출석하고, 기부하고, 일해주기를 그만둔다면 어떻게 될까?

우리가 개종을 강조하는 한가지 이유는 우리에게는 행동보다 생각을 더 중시하는 경향이 있기 때문이다. 즉 의견이 일치하는 사람의 수가 많아지면 자연히 정치와 사회가 변하리라고 믿는다는 것이다. 지난 몇해 동안 나는 미국인 중 얼마나 많은 수가 기후변화를 현실로 여기는가를 보여주는 여론조사 결과에 사람들이 더러 집착하는 모습을 보았다. 그 사람들은 온 인구가 설득되어 기후변화를 믿게 된다면 이 위기가 해결되리라고 믿는 것 같았다. 그러나 기후변화가 현실이고 시급한 문제임을 이미 믿는 사람들이 문제를 풀려는 노력을 기울이지 않는다면, 아무 일

152

도 벌어지지 않는다. 모두가 하나에 동의하는 일은 벌어지기 어렵고, 모두가 동의하는가 아닌가는 썩 중요하지도 않거니와 그때까지 기다릴 가치도 없다. 요즘도 여자에게 남자와 같은 천부의 권리가 있다는 사실을 믿지 않는 사람들이 있지만, 우리는 얼마든지 성평등의 원칙에 의거한 정책을 꾸릴 수 있었다.

중요한 것은 우리 중 몇이라도 행동하는 것이다. 2006년 정치학자 에리카 체노웨스Erica Chenoweth는 비폭력도 폭력만큼 체제 변화에 효과적인 전략인지 알아보기 위해 연구를 시작했다. 그리고 놀랍게도 비폭력이 오히려 더 낫다는 결과를 얻었다. 인구의 약 3.5퍼센트만 가지고도 체제에 비폭력적으로 저항할 수 있고 심지어 체제를 무너뜨릴 수도 있다는 결론에 많은 활동가들이 마음을 빼앗겼다. 한마디로, 변화를 일으키기 위해서 굳이 모두가 우리에게 동의하도록 만들 필요까지는 없다. 우리에게 열렬히 동의하여 기부하고, 운동하고, 행진하고, 체포나 부상을 무릅쓰고, 어쩌면 감옥이나 죽음까지 무릅쓰는 사람들이 얼마쯤만 있으면 된다. 그들의 열렬한 신념이 다른 사람들에게도 영향을 미칠지 모른다. 생각은 주변부에서 태동하여 중심으로 이동함으로써 성공한다. 당신의 생각이 잘 여행하고 있는지에는 신경 쓰지 않고 어딘가에 도달했는지에만 신경 쓰는 것은 변화가 이루어지는 양상을 모르고 하는 소리다.

갤럽이 1960년대 초 실시했던 여론조사에 따르면, 그 시절 미국인의 다수는 민권 운동의 전술들을 지지하지 않았다. 1963년 워싱턴 행진을 지지한 사람은 인구의 4분의 1도 되지 않았다. 하지만 그 행진은 연방정부가 1964년 민권법을 통과시키도록 압력을 넣는 데 일조했다. 마틴 루서 킹 주니어Martin Luther King Jr.가 "나에게는 꿈이 있습니다" 연설을 했던 것이 그 행진에서였다. 그리고 그 연설은 성가대에게 하는 설교의 가장 좋은 사례였다. 킹은 비방자들을 설득하기 위해서가 아니라 지지자들을 북돋기 위해서 연설했다. 그는 온건주의와 점진주의를 일축했다. 청중에게 그들의 불만은 타당하고 필수적인 것이라고 말했고, 그들이 극적인 변화를 요구해야 한다고 말했다. 백인 동지들도 필요하겠지만, 흑인 활동가들이 굳이 그들을 기다릴 필요는 없다고 말했다. 타인을 개종시키는 것은 종종 열렬한 이상주의의 표출이다. 이상을 온전하게 지키는 것이 타협하는 것보다 남들에게 더 큰 영향을 미친다. 가끔은, 사람들을 만나기 위해서 그들이 있는 곳으로 갈 것이 아니라 그들이 결국 머물고 싶어할 장소로 먼저 가 있으면 된다.

성가대는 깊이 헌신하는 사람들로 구성된다. 일요일마다 출석하는 사람들, 모든 설교를 듣는 사람들, 십일조를 맹렬하게 내는 사람들이다. 성가대원들이 함께 보내는 긴 시간, 서로 나누는 공감과 공통의 경험은 그들이 다 함께 정확한 음으로 조화롭게 노래하도록 해주는 요인이다. 정치적으로 승리하려면, 우리 편을 잘 동원할 줄 알아야 한다.

통찰을 추구하는 대화도 곧잘 성가대에게 설교하는 짓이라고 폄훼된다. 그러나 단순히 의견이 일치하는 단계를 넘어서 우리가 친구들, 동지들, 동료들과 함께 좀더 토론해야 하거나 토론하고 싶은 내용은 무수히 많다. 전략이나 현실적 관리 문제, 이론의 세부적 논점, 점진적 혹은 궁극적 가치와 목표, 좋게든 나쁘게든 상황이 바뀜에 따라 재고해야 할 일들이 있다. 이런 모형에서, 효과적인 말이란 사람들의 믿음을 변형시키는 연금술이 아니다. 사람들을 자극하여 행동에 나서게 만드는 전기 충격 요법이다. 혹은 사람들로 하여금 무엇이 왜 중요한지를 알게 하고 그들이 어디에 서 있는지를 알게 하는 일이다.

내 생각에, '성가대에게 설교하다'라는 표현을 요즘 들어 자주 듣게 되는 것은 우리가 일상에서 타인과의 소통을 더이상 줄일 수 없는 지경으로 빠듯하게 줄인 탓이 아닐까 싶다. 예전과는 달리 친구에게 별 용건 없이 전화를 걸어서 길고, 성찰적이고, 친밀한 통화를 나누는 사람이 내가 아는 사람들 중에는 거의 한명도 없다. 전화는 요즘 계획을 조정하고 약속을 확인하는 등 실용적인 의견 교환에만 쓰인다. 이메일은 1990년대만 해도 편지를 닮았지만, 지금은 문자메시지를 닮았다. 짧은 문장들이 좁은 공간에 단절적으로 나열되어 있을 뿐, 예술처럼 작성되거나 오래 보관되거나 깊이 곱씹어지지 않는다. 많은 사람들이 별 목적 없이 그저 어울려 놀기에는 너무 바쁘거나 그래도 된다는 사실을 모른다. 보통 전투적 광장과 단절된 접촉을 제공하는 소셜미디어가 직접 만나서 어울리는 (교회를 포함한) 물리적 공간들을 대신한다.

교유correspondence라는 아름다운 단어에는 서신 교환이라는 뜻과 친화적인 관계라는 뜻 두가지가 모두 들어 있다. 우리는 서로 일치하는 데가 있기 때문에 교류한다. 나는 젊을 때 다른 젊은 여성들과 함께 까다로운 엄마들, 못 믿을 남자들, 고통과 야망과 불안에 대해 길고 강렬한 대화를 나누었다. 가끔은 대화가 쳇바퀴를 돌았다. 가끔은 우리가 옳거나 공평하다고 여기는 것이 반드시 우리에게 주어진다는 법은 없다는 사실을 받아들이지 못한 탓에 대화가 수렁에 빠졌다. 그러나 최고의 대화는 우리가 생각하고 느끼는 것들이 터무니없거나 부적당한 것이 아님을 확인해주었고, 내 편이 되어주고 내 경험을 공유하는 사람들이 있음을 확인해주었으며, 우리에게 가치와 가능성이 있음을 확인해주었다. 우리는 대화로써 자신을 강화했고, 서로 간의 유대를 강화했다.

대화는 우리가 상대에게 지지와 사랑을 전하는 주된 방법이다. 또한 누가 내 친구인지를 알아보는 방법이고, 종종 우정이 시작되는 방법이다. 우정은 곧 지속되는 대화이고, 대화는 여러 마음들의 협동이고, 우리의 문화와 공동체는 그 협동을 벽돌로 삼아 지어진다. 그러나 '성가대에게 설교하다'라는 표현은 대화의 이런 감정적·지적 가치 양쪽 모두를 폄하한다.

이상적인 지적 대화에서, 의견 불일치는 상대를 갈가리 찢어발기는 것을 뜻하지 않는다. 그것은 어떤 제안이나 분석의 틀을 확인해보고 강화하는 계기일 뿐이다. 우리가 전반적으로는 동의하지만 구체적으로는 더 논의할 사항이 있는 사람들과 대화할 때는 그런 일이 정말 가능하고, 심지어 대화가 즐거울 수도 있다. 그런 대화는 내가 남을 설득하겠다는 마음 못지않게 나도 기꺼이 설득당하겠다는 열린 마음으로 참여하는 반복음주의적 작업이다. 그럴 의향이 있는 사람들에게, 대화로 함께 어떤 생각을 탐구하는 일은 의미와 이해의 폭을 넓히고 출발점으로부터 더 멀리 나아가는 데서 오는 섬세한 기쁨이 가득한 모험이다. 생각은 테니스공처럼 왔다 갔다 하는데, 매번 되받아넘겨질 때마다 좀더 커지고 달라진다. 이런 대화에서는 따로 누가 설교자가 되거나 성가대가 되거나 하지 않는다. 모든 것이 질문에 열려 있다. 모든 생각이 아름답고, 모든 정확함은 성스럽다.

오늘날 소셜미디어에서 훌륭한 정치 활동도 더러 벌어

지고 사상이나 윤리에 관한 유익한 토론도 더러 벌어지지만, 사람들이 함께 (혹은 홀로) 보내는 시간이 온라인에서 보내는 시간으로 많이 대체된 것은 사실이려니와 그런 온라인 공간들은 미묘함이나 복잡성과는 썩 어울리지 않는다. 우리는 갈수록 짤막하고 선언적인 말만을 던지게 되었고, 기사 제목이나 이분법이나 두루뭉술한 범주로 사고하게 되었고, 언어를 가령 발레의 몸짓처럼 여기기보다는 체커게임의 말처럼 여기게 되었다. 만약 당신이 검지 않은 것은 모두 희다고 믿는다면, 다채로운 음영과 색조에 관한 토론은 논점을 벗어난 이야기처럼 들릴 것이다. 이런 절대주의는 우리가 전적으로 동의하지는 않는 사람들에게 보일 수 있는 태도는 전적인 반대밖에 없다고 가정한다. 또 동의란 단순한 결승선 같은 것이라서 그것을 넘어선 뒤에는 더 살펴보아야 할 뉘앙스나 전략이나 가능성이 없다고 여긴다.

그런 절대주의는 분명 현실 정치와 대립된다. 무릇 현실 정치에서는 우리가 동의하지 않는 사람들, 혹은 어떤 면에서는 동의하지만 다른 면에서는 동의하지 않는 사람들을 이해해야만 하고 가끔은 협동하기도 해야 하니까(나는 1980년대에 반핵 집회를 다니면서 이 사실을 배웠는데, 그때 대체로 같은 방향을 추구하는 모르몬 교도들, 펑크족들, 무종교자들, 일본 불교 선승들, 프란체스코회 수사들과 수녀들, 서부 쇼쇼니족 장로들은 제법 잘 어울려서 함께 일했다). 절대주의는 어쩌면 인간의 삶의 조건과도 대립하는지 모른다. 삶에서 우리는 늘 차이와 공존해야 하고, 우리가 밟아가는 길을 최대한 이용해서 조금씩 나아가는 수밖에 없으니까.

같은 편과의 대화를 폄하하는 것은 대화에도 설교처럼 설득이나 정보 전달을 넘어선 다른 가치가 있다는 사실을 모르고 하는 소리다. 최상의 대화는 우리로 하여금 여러 미묘하고 간접적인 목표들을 달성하도록 해준다. 1998년 사망한 화가 루돌프 바라니크Rudolf Baranik는 언젠가 내게 이런 이야기를 들려주었다. 그가 동유럽 난민으로 미국에 온 지 얼마 되지 않았던 1930년대 말, 몹시 추운 어느 겨울날 뉴욕에서 페리를 탔다. 그는 갑판에서 옆에 서 있던 흑인 남성에게 정석적인 영어로 말을 걸었다. "날씨가 매우 춥습니다. 안 그렇습니까?" 옆 승객은 이렇게 대꾸했다. "예에에에에, 맨." 바라니크는 속으로 이렇게 생각했다고 한다. '이 남자는 왜 노래를 부르는 거지?' 그 순간은 그의 마음에 남았다. 뉴요커의 낯선 음악적 억양이, 그것 외에는 평범했던 대화를 잊지 못할 사건으로 바꾸었던 것이다. 이 이야기는 내 마음에도 남았다. 우리는 왜 낯선 사람에게 날씨 이야기를 꺼내는가? 그도 나도 날씨가 어떤지 뻔히 아는 상황에? 왜냐하면 그것은 우리가 같은 장소에 있다는 사실을 확인하는 일이기 때문이다. 다른 무엇이 우리를 갈라놓더라도 이 점 하나만큼은 우리가 공유한다는 사실을 확인하는 일이기 때문이다. 설령 그것이 이해의 시작은 아니더라도, 최소한 이해가 시작될지도 모르는 지점으로 나아가는 일이기 때문이다.

말은 문자 그대로의 뜻을 넘어선 일도 많이 해낸다. 추위에 관한 짧은 대화는 낯선 두 사람 사이에 온기를 피워냈다. 우리는 자주 만나는 사람들과 그런 잡담을 주고받으면서 동네에서, 가판대에서, 병원에서, 정비소에서 관계를 맺는다. 그런 관계는 즐거움이고, 가끔은 긴요한 자원이다. 초원의 흙을 제자리에 붙잡아주는 것은 살았거나 죽은 풀들의 가느다란 뿌리가 얼기설기 엉킨 근계다. 근계는 땅 위의 풀이 자라는 키보다 더 깊이 뻗어 있다. 사람들의 상호 작용에서도 그런 근계가 생겨나서, 우리를 이웃이나 공동체나 사회라고 부를 만한 하나의 복합체로 묶어낸다. 그리고 그 복합체를 구성하는 재료는 사실보다는 감정이다.

인생의 또다른 즐거움인 시시덕거림도 빼놓을 수 없다. 우리가 실없는 대화에서 주고받는 것을 정보나 협상이라고 말할 수도 있겠지만, 그렇더라도 그것은 아주 유쾌한 정보 혹은 협상이다. 그때 우리가 뱉는 한마디 한마디는 비단 어떤 목적을 향한 단계일 뿐 아니라 그 자체로 중독적인 재미다. 이것은 대화가 일이 아니라 놀이가 될 수도 있다는 뜻이다. 혹은 카티야 라이샌더가 지적했듯이, 어떤 실용적 의미에서도 정보라고 할 수 없지만 그와는 좀 다른 미묘한 작업을 수행할 수 있다는 뜻이다.

내게 캐런 스토크스 목사는 성가대란 전투적 인터넷 문화의 대립항에 가까운 공간을 제공하는 존재로 여겨진다고 말했다. "내가 일했던 여러 교회에서, 성가대는 가장 훌륭한 지지 집단이었습니다. 성가대원들은 매주 만나죠. 함께 어울리고, 일요일마다 가외의 시간을 투자하고, 서로에게 헌신합니다. 그냥 자기가 내킬 때 들러서 '이 노래를 함께 불러요, 아니면 난 갈래요' 할 수는 없거든요. 모두가 자신보다 더 큰 무언가에 기여합니다. 그 무언가는 함께 만드는 음악이죠. 교회의 경우에는 신을 찬양하는 음악이고요."

광범위한 합의 속에는 대개 많은 의문들, 해결되지 않은 차이들, 가능성들이 담겨 있다. 합의는 기반일 뿐이다. 그러나 그 기반을 토대로 우리는 강한 사랑의 공동체를 건설할 수 있고, 활발한 저항 운동을 꾸릴 수 있다. "우리는 혼자 걸을 수 없습니다." 1963년 그날, 마틴 루서 킹 박사는 이렇게 말했다. 함께 걸을 사람들, 즉 함께 대화할 사람들을 찾을 때, 우리는 기쁨뿐 아니라 힘을 얻는다.

〔2017〕

3부

미국의 위기들

아서 도브, 「달」(Moon), 1935.

CALL THEM BY THEIR TRUE NAMES

기후변화는
폭력이다

만약 당신이 가난하다면, 당신이 사람을 해칠 수 있는
방법은 오래되고 전통적인 방법뿐일 것이다. 장인적 폭력
이라고 말할 수 있으리라. 손으로, 칼로, 몽둥이로 죽이는
것이다. 좀더 현대적인 직접 폭력이라면, 총이나 차로 죽
일 수도 있을 것이다.

그러나 만약 당신이 어마어마한 부자라면, 스스로 땀 한
방울 흘리지 않고도 산업 규모의 폭력을 자행할 수 있다.
예를 들어, 방글라데시에서 붕괴했던 것 같은 노동자 착취
공장을 세워서 역사상 어느 대량 살인자의 총 피해자 수보
다 더 많은 인원을 죽일 수 있을 것이다. 아니면, 요즘 제조
업체들이 매일 그러듯이 독성 물질이나 안전하지 못한 기
계 따위를 세상에 출시할 때의 위험과 편익을 저울질할 수
있을 것이다. 그리고 만약 당신이 한 나라의 지도자라면,
전쟁을 선포하여 수십만 혹은 수백만명을 죽일 수 있을 것

이다. 그리고 미국과 러시아 같은 핵을 보유한 초강대국들은 여전히 지구상의 많은 생명을 단번에 죽일 수 있는 선택지를 보유하고 있다. 이 점은 탄소 거물들도 마찬가지다.

그러나 우리는 폭력을 말할 때 늘 아래로부터의 폭력을 말할 뿐 위로부터의 폭력은 말하지 않는다. 적어도 나는 그렇게 여겼다. 그러던 중 어느 기후 관련 단체가 보낸 보도자료를 읽었는데, 이런 문장이 있었다. "과학자들은 기후변화와 폭력 증가 사이에 직접적인 관계가 있음을 밝혔다." 그다지 기삿거리가 될 만하지 않은 그 『네이처』*Nature* 논문에서 과학자들이 실제로 밝힌 바가 무엇인가 하면, 엘니뇨가 발생한 해에 열대 지방에서 분쟁이 느는 경향이 있다는 사실, 그리고 만약 이 현상이 확대된다면 현재의 기후변화 시대는 또한 국내외 분쟁의 시대가 될지도 모른다는 사실이었다.

요컨대 기후변화가 격화하는 시대에는 평범한 사람들이 나쁜 짓을 하게 된다는 말이었다. 이 말은 언뜻 조리 있게 들린다. 그러나 우리가 이 현상의 전제로 돌아가서 기후변화 자체가 폭력이라는 사실을 인지한다면, 이야기는 달라진다. 기후변화는 실제로 극심하고, 끔찍하고, 장기적이고, 만연한 폭력이다.

기후변화는 인류발생적 현상, 즉 인간에 의해 일어나는 현상이다. 다만 인류 가운데서도 더 많이 기여하는 사람이 있고 덜 기여하는 사람이 있다. 우리는 이 변화의 결과를 이미 안다. 바다가 산성화하여 많은 해양생물종이 죽고, 몰디브 같은 섬나라들이 서서히 사라지고, 홍수와 가뭄과 흉작이 늘어서 식량 가격이 치솟고 기근이 뒤따르며, 극단적 기후가 늘어난다. (최근 휴스턴, 뉴욕, 푸에르토리코를 강타한 허리케인을 떠올려보라. 캘리포니아와 호주에 발생한 산불을 떠올려보라. 필리핀을 덮친 태풍을 떠올려보라. 수만명의 노인 인구를 죽인 무더위를 떠올려보라.)

기후변화는 폭력이다.

그러니 폭력과 기후변화에 관하여 이야기하고 싶다면, 차라리 폭력으로서의 기후변화를 이야기해보는 건 어떨까. 평범한 사람들이 생존 수단의 파괴에 직면하여 격렬하게 반응할 가능성을 염려하는 대신, 그 파괴 자체와 그 사람들의 생존을 걱정해보자. 물론 흉작·가뭄·홍수 등등은 지금 이미 그런 것처럼 앞으로 계속 대규모 이주와 기후난민을 낳을 것이고, 그 현상은 곧 분쟁으로 이어질 것이다. 그런 분쟁의 시동은 이미 걸렸다.

아랍의 봄 봉기는 부분적으로나마 기후분쟁이었다고 볼 수 있다. 아프리카 북단과 중동의 모습을 바꾼 그 일련의 봉기를 촉발한 방아쇠 중 하나가 밀 가격 상승이었기 때문이다. 어쩌면 우리는 그들이 애초에 굶주리지는 않았던 것이 그나마 다행스러운 일이었다고 말할 수 있겠고,

그들이 생계와 희망을 박탈당했을 때 들고일어난 것은 대단한 일이었다는 말도 하지 않을 수 없을 것이다. 그러나 그 다음에는 반드시 그 굶주림을 낳았던 기후뿐 아니라 굶주림을 낳았던 제도, 즉 이집트 같은 곳의 극심한 경제 불평등, 사람들을 하층 계급으로 묶어두기 위해 자행되었던 잔혹 행위 등을 살펴보아야 한다.

사람들은 삶이 견딜 수 없어질 때 봉기한다. 가끔은 가뭄, 전염병, 폭풍, 홍수 같은 물리적 현실이 도무지 견딜 수 없는 상황을 만들어낸다. 하지만 식량과 의료, 건강과 복지, 주거와 교육 접근성 등은 그밖에 경제적 수단이나 정부 정책에도 좌우되는 문제들이다. 기후변화는 물론 식량 가격을 높이고 식량 생산을 불안정하게 만듦으로써 기근을 퍼뜨리겠지만, 그러잖아도 지구에는 이미 많은 이들이 굶주리고 있고 그 대부분은 자연이나 농부들의 탓이 아니라 분배 체계가 제 구실을 못하는 탓이다. 미국 농무부에 따르면, 미국에서는 1,600만 명에 육박하는 아이들이 굶주린다. 이것은 방대한 농토와 풍요로운 농업을 자랑하는 미국이 모두가 먹기에 충분한 식량을 생산하지 못해서 벌어지는 일이 아니다. 미국의 분배 체계는 그 자체로 일종의 폭력이다.

기후변화 때문에 갑자기 불공평한 분배의 시대가 오는 건 아닐 것이다. 나는 미래에 사람들이 항거할 대상도 과거에 항거했던 대상, 즉 불공평한 체제일 것이라고 생각한다. 사람들은 항거해야 하고, 우리는 사람들이 항거해야 하는 현실을 기뻐할 수는 없어도 사람들이 항거한다는 사실은 기뻐해야 한다. 프랑스 혁명을 부추긴 여러 요인 중 하나는 1788년의 밀 흉작이었다. 빵 가격이 치솟았고, 가난한 사람들이 굶주렸다. 그런 사건에 대비하는 예방 조치는 종종 좀더 권위적이며 빈곤층에게 좀더 위협적인 조치일 때가 많다. 그것은 펄펄 끓어 넘치는 물을 뚜껑을 닫아 막아보려는 시도에 지나지 않는다. 대안은 불을 아예 줄이는 것이다.

내가 기후와 폭력의 관계에 대한 사려 깊지 못한 보도자료를 받았던 그 주, 엑손 모빌이 정책 보고서를 공개했다. 보고서는 전반적으로 따분했다. 우리가 기업의 건조한 언어로부터 상상력을 발휘하여, 그 언어가 제안하는 활동들이 실제 이윤만을 추구하여 진행될 때 결과가 어떨지를 생생한 그림으로 그려본다면 또 모르겠지만. 엑손은 이렇게 선언했다. "우리는 우리 회사의 탄화수소 매장량이 현재든 나중이든 '좌초될' 것이라고 보지 않습니다. 세계적으로 늘어나는 에너지 수요에 부응하기 위해서는 우리의 자산을 반드시 생산해야 한다고 믿습니다."

좌초 자산이란 우리가 탄소 자산, 즉 아직 지하에 매장되어 있는 석탄·석유·가스를 가까운 미래에 추출하여 태우지 않고 그냥 묻어둘 경우 쓸모없는 자산이 된다는 뜻이다. 과학자들은 우리가 극단적 기후변화 시나리오 대신 비교적 온건한 시나리오를 따르고 싶다면 현재 매장된 것으로 알려진 전세계 탄소 자산을 거의 모두 가만히 내버려두어야 한다고 조언한다. 비교적 온건한 시나리오를 따를 경우, 극단적 시나리오보다 훨씬 더 많은 사람·동식물·장소가 살아남을 수 있을 것이다. 최상의 시나리오가 실현된다면, 우리는 지구를 그나마 덜 망가뜨릴 수 있다. 우리는 지금 지구를 얼마나 망가뜨릴 것인가를 두고 옥신각신하는 셈이다.

어떤 영역에서든, 우리는 상대적으로 힘없는 사람들의 직접 폭력만 염려할 것이 아니라 산업적 규모의 체계적 폭력도 살펴보아야 한다. 기후변화의 경우는 특히 그렇다. 엑손은 우리가 그 회사의 매장량을 땅속에 가만 묻어두도록 만들지 못하리라는 쪽에 내기를 건 셈이다. 엑손은 자신들이 신속하고, 폭력적이고, 고의적인 지구 파괴로 계속 이윤을 낼 것이라며 투자자들을 안심시킨다.

지구 파괴라는 표현은 너무 자주 쓰여서 이제 질릴 지경이지만, 그래도 그 말을 굶주린 아이의 모습과 황량한 논밭의 모습으로 번역해서 떠올려보라. 그 다음 그 모습을 수백만배 확대해보라. 아니면, 그냥 작디작은 연체동물들을 떠올려보라. 바로 지금, 산성화하는 바닷물 때문에 껍

데기를 제대로 형성하지 못하여 죽어가는 가리비나 굴이나 북극의 고등을 떠올려보라. 아니면, 또다른 도시를 산산이 파괴할지도 모르는 슈퍼 태풍을 상상해보라. 기후변화는 지구적 규모의 폭력이다. 인간에 대한 폭력일뿐더러 장소와 동식물에 대한 폭력이다. 일단 우리가 이것을 정확한 이름으로 부르면, 그때부터 우리는 비로소 우선순위와 가치에 대해 진정한 대화를 나눌 수 있다. 잔학함에 대한 저항은 그 잔학함을 숨기는 언어에 대한 저항에서 시작하기 때문이다.

〔2014〕

CALL THEM BY THEIR TRUE NAMES

반석 위에
흐른 피

십대 쌍둥이가 살해된 장소는 아름다웠다. 그리고 쌍둥이와 그 삼촌을 살해한 자들은 미국 역사상 가장 추앙받는 인물들의 반열에 들게 되었다. 그러나 1846년 6월 28일 일요일 그날, 샌프란시스코 바로 북쪽의 살해 장소는 아직 미국이 아니었다. 그곳은 나머지 캘리포니아와 남서부 전체와 더불어 아직 멕시코였다. 데아로de Haro 집안의 두 형제 프란시스꼬Francisco와 라몬Ramón이 나이 지긋한 삼촌 호세 데라레예스 베레예사José de la Reyes Berreyessa와 더불어 냉혹하게 총살당한 건 그 때문이었다.

그 장면을 하도 자주 상상한 나머지 이제 눈앞에 선히 그릴 수 있다. 샌프란시스코만의 푸른 바닷물을 뒤로하고 세 남자가 서 있다. 쎄라뻬를 걸치고 안장을 든 남자들은 깜짝 놀라고, 이어 어리둥절해했다가, 그들을 겨냥한 총잡이의 총알에 한명 한명 쓰러진다. 아직 깨끗했던 만의 바

174

닷물을 배경으로 세 사람이 선 모습에는 어쩐지 냉엄하고 상징적인 측면이 있다. 푸른 바다, 황금빛 언덕들, 아름다운 장소에 우뚝 선 세 사람. 그러나 그들은 곧 세구의 시체가 되어 해변에 나뒹굴었다. 그 죽음은 옛 발라드들이 노래했던 것과 같은 죽음, 옛 그림들이 소재로 삼았던 것과 같은 죽음이었다. 하지만 이 죽음은 그다지 많이 이야기되지 않았다. 샌러펠 출신의 시인 로버트 하스Robert Hass가 1970년 시 「팰로앨토: 습지(마리아나 리처드슨(1830~1899년)을 위하여)」Palo Alto: The Marshes (for Mariana Richardson 1830~1899)에서 이들의 죽음을 잠시 언급했을 뿐이다.

어떤 기록에서는 살해 장소를 절반쯤 아직 시골이고 만으로 툭 튀어나온 땅인 샌피드로곶이었다고 본다. 또 어떤 기록에서는 현재의 샌러펠 시내에 해당하는 샌러펠 선교원 인근이었다고 본다. 아무튼 모든 기록들이 공통적으로 밝히는 바는 세 멕시코 시민이 현재의 버클리 북부에 해당하는 샌패블로곶에서 배를 타고 건너왔다는 사실이다. 그 시절에는 뉴스가 말이나 배의 속도로 퍼졌으므로, 깔리포르니아 북부를 관리하는 일을 하던 마리아노 과달루뻬 바예호Mariano Guadalupe Vallejo가 6월 14일 소노마에서 미국인들에게 억류되었다는 뉴스는 아직 동포 깔리포르니오들에게 — 알따깔리포르니아, 즉 북부 깔리포르니아의 멕시코 사람들을 이렇게 불렀다 — 전해지지 않았을 수도 있었다.

그러나 베레예사는 자신의 아들이자 소노마의 시장인 호세 데로스산또스 베레예사José de los Santos Berreyessa가 포로로 잡혔다는 사실을 어찌어찌 전해 들었고, 그래서 사정을 알아보기 위해 조카들과 함께 노 저어 간 것이었다.

그 작은 전쟁은 진작부터 터질 기미를 보였다. 영토 확장 야심이 컸던 제임스 포크James Polk 미국 대통령은 토머스 O. 라킨Thomas O. Larkin을 멕시코에 특사로 보내 깔리포르니아들이 (그들의 땅을 가지고) 미국으로 전향하도록 설득하는 일을 맡겼다. 포크는 또 대영제국을 압박하여 태평양 북서부 지역을 둘러싼 분쟁에 합의하게끔 만들었고, 결국 현재의 오리건과 워싱턴주를 미국에 합병시켰다. 그뿐만 아니라 (멕시코로부터) 갓 독립한 텍사스 공화국도 합병했고, 그럼으로써 오늘날 미국 교과서들이 멕시코-미국 전쟁이라고 부르는 전쟁을 촉발했다. 그러나 미국이 먼저 시작했던 전쟁이니, 멕시코에 대한 미국의 전쟁이라고 부르는 편이 더 정확할 것이다. 전쟁이 끝난 뒤, 멕시코는 영토의 절반 가까이를 마지못해 미국에 이양했다. 이는 1,300제곱킬로미터가 넘는 면적으로 오늘날의 뉴멕시코와 콜로라도 서부, 캘리포니아, 네바다, 유타, 애리조나 대부분, 와이오밍 일부를 포함한다.

사실은 스페인, 멕시코, 포크가 나타나기 한참 전부터 그곳에서 살아온 원주민들의 땅이었던 엄청난 면적의 땅

덩어리가 그 시기에 명의 이전되었고, 미국은 비로소 태평양에서 대서양에 이르는 오늘날의 꼴을 갖추게 되었다. 그러나 이른바 '곰 깃발 폭동'은 웅장하거나 영웅적인 전쟁이 아니었다. 우스꽝스럽게 티격태격하던 소동이 어쩌다 보니 멕시코에 대한 전쟁으로 이어진 것뿐이었다. 발단은 센트럴밸리의 서터뷰트 근처에 정착한 양키들이 소규모 멕시코 군대가 불법 거주 외국인들을, 즉 미국인들을 쫓아내려 다가오고 있다는 헛소문을 듣고 경솔하게 행동에 나선 일이었다. 그들은 6월 둘째 주에 길을 나섰고, 가는 도중에 사람들을 모아서 6월 14일 새벽 소노마 광장에 숨어들었을 때는 총 서른명쯤 되었다.

불법 거주 외국인들은 바예호의 집으로 들이닥쳐서 그를 포로로 잡았다. 사슴 가죽 바지를 입은 사람도 있었고, 코요테 털 모자를 쓴 사람도 있었고, 신발을 안 신은 사람도 있었다. 한 기록에서는 그들을 "말 도둑, 덫 사냥꾼, 탈영한 해병으로 구성된 약탈자 무리"라고 묘사했다. 바예호는 교양 있는 사람이었고, 목장주였고, 마지못해 주지사를 맡고 있는 것뿐이었고, 미국에 합병되는 것을 싫어하지 않았다. 그러나 그는 포로가 되기는 싫었고, 이등 시민이 되기도 싫었다. 사실 그의 개방적 이주 정책이야말로 애초에 문제를 낳은 요인이었다. 폭동 세력은 곰을 그린 깃발을 내걸었는데, 그림이 어찌나 형편없었던지 몇몇 멕시코인들은 돼지라고 착각했다. 좀 나은 그림이 오늘날 캘리포니아주 깃발에 남아 있지만, 캘리포니아에서 살았던 회색곰 아종은 멸종한 지 80년이 넘었다. 아이러니는 한둘이 아니다.

정찰병과 군인을 이끌고 무단으로 깔리포르니아로 들어와 있던 존 찰스 프리몬트John Charles Frémont 장군은 곰 깃발 폭동을 부추겼고, 나중에는 아예 직접 가담했다. 그는 말을 훔쳤고, 물자를 징발했고, 그밖에도 거의 뭐든지 하고 싶은 대로 했다. 6월 28일 아침, 그와 수석 정찰병 킷 카슨Kit Carson은 샌러펠 해안가에 있었다. 마침 그때 데아로 쌍둥이가 삼촌을 태우고 노를 저어 왔다. 몇몇 기록에 따르면 그들은 소노마에 있는 삼촌의 아들을 찾아가는 길이었다. 카슨은 프리몬트에게 무장하지 않은 저 깔리포르니아들을 어떻게 할지 물었고, 현장에 있었던 재스퍼 오패럴 Jasper O'Farrell에 따르면 프리몬트는 손사랫짓을 하면서 대답했다. "포로를 잡아둘 공간은 없네." 그래서 카슨은 50미터 밖에서 그들을 쏘았다. 한 기록에는 이렇게 묘사돼 있다. "라몬은 해변에 닿자마자 살해되었다. 프란시스꼬는 형제의 시체에 몸을 던졌다. 그러자 명령이 울려퍼졌다. '저 놈도 죽여버려!' 명령은 즉각 이행되었다." 삼촌은 왜 소년들을 죽였느냐고 물었고, 그도 즉시 총살당했다. 후에 베레예사의 아들 안또니오는 우연히 웬 양키가 아버지의

178

쎄라뻬를 입고 있는 것을 보았고 ─ 사람들은 시체에서 옷을 벗겨내고 시체는 그냥 쓰러진 자리에 내팽개쳤다 ─ 프리몬트에게 그것을 자신에게 돌려주도록 명령해달라고 부탁했지만 프리몬트는 거절했다. 안또니오 베레예사는 도둑에게 25달러를 주고 아버지의 옷을 사야 했다.

그 아들은 여생을 그 원한을 품고 살았다. 쌍둥이의 아버지는 슬픔을 견디다 못해 죽었다고 한다. 깔리포르니아는 미국 땅이 되었다. 이 일 이전에 북부에서 클래머스족 학살에 관여했던 카슨은 이후 모하비 사막에서도 원주민 학살에 관여할 것이었고, 나바호족과 메스칼레로 아파치족을 고향에서 쫓아내는 일에서도 중추적인 역할을 할 것이었다. 나중에 카슨은 인기 있는 개척 영웅이 되었다. 일부 지어낸 이야기까지 가미하여 그를 칭송하는 책들이 많이 나왔다. 프리몬트의 운도 상승했다. 1856년 그는 갓 설립된 공화당의 후보자로 대통령 선거에 출마했다. 그는 반노예제를 공약으로 내걸고 선거 운동을 했으나, 베레예사와 데아로 쌍둥이의 살해를 명령했던 일을 비롯하여 과거의 여러 추문들이 드러났다. 샌프란시스코의 측량사 재스퍼 오패럴은 저 살인의 유일한 목격자로서 프리몬트에게 불리한 증언을 했고, 프리몬트는 결국 캘리포니아주의 표를 얻는 데 실패했다. 전쟁 후에도 베레예사 집안 남자 몇명이 추가로 양키들에게 살해당했고, 집안은 결국 샌프란시스코만 일대에 갖고 있던 방대한 토지를 다 잃었다. 멕시코-미국 전쟁 후 모래땅에 그어진 선을 넘다가 죽은 사람들을 비롯하여, 이밖에도 역사가 언급하지 않는 죽음들이 훨씬 더 많았다. 이 모든 일들은 우리에게 국경의 임의성과 정의의 허위성을 상기시킨다.

깔리포르니아에서 170년도 더 전에 벌어졌던 저 사건은 오늘날 이곳 캘리포니아에서 벌어지는 사건들, 그때 정해졌던 국경선에서 오늘날 라틴계 주민들의 지위를 두고 벌어지는 사건들과 관계가 깊다. 사람들은 종종 그들을 침입자로 간주하지만, 많은 이들의 사연은 오히려 "우리가 국경을 건넌 게 아니라 국경이 우리를 건넜어요"에 가깝다. 이 이야기 속 인물들에게 바쳐진 일종의 기념비가 하나 더 있다. 프리몬트와 바예호는 샌프란시스코 북동부에서 서로 가깝게 달리지만 끝내 교차하지는 않는 두 거리의 이름이 되었다. 포크와 라킨은 그보다 서쪽에서 평행하게 달리고 오패럴 거리와 교차하는 거리들이 되었다. 데아로 거리는 시 남쪽 포트레로힐 지역을 통과하는데, 살해된 쌍둥이의 이름이 아니라 그 아버지의 이름을 딴 것이다. 그 아버지가 샌프란시스코의 초대 시장이었기 때문이다. 베레예사는 훨씬 더 나중에 등장한 인공 호수가 되었다. 카슨은 시에라네바다 산맥의 한 고갯길, 로스앤젤레스의 한 교외 동네, 라스베이거스의 한 공립 학교, 샌타페이의 한 기넘비가 되었다. 그의 상관 프리몬트는 이스트베이의 한 도시가 되었고, 내 아버지가 졸업한 로스앤젤레스 남부의 한 고등학교가 되었다. 그러나 이 이름들은 캘리포니아가 얼마나 이상하고 피냄새 나는 방식으로 미국에 편입되었는가 하는 사연을 모르는 사람에게는 아무런 이야기도 들려주지 못한다.

〔2006〕

CALL THEM BY THEIR
TRUE NAMES

젠트리피케이션이
일으킨 죽음

살해된 알렉스 니에또와
공격당하는 샌프란시스코

알레한드로 니에또Alejandro Nieto가 살아 있었다면 서른살 생일을 맞았을 날, 그의 부모는 사람들로 가득한 샌프란시스코의 한 법정을 나왔다. 아들의 부검 사진이 배심원들에게 공개된 직후였다. 사진들은 열네발의 총알이 한 사람의 머리와 몸을 찢고 관통하면 어떻게 되는지를 생생히 보여주었다. 그날, 레푸히오Refugio Nieto와 엘비라 니에또Elvira Nieto 부부는 아들의 억울한 죽음에 대한 민사소송이 열리는 연방지방법원 건물의 창 없는 복도에서 나머지 시간을 거의 다 보냈다.

평생 살아온 동네에서 살해되었을 때, 알렉스 니에또는 스물여덟살이었다. 그는 네명의 샌프란시스코 경찰들이 난사한 총탄을 맞아 사망했다. 그의 죽음에 관하여 모든 사람들이 동의하는 사실이 몇가지 있다. 2014년 3월 21일 저녁 7시 직후 누군가 911에 전화를 걸어서 그를 신고했다.

그때 그는 언덕 위 공원에서 부리토와 토르티야 칩을 먹고 있었다. 공인 보안 요원으로 나이트클럽에서 일할 때 사용하는 테이저를 소지한 채. 몇 분 뒤 경찰들이 도착했다. 그들은 니에또가 테이저를 자신들에게 반항적으로 겨누었다고 주장했고, 자신들이 테이저의 붉은 레이저 불빛을 총의 레이저 조준기로 착각하여 정당방위 차원에서 그를 쏘았다고 주장했다. 하지만 네 경관의 이야기는 서로 모순되고, 일부 증거와도 모순되며, 일부분은 사실이라고 믿기 어렵다.

녹음이 우거진 버널하이츠 공원 언덕을 감싸도는 길 어느 굽이에 니에또를 기리는 비공식 기념물이 있다. 개를 산책시키거나, 조깅을 하거나, 그냥 걸으러 나온 시민들은 비탈에 돌멩이로 고정되어 있고 주변에 생화와 조화가 놓인 기념물 앞에 멈춰서서 현수막에 적힌 글을 읽어본다. 알렉스의 아버지 레푸히오는 요즘도 하루에 한번 이상 버널힐 남쪽의 작은 집을 나와 언덕을 올라 그곳을 찾는다. 알렉스 니에또는 아이일 때부터 그 언덕을 오르내렸다. 2016년 3월 3일 저녁 어스름에 그의 부모는 친구들, 지지자들과 함께 언덕을 올라 기념물 앞에 생일 케이크를 가져다놓았다.

레푸히오와 엘비라 니에또는 품위 있고 소박한 사람들이다. 등을 꼿꼿이 세우고는 있지만 수심으로 초췌한 모습이다. 그들은 스페인어를 유창하게 하지만 영어는 거의 못한다. 두 사람은 멕시코 중부 과나후아또주의 작은 마을에서 가난한 집 아이들로 자랄 때부터 아는 사이였다가, 1970년대에 따로따로 샌프란시스코만 일대로 이주해, 이곳에서 재회하여 1984년 결혼했다. 그리고 그때부터 지금까지 버널힐 남쪽의 같은 건물에서 살아왔다. 엘비라는 수십년 동안 샌프란시스코 시내 여러 호텔에서 청소부로 일하다가 은퇴했다. 레푸히오도 더러 부업을 했지만 대개는 집에서 알렉스와 남동생 엑또르를 도맡아 보살폈다.

잘생긴 얼굴에 엄숙한 표정을 짓고 윤기 흐르는 까만 머리카락을 단정하게 뒤로 넘긴 엑또르는 법정에서 거의 매일 부모 곁에 앉아 있었다. 그의 형을 죽인 세 백인 경찰관과 한명의 아시아계 경찰관이 앉은 자리로부터 멀지 않은 자리였다. 애초에 재판이 열린 것 자체가 승리였다. 시는 부검 보고서 전문과 니에또를 쏜 경찰들의 이름을 가족과 연대자들에게 알려주지 않으려 했고, 핵심 목격자가 경찰에 대한 두려움을 이기고 모습을 드러낸 것은 재판이 열리기 불과 몇달 전이었다.

니에또는 여러명의 백인 남성들이 그가 평생을 살아온 장소에서 그를 위협적인 침입자로 여겼기 때문에 죽었다. 남자들 중 몇명은 니에또가 붉은 재킷을 입었기 때문에 갱단일지도 모른다고 생각했다. 샌프란시스코의 라틴계 소

186

년들과 남자들은 붉은색이나 푸른색 옷을 꺼리는 편인데, 두 색깔이 대표적인 두 갱단인 노르떼뇨스와 쑤레뇨스의 색깔이기 때문이다. 하지만 샌프란시스코 NFL 팀인 포티나이너스의 색깔도 붉은색, 그리고 금색이다. 샌프란시스코에서 포티나이너스 재킷을 입는 것은 뉴올리언스에서 세인츠 저지를 입거나 뉴욕에서 양키스 모자를 쓰는 것만큼 평범한 일이다. 그날 저녁, 검고 숱 많은 눈썹에 염소수염을 길러 짧게 다듬은 니에또는 새것으로 보이는 포티나이너스 재킷, 검은색 포티나이너스 모자, 흰색 티셔츠, 검은색 바지를 입었다. 그리고 재킷 속에 권총집에 든 테이저가 매달린 허리띠를 찼다. (테이저는 전선 두줄을 발사하여 전기 충격을 가함으로써 표적을 일시적으로 마비시킨다. 대충 총처럼 생겼지만 좀더 둥그스름하다. 니에또의 테이저는 겉에 샛노란 무늬가 많이 그려져 있었고 사정거리는 4.5미터였다.)

니에또는 2007년에 보안 요원으로 주 자격증을 딴 뒤로 계속 그 분야에서 일했다. 한번도 체포된 적 없었고, 경찰 기록도 없었다. 라틴계 아이들이 공공장소를 배회하기만 해도 잡혀갈 수 있는 동네에서 상당한 성취라 할 만했다. 그는 불교도였다. 불교를 믿는 라틴계 이민자 2세, 이것은 샌프란시스코가 한때 능숙하게 해냈던 종류의 혼성이다. 그는 십대 때 버널하이츠 근린 센터에서 5년 가까이 청소

년 상담사로 일했다. 사교적이고 공동체 의식이 충만한 청
년이었다. 정치적 운동, 거리 축제, 공동체 행사에 꼬박꼬
박 참여했다.

그는 지역 전문대학에서 형사 사법 제도를 전공하여 졸
업했고, 보호관찰관이 되어 청소년들을 돕겠다는 꿈을 갖
고 있었다. 죽기 얼마 전 시의 청소년 보호관찰부에서 인
턴으로 일했던 적도 있는데, 이 사실을 알려준 당시 시 보
호관찰관 까를로스 곤살레스Carlos Gonzalez는 그때 니에또와
친구가 되었다고 말했다. 곤살레스는 니에또가 이 도시에
서 형사 사법 제도가 굴러가는 방식을 익히 알았다고 말했
다. 그가 경찰에게 총처럼 생긴 물체를 겨누었다가는 치명
적인 결과를 낳을 수 있다는 사실을 잘 아는데도 불구하고
굳이 그랬을 만한 이유를 설득력 있게 제시한 사람은 아무
도 없었다.

니에또가 죽은 뒤, 그의 인간성도 도마에 올랐다. 강간
피해자가 겪는 일처럼, 사람들은 사건을 그의 탓으로 돌렸
다. 사건과 무관하지만 그의 인상을 실추시키는 과거의 사
건들이 발굴되어 공개되었다. 경찰과 검시 부서는 그가 죽
자마자 의료 기록을 파헤쳐서 그가 몇년 전에 정신적 위
기를 겪었다는 사실을 알아냈고, 그 사실을 부풀려서 그가
사건 당시 정신 질환을 앓았다는 주장을 지어냈다. 그것으
로 사건의 설명을 대신하기 위해서였다. 그들의 주장은 이

랬다. 경찰은 왜 니에또를 쏘았는가? 왜냐하면 니에또가 경찰에게 테이저를 겨누었고 경찰은 그것이 총인 줄 알았기 때문이다. 니에또는 왜 경찰에게 테이저를 겨누었는가? 왜냐하면 그가 정신 질환을 앓고 있었기 때문이다. 니에또가 정신 질환을 앓았다는 증거는 무엇인가? 그가 경찰에게 테이저를 겨누었다는 것이 그 증거다. 이런 주장은 샌프란시스코 경찰에 대한 신뢰가 굳건한 사람이라야 말이 된다고 볼 만한 순환논리였다.

니에또가 테이저를 소지한 것은 엘또로라는 나이트클럽에서 경비원으로 일하기 때문이었다. 나이트클럽의 주인 호르헤 델리오Jorge del Rio는 니에또가 차분하고 온화한 사람이었다고 말했다. 자신은 그를 좋아했고, 신뢰했고, 존경했고, 지금도 마음이 쓰인다고 말했다. "그는 아주아주 차분한 사람이었습니다. 그래서 경찰이 그가 테이저를 경찰에게 겨누었다고 주장한다는 소리를 듣고는 너무 놀랐죠. 나는 그가 누구에게든 공격적으로 대하는 모습을 한번도 못 봤습니다. 그는 남을 돕고 싶어하는 사람이었어요. 사람들이 그에 대해서 쑥덕이는 소리를 나는 전혀 믿지 않습니다." 델리오는 내게 니에또는 정말로 온화한 사람이었다고 말했다. 자칫 폭발할지도 모르는 상황을 진정시키는 솜씨가 뛰어났다고 한다. 스페인어 사용자 손님들이 드나드는 소란한 클럽에서 만취한 남자들을 끌어낸 뒤 밖에서 그들에게 "오늘밤은 여러분의 밤이 아닌 모양입니다"라고 말하여 그들이 호의와 존중을 받았다고 느끼면서 돌아가도록 만들 줄 알았다.

경찰은 처음부터 니에또의 정신 병력이 자신들을 면죄해주기를 바랐다. 그가 정신 질환을 앓았다는 사실로 자신들을 정당화한 경찰 주장은 경찰을 면책해주려고 나선 몇몇 지역 매체들의 보도로 제법 널리 퍼졌다. 하지만 그의 부모가 제기한 민사소송의 판사는 그의 병력을 채택 불가능한 증거로 보아 기각했다. 의료 기록에 따르면, 알렉스 니에또는 그로부터 3년 전에 모종의 정신쇠약으로 치료받았다. 정신이상이었다느니 편집조현병이었다느니 여러 병명이 언급되었지만, 아무튼 기록은 2011년 것이었고 그 이전이든 이후든 중요한 발병 삽화가 다시 있었던 것 같지는 않다. 정신 질환이 유효한 사실이라는 가설의 바탕에는 그가 2014년 3월 21일에 질환을 앓는 상태였다는 전제뿐 아니라 그 질환 때문에 경찰에게 테이저를 겨누었다는 전제가 깔려 있다. 하지만 만약 그가 경찰에게 테이저를 겨누었다는 주장 자체를 믿지 않는다면, 정신 질환은 사건에 대해 어떤 단서도 제공하지 못한다. 그는 정말 총을 겨누었을까? 총격을 목격한 유일한 제삼자 증인은 겨누지 않았다고 말했다.

내가 니에또 가족의 친구에게 들은 뒷이야기는 이렇다.

실연으로 넋이 나간 알렉스는 어느날 문득 연극적인 기분에 빠져서 집에서 연애편지를 태웠고, 그밖에도 가족 네명이 함께 살던 좁은 아파트에서 거슬리는 행동을 보였다. 짜증난 가족은 상황을 진정시킬 방법을 문의하려고 시에서 운영하는 상담 센터에 전화를 걸었는데, 역효과가 났다. 그들이 니에또의 의사에 아랑곳없이 그를 붙잡아서 입원시켰던 것이다. 연애편지를 태웠다는 이야기는 의료 기록에서는 책을 태웠다는 이야기, 혹은 집에 불을 지르려고 했다는 이야기로 바뀌었다. 어쩌면 스페인어를 번역하는 과정에서 꼬였는지도 모른다.

그것이 2011년 초였다. 같은 해에 또 한번 비슷한 사건이 있었다. 그러나 그후 2012년, 2013년, 그리고 2014년 죽을 때까지 그는 차분하고, 이성적이고, 앞가림 잘하는 젊은이로 보였다. 무척 이타적이고 타인에게 너그러운 사람으로 보였다. 설령 2011년 사건을 정신 질환으로 규정할 수 있더라도, 어수선한 나이트클럽 일터에서도 몇년간 평정을 지켰던 그가 죽은 날 저녁에 갑자기 재발했다고 볼 이유는 없다. 게다가 그는 경찰을 만나기 직전에도 느닷없는 공격자를 만났지만 자제력을 잘 발휘했다.

*

2014년 3월 21일 저녁, 링크드인 웹사이트의 자기 소개에 따르면 "사용자 경험 설계 전문가"라고 하고 그 동네로 이사 온 지는 육개월쯤 된 서른몇살의 에번 스노Evan Snow는 (그는 사건 후 교외로 이사 나갔다) 키우는 시베리아허스키 강아지를 버널힐에서 산책시키고 있었다. 그가 공원을 떠나려고 할 때, 니에또가 공원 순환도로로 이어지는 좁은 산길로 과자를 먹으면서 걸어왔다. 재판 전 증언의 녹취록에서, 스노는 갱들이 옷을 어떻게 입는지 알기 때문에 "니에또를 건드려선 안 될 부류의 사람으로 분류했다"고 말했다.

한편 스노의 개는 니에또를 먹을 것을 갖고 있는 사람으로 분류했고, 그래서 그를 쫓아갔다. 이후의 일을 이야기한 세차례 진술에서, 스노는 통제 불능의 자기 개가 공격자였다는 사실을 한순간도 인식하지 못하는 듯했다. "그래서 루나가, 벤치 주변이나 내 뒤를 돌아다니다가 니에또씨에게 과자를 얻어먹으려고 신나게 달려갔던 것 같습니다. 니에또씨는 좀더… 뭐라고 표현할까요? 좀 스트레스를 받은 것 같았고, 루나에게서 과자를 지키려고 애쓰면서 이리저리 피했습니다. 그러다가 이 벤치로 달려가서 위로 뛰어올랐죠. 내 개가 쫓아갔고요. 그때쯤 루나가 소리를 냈나, 짖었나, 으르렁거렸나, 하여간 그랬습니다." 부주의한 주인이 약 12미터 떨어져 있는 동안, 개는 니에또를 벤치로 몰아넣었다. 스노가 선서하에 진술한 녹취록을 보면, 정말로 그는 정확히 이렇게 말했는데, 자신은 "웬 조깅하는 여자의 궁둥이"에 정신이 팔려 있었다고 한다. 스노는 또 이렇게 말했다. "사람에 따라 그 시점에서 개가 공격한다고 느낄 것도… 느낄 수도 있을 것 같네요." 개는 스노가 불러도 가지 않고 계속 짖었다.

스노에 따르면, 그러자 니에또는 재킷을 걷고 테이저를 꺼내 먼저 멀리 있는 개 주인에게 잠시 겨눈 뒤, 발치에서 짖는 개에게로 방향을 돌렸다. 두 남자는 서로 고래고래 소리 질렀고, 스노는 이때 인종차별적인 욕설을 뱉었던 것 같지만, 자신이 정확히 뭐라고 말했는지는 밝히지 않았다. 공원을 떠나면서 스노는 친구에게 문자메시지를 보내 사건을 이야기해주었다. 그의 증언에 따르면, 문자메시지의 내용은 이러했다. "플로리다 같은 다른 주에서였다면, 내가 그날 밤 니에또씨를 쐈어도 정당방위를 인정받았을 거라고 말했습니다." 이것은 플로리다의 악명 높은 법, 이른바 '자기 위치를 지켜도 좋다'Stand Your Ground 법을 언급한 말이었다. 그 법은 상대에게 정당방위로 폭력을 행사하려는 자는 그전에 일단 한번 뒤로 물러나야 한다는 의무를 없애준 법이다. 그러니까 스노는 2012년에 조지 짐머먼George Zimmerman이 트레이번 마틴Trayvon Martin에게 했던 짓을 하고 싶어했던 셈이다. 뒷일을 신경 쓰지 않고 상대를 죽여버리는 일.

그 직후, 역시 개들을 산책시키던 한 커플이 니에또를 지나쳤다. 팀 이즈깃Tim Isgitt은 당시 이 동네로 이사 온 지 얼마 되지 않았던 이로, 테크 기업 백만장자들이 세운 비영리 단체의 홍보 담당자다. 지금은 교외인 마린 카운티로 이사해서 살고 있다. 그 남편 저스틴 프리츠Justin Fritz도 지금은 함께 이사했는데, 자칭 "이메일 마케팅 관리자"인 그는 당시에는 샌프란시스코에서 산 지 일년쯤 되었다. 둘 중 한명이 소셜미디어에 올린 사진을 보면, 갈색 머리카락에 용모 단정한 두 백인 남성이 두 반려견 스프링어스패니얼과 불독과 함께 포즈를 취하고 있다. 두 사람은 그 개들을 산책시키다가 멀리서 니에또를 지나친 것이었다.

프리츠는 이상한 점을 못 느꼈지만, 이즈깃은 니에또가 권총집에 든 테이저에 손을 얹은 채 "신경질적으로" 왔다 갔다 하는 모습을 보았다. 이때 스노는 이미 사라지고 없었기 때문에, 이즈깃은 니에또가 방금 추악한 언쟁을 겪었고 충분히 심란해할 만한 상태라는 사실을 몰랐다. 이즈깃은 공원에서 마주치는 다른 사람들에게 그 근처를 조심하라고 이르기 시작했다. (이즈깃과 프리츠가 지나간 뒤 실제로 니에또를 보았던 한 목격자는 버널하이츠의 오랜 주민인 로빈 불러드Robin Bullard로, 그도 공원에서 개를 산책시키던 중이었는데, 니에또의 모습에서 경계할 만한 점을 전혀 보지 못했다고 증언했다. "그는 그냥 가만히 앉아 있었습니다." 불러드는 말했다.)

법정에서 프리츠는 니에또의 모습에서 경계할 만한 점을 보지 못했다고 말했고, 자신이 911에 전화한 것은 이즈깃이 졸라서였다고 말했다. 오후 약 7시 11분, 프리츠는 911 상담원과 통화하기 시작하여 공원에 까만 권총을 가진 남자가 있다고 신고했다. 인종이 어떻게 되나요, 상담원은 물었다. "흑인인가요, 히스패닉인가요?" "히스패닉요." 프리츠는 대답했다. 잠시 뒤 상담원은 프리츠에게 문제의 남자가 "폭력적인 행동"을 하느냐고 물었고, 프리츠는 이렇게 대답했다. "그냥 이리저리 걸어다니고 있어요. 과자나 해바라기씨 같은 걸 먹는 것 같은데요. 하지만 총처럼 보이는 물건에 손을 얹고 있어요." 알렉스 니에또가 살 시간은 그로부터 5분 남아 있었다.

*

여느 도시가 다 그렇듯이, 샌프란시스코는 인구 구성도 산업 구조도 한시도 고정적인 적 없었던 도시로, 조금씩 흘러들어온 새 주민들은 도시에 녹아들어 지속적 변화에 기여했다. 그러나 새 주민들이 홍수처럼 밀려들 때는, 가령 19세기 골드러시 이후 경제 호황기, 1990년대 말 닷컴 기업 급등기, 현재의 테크 기업 쓰나미 시기처럼 밀려들어올 때는 새 주민들이 기존에 있던 것들을 싹 씻어낸다. 2012년 무렵에는 벌써 테크 기업 직원들의 유입이 꾸준한 흐름에서 범람 수준으로 확대되었다. 점점 더 많은 사람들과 단체들, 즉 서점, 교회, 복지 단체, 각종 비영리 단체, 게이 및 레즈비언 바, 동네에 오랫동안 뿌리내렸던 소상공인 등등이 퇴거당하기 시작했다. 노인들도 밀려났다. 개중에는 구십대도 몇명 있었다. 교사들, 노동 계층 가정들, 장애인들, 그밖에도 돈을 좀더 짜낼 구석이 있는 집에서 살던 세입자들은 거의 모두 퇴거당했다.

샌프란시스코는 그동안 사람들이 이상을 좇아서 오는 곳, 혹은 이상을 실현하기 위해서 남는 곳이었다. 사회정의를 추구하거나 장애인들을 가르치기 위해서, 시를 쓰거나 대체의학을 실천하기 위해서. 요컨대 자신보다 더 큰 무엇, 그러나 기업은 아닌 무엇의 일부가 되기 위해서, 돈만은 아닌 다른 것을 추구하며 살기 위해서 오는 곳이었다. 그러나 집세와 집값이 상승하면서 그런 일은 점점 불가능해졌다. 토박이들이 자칫 잃을까봐 걱정하는 것을 새 주민들은 인식조차 못할 때가 많은 것 같았다. 테크 기업 문화는 크고 작은 방식으로 단절하고 침잠하는 문화인 것 같았다.

또한 그것은 매우 백인적이고, 남성적이고, 젊은 문화였다. 일례로 2014년 실리콘밸리의 구글 직원 중 흑인은 2퍼센트였고, 라틴계는 3퍼센트였고, 70퍼센트는 남성이었다. 전용 호화 셔틀인 구글 버스 덕분에 직원들은 샌프란시스코에 살면서도 반도로 편하게 출퇴근할 수 있었다. 페이스북, 애플, 야후, 다른 대기업들의 셔틀도 마찬가지 역할을 했다. 샌프란시스코에 본사를 둔 에어비앤비는 전세계에서 시골이며 도시며 가리지 않고 장기 주거용이었던 집들을 부유한 단기 체류자를 위한 공간으로 바꾸는 계기를 마련했다. 역시 샌프란시스코에 터를 잡은 우버는 택시 운전사들에게 생활임금을 지불하던 택시 회사들의 사업을 잠식하는 일에 나섰다. 샌프란시스코에 본사를 둔 또다른 테크 기업, 트위터는 약자들과 소수자들의 목소리에 가해지는 혐오 발언과 살해 협박을 통제하지 않고 내버려두는 것으로 악명이 높다. 한때 많은 사람들의 눈에 유토피아로 비쳤던 샌프란시스코는 이제 새로운 디스토피아의 신경중추가 되었다.

테크 기업이 낳은 백만장자들과 억만장자들의 영향력은 지역 정치를 왜곡시켰다. 그들은 나머지 인구를 희생시키고 대신 새로운 산업과 그 고용인들의 뒤를 봐주는 정책이 채택되도록 압력을 넣는다. 도시에 찰랑찰랑 넘치는 그 많은 돈 가운데 2013년 문 닫은 청소년 노숙인 센터를 살리는 데 흘러든 돈은 한푼도 없었다. 미국에서 가장 오래된 흑인 소유 서점이자 흑인 문제에 집중했던 서점을 살리는 데 들어간 돈도 없었고, 서점은 결국 2013년 문을 닫았다. 샌프란시스코 최후의 레즈비언 바에 흘러든 돈도 없었으며, 바는 2015년 영업을 접었다. 그 한해 전 문 닫은 라틴계 드랙 및 트랜스젠더 바에 흘러든 돈도 없었다. 니에또 재판이 펼쳐지는 동안, 정말이지 샌프란시스코다움의 극치인 아프리카 정교회 세인트 존 콜트레인 성당은 퇴거를 앞두고 있었다. 지금 그 공간도 1990년대 말 닷컴 기업 호황기 때 딴 곳에서 쫓겨나서 구한 곳이었다. 그해 봄, 샌프란시스코의 이상주의와 이타주의를 대표하는 가장 이름난 사례일 시에라 클럽은 감당할 만한 임대료를 찾아서 샌프란시스코를 떠났다. 그밖의 비영리 조직, 복지 단체, 문화 및 종교 센터도 밀려났다. 억울함이 자라났다. 문화가 충돌했다.

2014년 3월 21일 저녁 7시 12분, 프리츠와 통화했던 상담원이 경찰에게 출동을 요청했다. 경찰 몇명이 공원 가장자리에서 경계선을 구축하기 시작했다. 자칫 위험할 수도 있는 상황을 진정시킬 때 쓰는 표준 기법이다. 그러나 순찰차 한대가 그 경계선을 뚫고 들어가서 정면 대결을 감행했다. 차 안에는 제이슨 소여Jason Sawyer 경감과 리처드 시프Richard Schiff 순경이 타고 있었다. 시프는 일을 시작한 지 3개월도 안 된 신입이었다. 호출을 받았을 때 그들은 버널하이츠 공원으로 향하던 중이었고, 처음에는 알렉스의 부모가 사는 언덕 남쪽에서 공원으로 진입하려고 했지만, 곧 방향을 돌려 북쪽으로 들어갔다. 그들은 차량 진입을 막는 바리케이드를 우회한 뒤, 저녁 그 시간대면 으레 조깅하는 사람들, 개 산책시키는 사람들, 개들로 붐비는 도로를 달려서 올라갔다. 조명등도 사이렌도 켜지 않고 쌩 달렸다. 비상 사태로 출동하는 것이 아니었는데도, 동료들과 계획을 조율하지 않고 다른 경찰들과 경계선을 지나쳐서 그냥 내달렸다.

오후 7시 17분 40초, 911 교환원과 프리츠의 대화에 따르면, 알레한드로 니에또는 순환도로의 굽이를 돌아 언덕을 내려오고 있었다. 오후 7시 18분 8초, 역시 공원에 있었지만 현장에 있지는 않았던 다른 경찰관이 무전을 보냈다. "빨간 셔츠를 입은 남자가 그쪽으로 내려가고 있음." 시프 순경은 법정에서 "빨간색은 갱단과의 연루를 암시할 수 있습니다. 노르떼뇨스의 색깔이니까요"라고 말했다. 시프는 또 자신이 약 30미터 떨어진 지점에서 "손을 보여라!"라고 외쳤고, 그러자 니에또가 "아니, 너야말로 손을 보여"라고 대꾸한 뒤 테이저를 꺼내어 양손으로 쥐고 경찰들을 겨누면서 싸울 태세를 취했다고 진술했다. 두 경찰은 테이저에서 붉은 빛이 나왔고 자신들은 그것을 권총의 레이저 조준기로 판단했으며 그래서 목숨이 위태롭다고 느꼈다고 주장했다. 오후 7시 18분 43초, 시프와 소여는 40구경 총알을 니에또의 몸에 퍼붓기 시작했다.

오후 7시 18분 55초, 시프가 "레드"라고 외쳤다. 총알이 다 떨어졌음을 알리는 경찰 암호였다. 그는 탄약 클립 한 통을 몽땅 니에또에게 쏜 것이었다. 그는 재장전한 뒤 다시 발사했고, 총 23발을 쏘았다. 소여 경감의 총도 불을 뿜었다. 그는 총 20발을 쏘았다. 두 사람의 조준은 엉성했던 것 같다. 길 아래쪽 작은 유칼립투스 숲에 피신해 있던 프리츠가 911 교환원과의 통화에서 "도와주세요! 도와주세요!" 하고 외치는 소리가 들리기 때문이다. 프리츠는 경찰들이 쏜 총알이 "내 머리 위 나무를 맞혀서 나무가 막 부러지고 나를 덮친다"고 말했다.

소여는 이렇게 진술했다. "상대가 총에 맞은 뒤로 아무 반응이 없는 것을 깨닫고, 나는 시야를 가다듬은 뒤 머리를 노렸습니다." 니에또는 입술 바로 위를 맞았다. 총알은 그의 오른쪽 위턱뼈와 이를 으스러뜨렸다. 또다른 총알은 그가 서 있는 동안 오른쪽 정강뼈와 종아리뼈를 관통해서 부러뜨렸다. 경찰들은 니에또가 자신들을 보고 서 있었다고 진술했지만, 마지막 총알은 니에또의 다리 측면에 맞았다. 그가 이미 몸을 돌린 상태였던 것처럼. 그렇게 고통스러운 부상을 입고도 니에또가 정신을 집중하여 자신에게 충격을 불러온 쓸모없는 도구로 끝끝내 경찰을 위협하는 시늉을 했다는 이야기는 믿기 힘들다.

이때 경찰관 두 명이 더 나타났다. 로저 모스Roger Morse와 네이트 추Nate Chew는 첫 순찰차까지 다가와서, 차에서 내린 뒤 총을 꺼냈다. 계획도 소통도 없었다. 자신들이 쫓는 사람을 어떻게 제어할까, 그가 정말로 위협적인 인물일 경우 어떻게 생포할까 하는 전략도 없었다. 행인이 총에 맞을 수도 있는 사람 많은 공원에서 자칫 위험할 정면 대결을 가급적 피해보려는 시도도 없었다. 모스는 법정에서 니에또가 그때까지 서 있었다고 진술했다. "내가 막 도착했을 때, 총구 섬광 같은 게 보였습니다. 그래서 그를 겨누고 쏘기 시작했습니다." 테이저는 총구 섬광 비슷한 것을 전혀 내지 않는다. 추는 파트너의 진술과는 반대로 자신들이 도착했을 때 니에또는 이미 땅에 쓰러져 있었다고 진술했다. 추는 쓰러진 사람에게 다섯발을 쏘았다. 법정에서 그는 "용의자의 머리가 도로에 털썩 떨어지는 것을 보고" 총격을 멈추었다고 말했다.

니에또는 쓰러진 뒤에도 총알을 몇발 더 맞았다. 시 부검 보고서에 따르면, 다 합해서 최소한 열네발이 그의 몸에 맞았다. 경찰들이 쏜 총알 중 표적을 맞힌 것은 4분의 1뿐이었다. 경찰들은 봄의 첫날인 춘분의 해거름녘 사람 많은 공원에서 총 쉰아홉발을 발사했다. 그들은 죽일 작정으로 쏘았고, 그것도 과잉 살상할 작정으로 쏘았다. 한 총알은 니에또의 왼쪽 관자놀이로 들어가서 머리를 찢고 목에 박혔다. 등, 가슴, 어깨에 맞은 총알도 여러발이었다. 또 한발은 등허리로 들어가서 척수를 결딴냈다.

경찰들이 니에또에게 가까이 접근한 것은 오후 7시 19분 20초, 이 모든 일이 시작된 지 겨우 2분이 흐른 뒤였다. 모스가 처음 다가갔다. 그의 증언에 따르면, 니에또는 그때까지 눈을 뜨고 있었고 헐떡이며 꾸룩거렸다. 모스는 죽어가는 남자의 손에 들린 테이저를 자신이 발로 차냈다고 증언했다. 시프는 자신이 "그를 굴려서 수갑을 채웠고, '팀장님, 아직 맥박이 잡힙니다'라고 말했다"고 증언했다. 구급차가 도착했을 때, 알레한드로 니에또는 죽은 뒤였다.

니에또의 장례식은 2014년 4월 1일 열렸다. 예전에 그의 어머니가 어린 그를 데려갔던 버널하이츠의 작은 교회에 조문객들이 들어찼다. 나는 멕시코시티 출신이고 공공의식이 투철한 변호사 친구 아드리아나 까마레나^Adriana Camarena와 함께 갔다. 아드리아나는 미션 지구에 사는데, 버널의 북쪽에 접한 그 동네는 1960년대부터 라틴 문화의 중심지가 되어온 곳이다. 아드리아나는 알렉스를 잠깐 만난 적 있다고 했다. 나는 만난 적 없었다. 우리 근처에 앉은 아프리카계 미국인 여성 삼인조는 셋 다 경찰에게 아들을 잃은 뒤 이런 피해자가 또 발생하면 꼬박꼬박 장례식에 참석하는 사람들이었다. 장례식 후, 아드리아나는 레푸히오와 엘비라 니에또 부부와 친해졌다. 부부에게 이 아들은 영어를 쓰는 세상에 대신 내보내는 대사였다. 아드리아나는 차츰 부부의 슬픔에 이입했고, 부부에게 필요한 것을 살피게 되었다. 부부의 통역자, 지지자, 조언자, 친구로서 사건에 개입하게 되었다. 샌프란시스코 지역 전문대학에서 글쓰기를 가르치는 소설가이자 전직 해병인 벤저민 백 시에라Benjamin Bac Sierra는 알렉스의 친한 친구이자 조언자였다. 이 두 사람은 니에또의 죽음에 대응하여 공동체를 조직하기 시작했다.

니에또가 죽은 봄, 나는 나의 도시를 갈가리 찢어놓는 것은 장기 세입자들을 부유한 새 주민들, 집주인들, 부동산 중개인들, 헌 집을 사들여서 개조한 뒤 금세 팔아치워 차익을 남기는 사람들, 자신이 사업을 개시할 공간을 확보하기 위해 남들을 다 밀어내려는 개발업자들과 대결시키는 갈등만은 아니라고 생각하게 되었다. 그것은 도시에 대한 서로 다른 두 시각의 갈등이기도 했다.

내가 장례식에서 강하게 느낀 것은 진정한 공동체의 생명력이었다. 그곳에 모인 사람들은 자신이 사는 장소를 기억으로, 의식과 습관으로, 애정과 사랑으로 짜인 천처럼 경험하는 이들이었다. 장소를 그런 잣대로 바라보는 시각은 돈이나 소유권과는 아무 상관이 없다. 관계들하고만 상관이 있다. 아드리아나와 나는 자리에서 주변을 둘러보다가 미션에서 나고 자랐다는 덩치 큰 남자, 오스카 살리나스Oscar Salinas를 만났다. 그는 우리에게 미션에서는 누군가 다치면 온 동네가 하나로 뭉친다고 말해주었다. "우리는 서로를 돌보죠." 그에게 미션은 라틴계 정체성을 갖고 있고 공통의 가치와 서로에게 헌신하는 사람들이 장소를 통해 하나로 뭉친 것을 뜻했다. 아름다운 시각이었고, 많은 사람들이 그 시각을 공유했다.

사람들이 지키려고 애쓰는 공동체 의식은 돈으로 살 수 없는 것들에 관한 문제였다. 소유권이 있거나 집세를 내는 부동산으로서의 집이 아니라 동네와 그 속의 이웃들로서의 집에 관한 문제였다. 라틴계 주민들만 그런 보물을 갖고 있는 것도 아니었다. 샌프란시스코의 흑인, 아시아계, 아메리카 원주민 주민들도 이 도시의 사람, 단체, 전통, 특정 장소와 장기적인 관계를 맺어왔다. 새로운 테크 경제는 '파괴적 혁신'이라는 말을 좋아하지만, 이 토박이들이 보는 것은 집, 공동체, 전통, 관계가 파괴되는 모습뿐이었다. 퇴거당하거나 높은 집세에 밀려난 사람들 중에는 우리를 하나로 묶어주는 역할을 하는 사람들이 많았다. 교사, 간호사, 상담사, 사회복지사, 목수와 기계공, 자원봉사자와 활동가. 가령 갱단에 소속된 아이들을 돌보던 사람이 쫓겨나면, 아이들은 버려진다. 사회라는 천은 실이 한가닥 한가닥 뜯겨나가는 것을 언제까지 버틸 수 있을까?

장례식 두달 전, 부동산 웹사이트 레드핀은 캘리포니아의 주택 가운데 83퍼센트와 샌프란시스코의 주택 100퍼센트가 교사의 봉급으로 감당할 수 없는 수준이라는 조사 결과를 발표했다. 가장 널리 보도된 퇴거 사례 중 하나는 구글 소속의 한 변호사가 미션 지구에서 교사들을 그들이 오랫동안 살아온 집에서 퇴거시키고 그 집들을 하나로 합쳐 자신이 혼자 살 저택을 만들려고 한 일이었다. 어떤 장소에서 가장 중요한 노동자들이 그곳에서 살 여력이 되지 않아 떠나는 곳은 어떻게 될까? 퇴거는 죽음을, 특히 노인들의 죽음을 일으켰다. 니에또가 죽은 후 지금까지, 실제로 많은 노인이 퇴거 도중이나 직후에 사망했다. 그중에는 구십대도 몇명 있었고, 오래 살아온 집에서 쫓겨나게 되자 맞서 싸우던 중 백살을 맞은 사람도 있었다. 최근 한 조사에 따르면, 샌프란시스코의 노숙인 중 73퍼센트는 예전에는 여기에 집이 있던 사람들이라고 한다. 집을 잃은 사람은 이런저런 어려운 처지에 쉽게 빠지고, 그런 상황들 중 일부는 치명적이다. 젠트리피케이션은 사람을 죽일 수 있다.

　　젠트리피케이션은 또 비백인 인구가 살던 동네에 새로운 백인 주민을 유입시킨다. 가끔은 그 때문에 끔찍한 결과가 빚어진다. 『이스트 베이 익스프레스』*The East Bay Express*의 기사에 따르면, 오클랜드에서는 최근 이사해온 백인 주민들이 "동네를 걷거나, 운전하거나, 돌아다니거나, 그냥 살고 있는 유색인종" 주민들을 "범죄 용의자"로 간주하는 일이 가끔 발생한다. 어떤 사람들은 온라인 이웃 커뮤니티인 넥스트도어닷컴에 "흑인들이 그저 길을 걷기만 해도, 차를 몰기만 해도, 문을 두드리기만 해도 수상한 인간으로 낙인 찍는" 글을 올린다. 똑같은 일이 미션 지구에서도 벌어지고 있다. 이곳에서도 사람들은 넥스트도어에 "수상한 놈 세명이 길모퉁이에 군인들처럼 서 있는 모습을 몇번 보고나서 경찰을 불렀다"는 글을 올리고, 노숙인은 위험하니까 치워버려야 한다고 수다를 떨고, 대개의 사람들은 범죄로 여기는 경찰의 시민 살해를 정당화한다. 니에또의 죽음에서 한가지 분명한 사실은 여러명의 백인 남성이 그를 실제보다 더 위험한 존재로 인식했기 때문에 그가 죽었다는 것이다.

재판이 시작된 2016년 3월 1일, 샌프란시스코 공립학교 학생 수백명이 교실을 박차고 나와 니에또의 죽음에 항의했다. 연방법원 앞에서 큰 시위가 열렸다. 북 치는 사람들, 깃털 달린 머리장식을 쓴 아즈텍 무용수들, 피켓을 든 사람들이 모였다. 한 텔레비전 방송국은 앞으로 재판 기간에 선보일 여러 양복과 넥타이 중 한벌을 처음 차려입고 나선 백 시에라를 인터뷰했다. 니에또의 얼굴이 그려진 포스터, 현수막, 티셔츠, 벽화는 미션 지구에서 흔한 광경이 되었다. 사건을 다룬 동영상이 몇편 제작되었고, 시위와 추모

제가 열렸다. 어떤 사람들에게 니에또는 경찰 폭력의 희생자를 상징하는 존재가 되었다. 또 젠트리피케이션 때문에, 퇴거의 물결 때문에, 그들이 사는 동네인데도 그들을 위협자나 침입자로 여기는 사람들 때문에 위기를 느끼는 라틴계 공동체를 상징하는 존재가 되었다. 니에또 가족을 염려하는 사람들이 매일 재판에 출석했고, 법정은 늘 거의 꽉 찼다.

재판은 연극이다. 이 재판에도 나름의 극적인 면모가 있었다. 원고인 레푸히오와 엘비라 니에또 부부를 대리한 사람은 오클랜드의 존 L. 버리스 법률사무소 소속 흑인 변호사 아단테 포인터Adante Pointer로 일대에서 경찰 시민 살해 소송을 많이 맡는 사람이었다. 원고 측 핵심 증인인 안토니오 시어도어Antonio Theodore는 사건 몇달 뒤에야 자진하여 나섰는데, 트리니다드 출신 이민자인 그는 아프로리셔스라는 밴드에서 연주하는 음악가이고 버널 지구에 사는 주민이었다. 그는 가닥가닥 땋은 머리카락을 어깨까지 단정하게 늘어뜨린 우아한 남자로, 양복 차림으로 법정에 나와 그날 자신이 개를 산책시키느라고 도로 위쪽 산길에 있다가 사건이 펼쳐지는 과정을 처음부터 끝까지 목격했다고 증언했다. 그는 니에또의 손이 주머니에 들어 있었다고 말했다. 니에또가 테이저를 경찰들에게 겨누지 않았다고 말했다. 붉은 레이저 불빛은 안 보였다고 말했다. 경찰들은 그저 "거기 서"라고만 외친 뒤 대뜸 쏘기 시작했다고 말했다.

포인터가 시어도어에게 왜 좀더 일찍 나서지 않았느냐고 묻자, 시어도어는 이렇게 대답했다. "생각해보세요. 경찰한테 가서 내가 방금 다른 경찰이 시민을 쏘는 걸 봤다고 말하기란 쉽지 않습니다. 나는 경찰을 믿지 않았습니다." 시어도어는 포인터의 심문에 설득력 있게 증언했다. 그러나 이튿날 아침, 위압적인 백인 여성인 시 검사 마거릿 바움가트너Margaret Baumgartner가 윽박지르듯 심문하자, 그는 무너졌다. 사건 당일 자신이 있었던 장소와 총격이 벌어진 장소에 관해서 전날의 증언과 모순되게 말했고, 그 다음에는 자신이 알코올 중독자라서 기억력에 문제가 있다고 인정했다. 꼭 자신을 쓸모없는 존재로 축소시킴으로써 스스로를 보호하려는 것 같았다. 포인터가 재차 심문할 때 시어도어는 말했다. "나는 여기 있기 싫습니다. 무섭습니다." 증인들이 경찰을 불신하거나 두려워하면 정의가 이루어지기 어렵다. 시어도어는 경찰을 무서워하는 것 같았다.

사건의 세부 사항들은 법정에서 뜨겁게 논쟁되었다. 종종 서로 모순되는 내용도 있었다. 특히 테이저에 관한 사항이 그랬다. 경찰은 니에또가 슈퍼맨이나 초인이라도 되는 것처럼 자신들이 그의 몸에 총알을 박고 또 박는데도 그가 계속 대항했다고 말했고, 그러다가 "전략적으로 저격 수 자세를 취하면서" 땅에 엎드렸다고 말했고, 그때도 여전히 테이저를 손에 쥐고 붉은 레이저 불빛을 그들에게 겨누고 있었다고 말했다. 시 검사들이 불러들인 테이저 전문가의 공식 증언은 경찰 주장을 지지하는 듯했다. 하지만 포인터가 그에게 현장 사진을 봐달라고 하자, 그는 사진에서 테이저가 꺼져 있다고 말했고 테이저는 그렇게 쉽게 혹은 실수로 끄고 켤 수 있는 것이 아니라고 말했다. 니에또는 자신을 현장에서 죽게 만든 총알에 몸을 난사당하는 와중에도 테이저의 작은 전원 스위치를 딸각거리느라 여념이 없었을까? 불은 테이저가 켜져 있을 때만 들어온다. 모스 순경은 니에또의 손에서 테이저를 차내려고 다가갔을 때 테이저에서 붉은 빛이 나오지 않았고 전선도 튀어나와 있지 않았다고 증언했다. 하지만 경찰이 찍은 현장 사진에서는 테이저의 전선이 튀어나와 있는 것이 분명히 보인다.

테이저 전문가는 테이저 내부의 기록 장치로 보아 방아쇠가 세번 당겨졌다고 법정에서 말했다. 테이저에 내장된 시계의 기록에 따르면 방아쇠가 당겨진 것은 3월 22일, 니에또가 죽은 뒤였다. 전문가 증인은 이어 그 시계가 그리니치 평균시에 맞춰져 있었다고 말했고, 그것을 현지 시각으로 계산해보았더니 니에또가 죽은 날 오후 7시 14분에 방아쇠가 당겨진 것으로 나왔다고 말했다. 경찰이 니에또와 접촉한 것은 일러야 7시 18분이었다. 그런데 테이저 전문가는 이어서 "시간 이동 현상"이라는 가설을 만들어냈고, 그 가설에 따르면 경찰이 니에또를 쏘았을 때 테이저가 켜져 있었고 그가 그것을 사용했다는 경찰 측 시나리오에 정확히 부합하는 시점에 발사된 것으로 계산된다고 말했다. 그러나 만에 하나 방아쇠가 당겨졌더라도, 그것이 그가 경찰에게 테이저를 겨누었다는 증거는 되지 못한다. 테이저가 발사되면 색종이 같은 표식용 딱지들이 쏟아지는데, 현장에서는 그 딱지가 하나도 발견되지 않았다. 테이저 사™는 이후 샌프란시스코 경찰과 200만 달러짜리 계약을 맺었다.

법정에 제출된 또다른 증거는 니에또의 재킷 주머니에서 발견된 뼛조각이었다. 어떤 사람들은 이것이 시어도어의 증언대로 니에또가 손을 주머니에 꽂고 있었음을 알려주는 증거라고 여겼다. 한편 그러잖아도 여러 추문에 얽혀 있는 시 검시관 에이미 하트Amy Hart 박사는 3월 4일 금요일 법정에서 틀림없이 총알구멍이 잔뜩 나 있을 니에또의 붉은 포티나이너스 재킷 사진을 보지 못했다고 말했다. 그러나 며칠 뒤인 월요일, 시 측 전문가 증인은 시 당국이 자신에게 재킷 사진을 보여주었다고 말했다. 배심원들에게 공개된 사진 중에는 니에또의 모자 사진이 있었는데, 거기 뚫린 총알구멍은 그의 관자놀이에 뚫린 구멍과 일치했다. 피 웅덩이 옆에 떨어진 부서진 선글라스를 찍은 사진도 있었다. 검시관은 니에또의 얼굴에 난 찰과상은 그가 선글라스를 끼고 있었다는 가설에 부합한다고 증언했다.

그런데 이 증거가 제출되기 전, 리처드 시프 순경은 선서하에 한 진술에서 자신이 니에또와 눈이 마주쳤고 그가 이마를 찌푸리는 것을 보았다고 말했다. 만약 죽은 남자가 모자를 쓰고 짙은 선글라스를 낀 상태였다면, 시프는 그런 걸 볼 수 없었을 것이다. 마지막으로, 어떻게 넷씩이나 되는 경찰관들이 상대가 응사하지 않는다는 사실을 알아차리지 못한 채 총알을 59발이나 쏠 수 있단 말인가? "총구 섬광"을 낼 수 없는 물체에서 그런 불빛을 보았다는 그들의 진술은 대체 무슨 뜻인가?

엘비라 니에또가 증언대에 올라 아들의 죽음으로 얼마나 억장이 무너졌는지 말할 때, 포인터는 그녀에게 남편은 어떠냐고 물었다. 그러자 바움가트너가 외쳤다. "이의 있습니다." 마치 아내가 남편의 슬픔에 대해 말하는 것은 전해 들은 말이라 결격 사유에 해당한다는 것처럼. 판사는 바움가트너의 이의를 기각했다. 또 어느 대목에서 저스틴 프리츠는 괴로운 듯한 표정을 지으면서 자신이 911에 전화한 일이 이런 결과를 가져오게 되어 미안하다고 니에또 부부에게 사과했다. 레푸히오 니에또는 프리츠가 자신을 포옹하도록 허락했고, 엘비라 니에또는 허락하지 않았다. 아드리아나는 나중에 내게 이렇게 말해주었다. "레푸히오가 나중에 그러더라고요. 그 순간 알렉스가 했던 말이 떠올랐다고. 우리와 대립하는 사람을 대할 때라도 우리는 그들보다 도덕적으로 더 우월한 위치를 지켜서 최선의 모습을 보여줘야 한다고 말했대요."

아드리아나는 법정에서 매일 니에또 부부와 나란히 앉아, 법정 통역사가 쉬는 동안 부부에게 대화를 통역해주었다. 백 시에라는 매일 티끌 한점 없는 양복과 넥타이 차림으로 그들 바로 뒤에 앉아 있었다. 벤치의 첫 세줄에는 보통 친구들과 연대자들이 가득 앉아 있었는데, 그 첫줄에 늘 그가 있었다. 니에또의 삼촌도 자주 참석했고, 니에또의 절친한 친구이자 역시 불교도인 라틴계 청년 엘리 플로레스Ely Flores도 자주 참석했다. 플로레스는 열한살 때부터 불교 모임에 참가했다고 했다. 그는 나중에 내게 알렉스와 자신은 서로가 맹세와 이상을 지키며 살 수 있도록 서로를 지지해주려고 애썼다고 한다. 두 사람은 공동체의 "깨끗한 연꽃"이 되고 싶었다고 말했다. 이 표현은 불교에서 말하는 '진흙탕에 피어난 깨끗한 연꽃'을 가리키는 것으로, 아수라장 같은 일상에서 고상하게 피어나지만 그렇다고 해서 그 일상과 연을 끊어버리지는 않는 태도를 뜻한다.

플로레스는 경찰관이 되려고 시립 대학에서 공부하던 중이었다. 경찰이 되면 공동체를 도울 수 있으리라 여겼기 때문이다. 그러나 니에또가 살해된 뒤, 자신은 결코 경찰

배지나 총을 지닐 수 없으리라는 사실을 깨달았다. 그래서 몇년 동안 애쓰던 길을 접고, 이제 요리사가 되려고 요리 학원에 다닌다고 했다. 그는 니에또가 경찰을 적으로 여기지 않았다고, 아마 그날 저녁 니에또는 굽이를 돌아 내려왔을 때 경찰을 보고도 자신을 잡으러 온 줄 몰랐을 것 같다고 말했다. 니에또가 유색인종 남성들이 지켜야 할 불문율에 따라 행동하지 않은 건 아마 그래서였을 것이다. 유색인종 남성은 일상에서 늘 남들로부터 수상한 사람이나 위협적인 사람 취급을 받기 때문에 스스로 복장, 행동거지, 장소를 가려서 자신이 범죄자가 아니라는 사실을 끊임없이 드러내 보여야 한다는 불문율 말이다.

니에또의 또다른 라틴계 친구는 기자 사나 살림Sana Saleem에게 언젠가 니에또에게 테이저를 지니고 다니면 위험할지도 모른다고 경고했다고 말했다. 니에또는 그저 으쓱하며 넘겨버리더라고 했다. 우리는 알렉스 니에또가 평생 드나든 공원에서 백인들의 두려움에 개의치 않고 입고 싶은 옷을 입고 자신답게 행동할 권리가 있다고 믿은 탓에 죽었다고 말해도 좋을지 모른다. 옛날의 버널하이츠, 다양한 사람들이 차이를 품고도 이웃으로 공존하던 시절에는 그래도 괜찮았다. 하지만 변해버린 현재의 버널하이츠에서는 괜찮지 않았다.

재판은 민사소송이었기 때문에, 판결 기준은 '합리적 의

심의 여지가 없는 증명'이 아니라 '증거 우위의 증명'이었다. 어떻게 결론이 나든 감옥에 갈 사람은 없었다. 그러나 만약 시와 경찰관들의 책임이 인정된다면, 거액의 합의금이 따를 수 있고 경찰관들의 경력에 흠집이 날 수 있었다. 많은 지역 방송국과 신문이 재판을 보도했다. 2016년 3월 10일 목요일, 여덟명의 배심원은 — 백인 다섯명, 아시아계 여성 한명, 아시아계 남성 두명이었고 흑인과 라틴계는 없었다 — 전날 오후와 당일 오전에 걸쳐 숙의한 끝에 모든 혐의점에 대해서 경찰들은 책임이 없다는 평결을 만장일치로 내렸다. 플로레스는 복도에서 울었다. 미국시민자유연맹 북캘리포니아 지부는 평결에 대한 성명서를 냈다. 제목은 '만약 알렉스 니에또가 백인이었다면 아직 살아 있을까?'였다. 현재 경찰은 평결이 내려진 날 밤 모스 순경이 친구의 페이스북 페이지에 니에또를 조롱하는 비난 글을 게시했다는 고발을 접수하고 조사 중이다.

샌프란시스코는 이제 잔인하고 분열된 도시다. 재판 한달 전, 샌프란시스코 시장은 슈퍼볼을 맞아 거리의 노숙인들을 싹 치우기로 결정했다. 경기가 샌프란시스코에서 64킬로미터 떨어진 실리콘밸리의 새 포티나이너스 구장에서 열리는데도. 온라인에 도시의 노숙인 인구에 대해 불평하는 글이 많아졌다는 사실은 이 도시가 문화 충돌을 겪고 있음을 보여주는 징후다. 그다지 성공하지 못한 어느 스타트업 기업의 창립자라는 저스틴 켈러Justin Keller는 2016년 2월 인터넷에 시장에게 띄우는 공개 편지를 올렸는데, 거기서 그가 한 말은 그런 불평의 전형적인 언사였다.

도시의 젠트리피케이션 때문에 좌절한 사람들이 있다는 것은 나도 압니다. 하지만 현실을 직시해야죠. 우리가 사는 세상은 자유시장 사회입니다. 부유한 근로자들은 일해서 이 도시에 살 권리를 번 것입니다. 성실히 공부하고 열심히 일해서 그 권리를 얻은 거죠. 왜 내가 길을 걸을 때 구걸하는 사람이 들러붙을까봐 신경 써야 합니까? 왜 내가 매일 출퇴근길에서 노숙자들의 고통, 고난, 절망을 봐야 합니까?

알레한드로 니에또를 만난 뒤 그를 쏴버리고 싶어했던 에번 스노처럼, 켈러도 어떤 면에서 소원을 이루었다. 다른 지역에서 쫓겨난 노숙인 수백명이 미션 지구 가장자리의 디비전 거리 주변 고가도로 밑에 텐트를 치기 시작했다. 그곳은 거주자가 거의 없는 칙칙한 공업 지대다. 시장은 우기에 대비하여 만든 그 피난처마저 깨부수기로 결정했다. 시 직원들이 노숙인들의 텐트와 소지품을 빼앗아 덤프트럭에 던져넣었고, 새롭게 무산자가 된 사람들을 그 장소에서도 쫓아냈다. 어느 노숙인 연대자가 찍은 사진에는 장애인 남성이 의지하던 보행 보조기가 쓰레기차 속에서 으스러지는 모습이 담겼다. 여러차례의 소탕 작전 가운데 한번은 니에또 재판이 시작된 날 새벽에 벌어졌다.

재판이 경찰에게 우호적인 평결로 끝난 뒤, 약 150명의 사람들이 미션라틴예술문화센터와 그 바깥의 비 내리는 미션 거리에 모였다. 사람들은 침착했고, 결연했고, 실망은 했지만 충격을 받은 모습은 아니었다. 대부분은 사법 제도가 니에또가 당한 일이 부당하다는 사실을 증명해주리라는 기대를 애초부터 품지 않은 것 같았다. 평결에 슬퍼하고 분노할지언정, 이들의 원칙과 역사에 대한 신념까지 흔들리지는 않을 터였다. 법정 복장이었던 양복을 벗고 티셔츠와 모자 차림으로 나타난 백 시에라가 열정적으로 발언했다. 오스카 살리나스는 직전에 페이스북에도 올린 말을 사람들 앞에서 다시 했다. "알렉스, 우리는 너를 영원히 잊지 않을 거야. 네 부모님은 우리 이웃들이 언제까지나 보살필 거야. 내가 늘 말하듯이, 라미시온(미션)의 암묵적 규칙은 누군가 다치거나 도움을 필요로 하거나 죽으면, 모두가 가족처럼 뭉쳐서 보살핀다는 것이니까." 덩치가 산만한 두 남자는 어느 젊은 여성이 딛고 올라서서 발언할 의자가 흔들거리지 않도록 양쪽에서 무릎으로 눌러주었다.

니에또 부부가 발언했고, 스페인어를 모르는 사람들을 위해서 아드리아나가 통역했다. 그 다음 아드리아나도 발언했다. "내가 알렉스 니에또 사건에 관여하면서 겪은 가장 중요한 변화는, 회복적 정의의 실천에 관하여 더 많이 배우게 되었다는 점입니다. 나는 법조인으로서, 우리가 터 잡은 동네에서 경찰로부터 안전하지 못하다고 느끼는 것으로 인한 괴로움과 두려움은 가해자들이 개인적 책임을 질 때라야 비로소 지워질 수 있다는 사실을 잘 압니다."

아드리아나와 역사학자 남편, 그리고 연륜 있는 에이즈 활동가와 퀴어 안무가 등이 포함된 친구들은 그 근처의 노후한 건물에 산다. 그들도 최근 퇴거 명령에 직면하여 싸웠고, 결국 이겼다. 하지만 그날 밤 한자리에 모였던 공동체는 이 도시를 분열시키는 경제적 힘들에 여전히 취약한 상태였다. 이들 중 많은 수가 곧 떠나야 할지도 모르고, 몇몇은 벌써 떠났다.

알렉스 니에또의 죽음은 한 젊은이가 총알에 찢긴 이야기이자, 한 공동체가 그를 기억하기 위해서 하나로 뭉친 이야기다. 사람들은 이 사건에 대한 정의 구현 그 이상을 추구하게 되었다. 이 사건은 더 큰 대의를 상징하게 되었고, 사람들의 생각이 동영상이나 포스터나 기념물 같은 예술적 표현으로 분출되었고, 그 과정에서 우정과 연대가 맺어지고 다져졌다. 니에또가 살해된 지 일년이 지난 2015년, 과테말라 원주민 이민자였던 스물한살의 아밀까르 뻬레스 로뻬스Amilcar Perez-Lopez가 경찰의 총에 맞아 사망했다. 경찰은 그가 칼로 공격하려고 덤볐기 때문에 정당방위로 쏘았다고 주장했지만, 그는 등에 네발을 맞고 머리 측면에 한발을 맞아 죽었다. 니에또 재판으로부터 한달이 채 못 된 2016년 4월 7일, 경찰은 오랜 샌프란시스코 주민 루이스 공고라를 쏘아 죽였다. 이번에도 경찰은 그가 칼을 들고 덤볐다고 주장했다. 그러나 그가 속했던 소규모 노숙인 공동체와 현장 근처 건물에 있던 목격자들의 이야기는 달랐고, 보안 카메라에 찍힌 영상도 달랐다. 사람들은 경찰에게 더욱더 분노했다. 샌프란시스코의 흑인 및 라틴계 공동체를 쓸어내는 일에 손잡고 나선 듯한 시 정부와 경제적 쓰나미의 세력에 경찰도 가세한 듯 보였기 때문이다.

2016년 4월 말, 할머니 한명, 젊은 유색인종 남성 네명 등 다섯명의 농성자가 미션 경찰서 앞에서 단식 투쟁에 들어갔다. 그들은 경찰국장 사임을 요구하는 '정의를 위한 단식'으로 18일을 굶었다. 그때 관습적인 시각을 가진 이들은 농성자들의 주장과 노력이 결국 헛수고에 그칠 것이라며 경시했다. 그러나 몇주 뒤, 임신한 어머니였고 무장하지 않았던 이십대 흑인 여성 제시카 넬슨 윌리엄스Jessica Nelson Williams가 경찰에 살해당한 날, 경찰국장 그레그 서 Greg Suhr는 마지못해 사임해야 했다. 윌리엄스가 총알 단 한발에 사망한 공업 지구 현장에서 그날 밤 집회가 열렸고, 그때 어느 두 여성은 이렇게 적힌 현수막을 들고 나왔

다. '우리는 최후의 3퍼센트다.' 샌프란시스코의 흑인 인구
는 주민 여섯명 중 한명이 흑인이었던 1970년대에 최고점
을 찍은 뒤 줄곧 줄었다. 고가도로 밑에 처박힌 현장에서는
한 블록 떨어진 곳에서 젠트리피케이션으로 고급 주택들
이 들어서는 모습이 내다보였다. 그 건축 양식은 요새要塞
모더니즘이라고 불러도 좋을 듯했다. 윌리엄스가 미션 바
로 밑 동네에서 살해되고 경찰국장이 사임한 그날, 넥스트
도어의 사용자 십여명은 미션 주민 포럼에 경찰국장을 칭
찬하고 감사를 표하는 글을 올렸다. 그동안 샌프란시스코
경찰의 총격을 정당화해왔고 그러기 위해서 사건들의 사
실 관계에 관하여 종종 거짓말까지 해왔던 그를.

평결이 내려진 뒤 춘분이자 니에또의 2주기이기도 했던
날 열린 모임에서, 아드리아나 까마레나는 사람들에게 이
렇게 말했다. "어제 니에또 부부가 말씀하셨듯이, 우리는
아직까지 이렇게 함께 있다는 사실만으로도 승리한 것입
니다."

그러나 많은 세력들이 지금 그 함께함을 위협하고 있다.

〔2016〕

CALL THEM BY THEIR

TRUE NAMES

들어갈 길도
나갈 길도 없는

아마 당신은 좋은 삶을 살고 있을 것이다. 적어도 가장 기본적인 의미에서는. 당신은 집을 나설 자유가 있을 것이고, 안전한 집으로 돌아올 자유가 있을 것이다. 한편으로는 프라이버시와 안전을 누릴 것이고, 다른 한편으로는 일, 즐거움, 사회적 만남, 탐구, 참여를 누릴 것이다. 이것은 훌륭한 삶의 질이란 무엇인가 하는 문제의 정의나 마찬가지이고, 공과 사의 균형이란 무엇인가 하는 문제의 정의이고, 당신에게 세상 속에서 머물 장소가 있다는 사실을 확인시켜주는 사실이다. 혹은, 당신에게 장소도 있고 세상도 있다고 말해도 좋을 것이다.

레이건 개혁 이후, 수백만명의 미국인은 이런 기본적인 복지조차 누릴 수 없게 되었다. 집 없는 사람들과 감옥에 갇힌 사람들 말이다. 전자는 거처이자 가정이자 안정을 뜻하는 안으로 들어갈 수 없는 상태로 밖에서 살고, 후자는 자유를 뜻하는 밖으로 나갈 수 없는 상태로 안에서 산다. 둘 다 만성적으로 프라이버시와 주체성 부족에 시달린다.

그들의 수는 막대하다. 미국에는 죄수가 220만명 있고, 어느 시점에든 집 없는 사람이 50만명에서 150만명가량 있다. 이들은 버려도 좋은 사람들로 여겨진다. 감옥과 거리는 이들이 버려지는 장소다. 감옥과 거리. 두 장소는 긴밀하게 연결되어 있으며, 서로가 서로를 유지하며 악순환한다. 죄수들은 일과 주거의 세상에 다시 편입하는 데 필요한 자원을 갖지 못한 채 출소하고, 그래서 가끔 곧장 거리에 나앉는다. 거리에서 사는 사람들은 일상적인 행위만 해도 범죄자 취급당하기 일쑤이고, 그래서 종종 감옥에 들어간다.

샌프란시스코 지역 법은 노상 방뇨와 노상 배변뿐 아니라 인도에 앉거나 눕는 행위, 공원에서 자는 행위도 금지한다. 우리가 누구나 자기 집 안에서 하는 행동, 생물이기에 누구나 할 수밖에 없는 행동을 금하는 것이다. 집이 없는 사람들 중에는 우리 눈에 안 보이는 사람도 많다. 그들은 차에서 살거나, 일터에서 밤을 지새우거나, 야간 버스를 타거나, 친구 집 소파를 전전하면서 지내지만 겉으로는 남들과 달라 보이지 않는다. 가장 황폐해지고 주변화된 사람들일수록 우리 눈에 가장 잘 띈다. 그들이 아무리 모습을 감추려고 애써도. 나는 매일 집 없는 사람들이 머무는 곳 앞을 지나다니는데, 그때마다 그들이 세상에서 사라지려고 얼마나 애쓰는지 보게 된다. 그들은 대형 매장 뒤편이나 공장 부지 근처에 자리를 잡는다. 그러면 공연히 집 있는 사람들의 눈에 띄어서 자신들을 쫓아내달라는 민원을 넣도록 만들 일이 적기 때문이다.

젊은 사람들은 1980년대 이전에는 노숙인이 적었다는 사실을 잘 모른다(나이 든 사람들도 기억하지 못할 때가 많다). 이 문제가 어쩔 수 없는 문제는 아니라는 사실을, 여느 사회문제가 그렇듯이 이 문제도 그나마 완충 장치가 있었던 40년 전 자본주의로 돌아가는 것보다 조금만 더 나은 해법을 적용한다면 대체로 충분히 해결할 수 있는 문제라는 사실을 모른다. 40년 전만 해도 실질임금이 지금보다 높았고, 납세의 의무는 지금보다 공평하게 배분되었고, 지금보다 훨씬 더 강력한 안전망이 추락하는 사람들을 더 많이 받아주었다. 노숙인 문제는 연방, 주, 지방 정부의 정책에 의해 탄생했다. 그중에서도 정신 건강 관리 사업에 투입되던 예산이 깎인 것이 유일한 문제처럼 거론되곤 하지만, 단지 그 정책 하나 때문만은 아니었다. 정신이 완벽하게 건강한 사람들도 매일 집을 잃고 있지 않은가. 물론 집을 잃음으로써 겪게 되는 시련이 제정신을 훼손할 수는 있을 것이다. 그런 상황이라면 당신도 나도 다 그렇지 않을까.

반反징세 정서가 강한 오늘날, 많은 도시가 노숙인들에게 세금을 물림으로써 수입을 늘리려고 한다. 그래서 경찰은 사실상의 수금원으로 전락했다. 구걸을 했다고, 공공장소에서 배회했다고, 야외에서 잤다고 해서 벌금이나 지불명령을 받은 뒤 노숙인이 돈을 치르지 못하면 — 이것은 애초에 많은 사람이 구걸을 하고, 공공장소를 배회하고, 야외에서 잘 수밖에 없는 현실이라는 뜻이다 — 언제든지 당장 법정에 끌려갈 수 있다. 애스트라 테일러Astra Taylor는 이렇게 지적했다. "시 예산이 경범죄 벌금에 지나치게 의존하고 있는 것은 대체로 백인인 부유한 시민들이 지난 수십년 동안 '세금 반란'을 벌여서 자신들에게 더 낮은 세율과 특별 대우가 적용되도록 로비했기 때문이다." '흑인의 목숨은 중요하다' 운동은 일면 이런 가난의 범죄화에 맞선 항거였고, 특히 경찰이 아프리카계 미국인의 경범죄를 박해하는 데 대한 항거였다.

이 상황은 이제 실리콘밸리의 일부로 병합되어버린 샌프란시스코에서 특히 심각하다. 이곳 테크 기업들이 만들어낸 거대하고 폐쇄적인 부가 경제 불평등을 훨씬 더 두드러지게 만들기 때문이다. 여기 샌프란시스코에는 마크 저커버그Mark Zuckerberg가 산다. 전세계에서 다섯번째로 부자인 그는 역사적으로 라틴계와 노동자 계층의 동네였던 미션 지구의 서쪽 가장자리에 있는 집에서 산다. 미션 지구의 북쪽 가장자리에는 디비전 거리도 있는데, 2016년 초 그 거리에 250명이 넘는 집 없는 사람들이 텐트를 쳤다. 우기를 맞아 비를 피하기 위해서, 또 슈퍼볼 기간에 놀러올 사람들을 위해 도시를 단장하겠다며 노숙인을 싹 쓸어버리기로 한 시장으로부터 피신하기 위해서였다.

물론, 노숙 생활은 그 자체가 중노동이다. 나는 샌프란시스코의 가난한 사람들을 36년 넘게 보아오면서, 그들이 수렵채집인 같다는 생각을 자주 했다. 살아남기 위해서 자원을 채집하고, 공격을 피하고, 한군데에 머물지 않고, 경계하고, 어쩌면 복지 시설이나 무료 급식소를 순회하고, 변변찮은 소지품이나마 보호하려고 애쓰고, 갖고 있던 의약품이나 전화기나 서류를 다른 시민에게 도난당하거나 경찰에게 압수당하면 맨손으로 다시 시작한다. 그들에게 도시는 야생이다. 요즘 노숙인들이 여가용으로 나온 텐트에서 산다는 사실은 이 상황을 더욱 아이러니하게 만든다. 사진가 로버트 검퍼트Robert Gumpert에 따르면, 어떤 노숙인들은 잠시라도 텐트를 비웠다가는 소지품을 잃어버릴까봐 두려워서 쉽게 나가지 못한다. 어떤 노숙인들은 잠을 거의 못 잔다. 안전하게 쉴 곳이 없기 때문이다.

우리는 집 없는 사람들을 문제를 지닌 사람들이 아니라 다른 사람들에게 문제가 되는 존재로 볼 때가 너무 많다. 그러니 우리가 노숙인 문제를 논할 때 흔히 쓰는 단어가

쓰레기, 때, 오염에 대해 쓰는 말인 '제거'removal라는 사실
도 그다지 놀랍지 않다. "만약 당신이 바라는 것이 달갑지
않은 사람들이 공원 화장실을 쓰는 일을 막는 것이라면,
이동식 화장실을 늘리는 것도 꽤 괜찮은 방법일 겁니다."
브랜던이라는 이름의 미션 주민은 온라인의 미션 주민 게
시판에 올린 댓글에서 이렇게 말했다. "그러나 만약 당신
이 바라는 것이 더럽고 보기 싫은 사람들을 영원히 눈앞에
서 없애는 것이라면, 그들의 존재 자체를 금하는 법이 필
요할 테고 무력을 써서라도 그 법을 집행할 권한을 부여받
은 경찰을 상시 배치해야 할 겁니다."

〔2016〕

CALL THEM BY THEIR
TRUE NAMES

새장 속의 새

사형수 자비스 매스터스를 만나다

샌프란시스코만으로 노 저어 나갈 때마다 거의 매번 하는 생각이 두가지 있다. 하나는 샹커 베단텀Shankar Vedantam의 『히든 브레인』*The Hidden Brain* 중 한 대목으로, 그가 언젠가 수영했던 이야기를 들려주는 대목이다. 수영 실력이 썩 괜찮다고 자평하는 베단텀은 어느날 바다로 헤엄쳐 나갔다가 그동안 자신이 더 나아지고 강해졌다는 느낌을 받았다. 그는 당장 새로운 능력이 자랑스러웠다. 해변에서 멀어지고서야 그는 그동안 자신이 해류를 타고 헤엄치고 있었고 이제 저 먼 해변까지 돌아가려면 해류를 거슬러서 헤엄쳐야만 한다는 사실을 깨달았다. "무의식적 편향은 정확히 그 잠류 같은 방식으로 우리 삶에 영향을 미친다." 베단텀은 이렇게 적었다. "흐름을 타고 이동하는 사람은 늘 자신이 수영을 잘한다고 느낄 테고, 흐름을 거슬러서 헤엄치는 사람은 자기 실력이 자기 생각보다 더 낮다는 사실을 영영 깨닫지 못할 수도 있다."

내가 아침에 노 저어 나갈 때는 보통 물살을 거슬러야 한다. 그러다가 방향을 돌리는 순간은 정말 신난다. 비효율적이고 뚝뚝 끊어지는 듯하던 노 젓기 동작이 갑자기 우아하고 강력해진다. 내가 이 일을 아주 잘한다는 느낌이 든다. 흐름이 나를 돕는 중이라는 사실을 아는데도.

노 젓기는 내가 할 수 있는 일 중에서 날기와 가장 가까운 일일 것이다. 고요하고 잔잔한 날에는 낡고 헌 내 노들이 쌍둥이 원을 그리면서 물결을 일으키고, 물결들은 밖으로 퍼져나가서 선미 너머에서 겹친다. 나는 그 부드러운 교란으로부터 물러나면서 멀어지고, 내가 지나가면 물은 다시 유리처럼 매끄러워진다. 아주 고요한 날, 바다가 거울인 날, 노들은 수면에 반사된 구름을 가르면서 나와 내 스컬 보트를 시원스레 미끄러뜨린다. 아무런 구속 없는 그 공간에서 길이 2.7미터의 두 노는 날개처럼 함께 움직인다.

새들도 큰 즐거움이다. 제비갈매기와 펠리컨과 갈매기가, 검둥오리와 장다리물떼새와 가마우지가, 잠수하거나 날거나 물에 떠 있으면서, 하늘에서도 살고 바다에서도 살고 둘 사이의 차원에서도 산다. 새들의 자유로움이 노 젓기의 자유로움을 더 크게 만들어준다. 나는 샌프란시스코만으로 흘러드는 코르테마데라강 어귀에서 출발한다. 그랬다가 돌아오는 길에 샌퀜틴곶을 지나치고, 샌퀜틴 교도소를 지나친다.

교도소를 지나치며 노를 저을 때, 나는 물살의 흐름을 생각하고 자비스 제이 매스터스Jarvis Jay Masters를 생각한다. 그가 내 마음속에 머문 지도 벌써 꽤 되었다. 우리는 정확히 여덟달 차이로 태어났고, 둘 다 캘리포니아 해안 지역의 아이들이다. 우리는 둘 다 이야기꾼이다. 그러나 그는 열아홉살부터 100년의 3분의 1이 넘는 시간을 샌퀜틴 교도소에 갇혀 살았고, 평생 흐름을 거스르면서 헤엄쳤다. 지난 25년 동안 그는 사형 대기 명단에 올라 있다. 증거가 그의 결백을 보여주는데도.

매스터스의 이야기는 스물세살이 될 때까지는 도시의 여느 가난한 남자아이의 이야기와 크게 다르지 않았다. 아버지는 애초에 부재했고, 어머니는 헤로인의 수렁에 빠졌다. 어린 그는 방치되었고, 이후 가정 위탁 제도의 좋은 면과 나쁜 면을 두루 겪었으며, 그러다가 소년원으로 직행했다. 그리고 열아홉살에 무장 강도 죄로 샌퀜틴에 수용되었다. 4년 뒤인 1985년 6월 8일, 샌퀜틴 교도관이자 다섯 아이의 아버지인 하월 버치필드Howell Burchfield가 살해되었다. 교도소 내 흑인 갱단의 두 멤버가 범행을 계획하고 실행한 죄로 유죄를 선고받았다. 그들은 종신형을 받았다. 매스터스는 살해 모의에 가담한 죄와 버치필드의 심장을 찌른 무기를 날카롭게 간 죄로 기소되었다. 매스터스는 사형을 선고받았다.

책이나 영화에서는, 기지 넘치는 변호사나 조사관이 사
소하지만 이상한 문제를 하나 혹은 둘 발견해서 그밖에는
그럴듯한 사건을 무너뜨린다. 그러나 매스터스의 사건에
서는 약한 고리가 한둘이 아니었다. 내가 판단하기로는 사
슬 전체가 썩었다. 주요 증인들은 말을 바꾸었고, 매스터
스에 불리하게 증언했던 죄수들 중 몇명은 진술을 철회했
다. 어떤 죄수들은 매스터스에게 죄를 덮어씌우는 증언을
하면 보상하겠다는 제안을 받았다고 증언했다. 한 핵심 증
인은 몹시 믿을 만하지 못하고 정보원으로 누차 이용되었
던 사람이라, 그가 관여했다는 이유만으로 수십건의 사건
을 주가 포기해야 했던 지경이었다. 그런 그도 매스터스에
대한 증언을 철회했다. 직접 칼을 찔러서 유죄를 선고받은
남자는 2004년에 매스터스는 죄가 없었다고 말했고, 법정
에 선 세 남자는 "〔갱단〕 두목들의 명령을 받고 목숨이 위
협당하는 입장이었기 때문에 누구도 〔갱단에게〕 싫다는
소리를 할 수 없었다"고 말했다. 매스터스는 사형 선고를
두차례 받은 것이고, 첫번째가 두번째를 불러왔던 셈이다.

내가 매스터스를 처음 안 것은 그의 재판에서 피고측
조사관으로 일했던 멜로디 에머차일드 체이비스Melody
Ermachild Chavis가 1997년에 쓴 책 『거리의 제단들』Altars in the
Street을 읽고서였다. 체이비스는 재판 후 30년 동안 매스터

스와 친분을 유지해왔다. 체이비스와 나도 나중에 친구가 되었다. 그녀는 내게 말했다. "오래전 그때, 1985년에서 1990년까진 분명 다른 용의자들과 다른 가설들이 많았어요. 그들이 저지른 큰 실수는 범죄 현장을 망가뜨린 거였죠. 그냥 다 봉지에 처넣어서 마린 카운티 쓰레기장에 버렸거든요."

체이비스는 내게 사건 전 죄수들이 주고받았던 쪽지 수백 장을 죄수들과 교도관들이 없앴다고 알려주었다. 그뿐 아니라 교도소 내에서 제작된 많은 칼들도 폐기되었는데, 죄수들이 곧 수색당할 것을 예상하고서 감방 밖으로 죄다 내던진 것들이었다고 한다. 매스터스의 산더미 같은 사법 문서 중 한 기록에 따르면, 교도관들은 실제 범행 도구일 가능성이 있는 무기를 두개 수거해 증거로 봉투에 넣어두었다고 말했다. 그러나 둘 다 재판 전에 사라졌다.

매스터스는 살해 당시 갱단 소속이었다. 그러나 갱단 두목들의 말을 들어보면 그가 무기의 날을 세운 사람일 수 없었던 이유를 여러가지 알 수 있다. 하나는 그가 버치필드 살해에 반대표를 던졌다는 점이다. 그는 그 불복종 행위로 임무를 맡을 자격을 박탈당한 상황이었다. 또다른 이유는 위치였다. 매스터스는 독방동 4층에 있었고, 살인은 2층에서 벌어졌다. 무기를 그렇게 아래위로 옮기는 것은 어렵고 위험한 일이었을 것이고, 무기가 2층을 벗어나지 않았다고 증언한 사람도 한명 있었다. 게다가 애초에 자신이 무기를 만들었다고 자백한 다른 사람이 있었다.

매스터스의 변호사가 항소 변론 취지서를 제출한 것은 2001년이었고, 이후 그의 사건은 천천히 진행되었다. 캘리포니아주 대법원은 2015년 11월에야 구두 변론을 들었다. 캘리포니아의 항소 절차가 워낙 느릿느릿하다는 점을 감안하더라도 유달리 오래 걸린 편이다.

캘리포니아 인구 중 흑인은 6.5퍼센트에 불과하지만, 주의 수감자 중 29퍼센트와 사형수 중 36퍼센트가 아프리카계 미국인이다. 흑인은 비슷한 범죄를 저지른 다른 인종의 기결수보다 사형을 선고받을 가능성이 더 높고, 공격자가 어느 인종이든 피해자가 백인인 경우에는 피해자가 다른 인종인 경우보다 사형을 선고받을 가능성이 훨씬 더 높다. 세상에는 물살을 타고 헤엄치는 사람이 있고, 물살을 거슬러서 헤엄치는 사람이 있고, 소방 호스에서 뿜어져나오는 물살을 맞는 사람도 있다.

내가 매스터스를 처음 본 것은 2011년 증거 청문회 기간이었다. 수갑을 차고 오렌지색 점프수트를 입은 크고 우아한 남자가 작은 법정에 서 있었다. 십여명의 친구들과 지지자들이 참석했다. 대부분 불교 공동체의 사람들이었다. 매스터스는 유죄 선고 후 불교에 귀의하여 독실한 신자가 되었다. 그는 내게 명상을 매일 한다고 말했고, 죄수들과 교도관들과 함께하는 일상에서 자비의 가르침을 실천하려고 노력한다고 말했다. 1989년에 그는 티벳의 망명 승려이자 뛰어난 스승이었던 2002년에 작고한 고 차그두드 툴쿠 린포체Chagdud Tulku Rinpoche로부터 서원 의식을 받았다. (매스터스의 첫번째 맹세는 "오늘 이 순간부터 나는 내 목숨을 내놓아야 하는 한이 있더라도 남에게 상처를 입히거나 해치지 않겠습니다"였다.) 이후 매스터스는 교도소 내에서 폭력과 자살을 막았고, 비탄에 빠진 사람들을 위로했고, 동료 수감자들의 성장을 격려했고, 교도관 살해에 가담했다는 죄를 쓰고 있음에도 교도관들에게 호감과 신뢰를 받는 듯하다. 작가이자 비구니이며 서양에서는 아마 달라이 라마 다음으로 유명한 불교도일 듯한 페마 초드론Pema Chödrön은 매스터스를 매년 방문하고 그에게 존경을 표한다.

우리가 처음 통화하기 시작한 2015년 말, 매스터스는 내게 죄수들은 바깥 세상과의 연결을 갈구한다고 말했다. 그 자신은 불교 덕분에 윤리적이고 이상주의적이면서도 괴로움과 분노에 대처하는 현실적 방법을 아는 사람들의 공동체와 연결될 수 있었다. 불교는 그를 바깥으로 데려갔고, 내면으로 데려갔다. "명상은 이제 내게 없어서는 안 될 일이다. 더 명료하게 보고 들을 수 있고, 더 느긋하고 차분해지고, 내가 겪는 일들이 실제로 더 느리게 흘러가는 것처럼 느껴진다." 그는 1997년에 이렇게 썼다. "모든 것이 끊임없이 변하고 뒤섞인다는 사실을 관찰하면, 하루하루를 더 깊이 음미할 수 있다. 나는 세상의 모든 것이 끝없이 오고 가는 하나의 과정 속에 있음을 깨닫게 되었다. 이제 나는 행복도 노여움도 그다지 오래 품지 않는다. 그것들도 그저 왔다가 갈 뿐이다."

그는 또 글쓰기로 바깥 세상과 이어졌다. 지금까지 그는 책을 두권 냈고 여러 잡지에 에세이를 기고했다. 내게 말하길, 자신의 글들은 "스스로의 날개로 밖으로 날아가고, 그중 일부는 다시 날아서 내게 돌아오기도 한다"고 했다. 그가 비행을 세상으로 손 뻗는 행위의 은유로 쓴 것은 이번이 처음이 아니었다. 그의 회고록 제목은 어느날 다른 죄수가 농구공으로 갈매기를 교도소 마당에 내리치는 모습을 보고 그가 저지했던 일에서 따왔다. 상대가 왜냐고 묻자, 그는 즉석에서 떠오른 말로 대답했다. "저 새는 내 날개를 가졌어." 그가 자신의 과거를 흡인력 있고 감동적으로 풀어낸 책의 제목은 '저 새는 내 날개를 가졌다'That bird has my wings가 되었다.

"여기 들어오기가 얼마나 힘들었는지 몰라요." 나는 매스터스에게 말했다. 교도소의 절차를 밟아 면회를 성사시키기가 쉽지 않았다는 뜻이었다. "나는 쉽던데요." 그는 대꾸했고, 우리는 웃음을 터뜨렸다. 나는 그에게 처음 편지를 쓴 때로부터 두달 가까이 관료적 절차와 씨름한 끝에야 그를 방문할 수 있었다. 1월의 추운 일요일, 마침내 나는 허락된 색깔의 옷을 입고 소지가 허락된 몇가지 물건만 들고 방문객 출입구 앞에 섰다. 물건이란 열쇠 하나, 주에서 발급받은 신분증, 자판기에 쓸 동전과 지폐 약간, 그에게 사실 확인을 받고 싶은 질문들과 문구를 정확히 확인하고 싶은 인용문들을 적은 종이 몇장이었다. 그것들을 모두 투명 지퍼락에 담아 봉해야 했다. 주로 유색인종 여성들이 앉아 있는 대기실에서 삼십분 기다린 뒤 신분증을 보여주고, 교도소 전산망에 있는 내 정보와 일치하는지 확인받은 후, 엑스선 투시기를 통과했다. 건너편으로 나섰더니 사악한 건축 양식들이 뒤섞인 조잡한 건물이 눈앞에 있었다. 나는 갑자기 혼자가 되었다. 200미터쯤 떨어진 면회실까지 알아서 찾아가야 했다.

통과해야 하는 문이 몇개 더 있었다. 경비 부스 속 젊은 여성이 문들을 조작하여 나를 들여보낸 뒤 내 면허증과 허가증을 가져갔다. 내가 들어선 방은 자판기를 제외하고는 모든 것이 버터처럼 흐린 노란색으로 칠해져 있었다. 죄수와 면회자를 함께 가두는 우리 같은 공간이 열다섯개 있었는데, U 모양으로 되어 있어서 (죄수가 들어오는) 안쪽 공간에도 경비원이 있었고 (면회자가 들어가는) 바깥 공간에도 경비원이 있었다. 각 공간의 면적은 가로세로가 약 1.2미터에 2미터로, 죄수들이 사는 독방보다 아주 조금 작은 정도였다. 안에는 플라스틱 의자 두개와 작은 탁자 하나가 있었다.

쇠사슬에 묶인 열쇠들이 주렁주렁 매달린 묵직한 벨트를 찬 경비원이 나를 죄수들이 드나드는 문에서 제일 가까운 공간에 집어넣고 밖에서 잠갔다. 매스터스는 등 뒤로 수갑을 찬 채 들어왔다. 그러고는 경비원이 수갑을 풀어줄 수 있도록 벽에 뚫린 구멍으로 손을 내밀었는데, 두 사람 다 그 행동을 얼마나 자주 해왔는지 참으로 일상적인 몸짓처럼 보였다. 이렇게 해서 드디어 나와 매스터스가 얼굴을 맞댄 첫 만남이 시작되었다. 잠시 후 머리가 희끗하고 다부진 웬 백인 남자가 면회실로 가려고 우리를 지나쳤고, 그와 매스터스는 서로에게 뭐라뭐라 외쳐댔다. 적대감의 표시인지 우정의 표시인지 좀 헷갈렸다. 매스터스는 후자라고 말해주었다. 두 남자는 위탁 가정에서 함께 자랄 때부터 알던 사이라고 했다. 꼭 그들이 꼬마였을 때부터 사형대에 오르도록 길러졌다는 말처럼 들렸다.

감방으로 돌아가던 또다른 죄수도 발길을 멈추고, 매스터스에게 자기 딸이 대학교 방학을 맞아 곧 면회하러 온다는 소식을 들려주었다. 둘의 대화가 끝나고 남자가 교도관과 함께 떠나자, 매스터스는 내게 다른 죄수들이 자신을 비밀을 털어놓아도 좋은 상담 상대처럼 여긴다고 말해주었다. 그의 글과 행동거지 덕분에 죄수들이 여간해서는 남과 공유하지 않으려 하는 개인정보까지 믿고 말하는 상대가 된 것이었다. 그는 자신이 젊은 수감자들과 교도관 중 일부가 태어나기도 전부터 감옥에서 살았다는 사실을 내게 상기시켜주었다.

"나는 아주 축복받은 사람이었습니다. 얼마나 많은 일이 잘못될 수 있었는지, 내가 그런 일들에 영향을 받을 수 있었는지 생각해보면 그런 느낌이 들어요." 그는 말했다. "그런데 내게는 그런 일들이 벌어지지 않았죠. 나는 수많은 비극을 목격했고, 그 일들이 모두 내 일일 수도 있었습니다. 폭력적인 마음을 가진 사람도 많이 보았어요. 내게 그런 종류의 증오심은 없었다는 사실을 축복으로 여깁니다. 나는 지금 사형을 기다리고 있으니까, 고통이란 무엇인가를 맨 앞줄에서 보는 셈이죠. 그래도 나는 망가지지 않았어요. 이곳이 사람들을 망쳐놓는 모습을 무수히 봤지만, 나는 그렇게 되지 않았어요. 어쩌면 나는 미치지 않았다는 점에서 미쳤는지도 모르죠. 매일 내게 주어진 축복을 생각합니다."

처음 노 젓기를 시작했을 때, 나는 그것이 명상에 가까운 활동이 아닐까 기대했다. 물을 헤치고 나아가게 해주는 단 하나의 몸짓에만 집중해야 하는 일이니까. 노 젓기라는 반복적 움직임을 위해서는 온몸을 조율해야 하고, 타이밍이나 위치나 힘의 측면에서 세심하게 신경 써야 할 점이 무수히 많다. 노 젓기를 제대로 배우려면 평생이 걸릴 수도 있겠지만, 한창 배우는 중이라도 물 위를 몇 킬로미터씩 나아갈 수 있다. 그 몸짓은 점차 몸에 익었고, 나는 머릿속으로 딴생각을 할 수 있게 되었다. 그래도 딴생각에 그다지 오래 빠져 있지는 않는다. 그러기에는 너무 아름답다.

불교는 세상 만물의 해방을 말한다. 교도소를 생각할 때, 그리고 우리가 자유로 무엇을 할 것인가를 생각할 때, 불교는 유용한 생각의 도구가 되어준다. 우리는 모두 노를 저으며 서로 지나치는 사람들이다. 이 물살이 어디로 흐르는지, 누가 물살을 타고 있는지, 누가 물살에 잡아당겨지고 있는지, 그리고 누가 물에 나와도 좋다는 허락조차 받지 못하는지를 아는 것은 우리의 의무다.

나는 면회 공간 바깥에 있는 자판기에서 이것저것 구입하여 매스터스에게 주었다. 자판기들은 나는 접근할 수 있지만 그는 접근할 수 없는 곳에 있었다. 그는 내게 뭘 먹으러 갈 생각이냐고 물었고, 나는 나중에 타코라도 먹을까 한다고 대답했다. 그가 말했다. "그게 자유죠." 옳은 말이었다. 내가 내키는 때에 타코를 먹을 자유, 노 젓기라는 최고의 자유를 즐길 자유, 미로 같은 샌퀜틴 교도소로 들어갔다가 몇시간 뒤에 나올 자유, 이야기를 듣고 또 들려줄 자유, 어떤 이야기가 우리를 자유롭게 해주는지를 알아내려고 애쓸 자유.

내가 자비스 매스터스를 염려하고, 생각하고, 그와 대화하고, 그를 방문하게 된 것은 멜로디 에머차일드 체이비스가 쓴 이야기, 현재 그의 정신적 안내자인 선승 앨런 세노크Alan Senauke가 쓴 이야기, 그리고 매스터스 자신이 쓴 이야기 때문이었다. 그런 이야기들 때문에, 나는 그가 스스로의 날개로 새장을 벗어나는 모습을 볼 수 있기를 바라게 되었다. 그렇게 되기 전에도 그는 이미 한가지 방식으로는 자유롭다. 그는 이야기꾼으로서, 과거에 자신에게 주어졌던 서사들을 벗어났고 인생의 의미에 대한 자기만의 서사를 써냈다.

그는 내게 말했다. "결과가 어떻든, 내가 잘 감당할 수 있으면 좋겠습니다. 많은 사람들이 내게 말합니다. '자비스, 당신은 이 소송에서 이길 거예요.' 반대도 마찬가지고요." 그가 질 거라고 말하는 사람들도 많다는 뜻이었다. "나는 둘 다 두렵습니다. 이쪽을 생각해도 두렵고, 저쪽을 생각해도 두려워요. 잠을 설치느냐고요? 물론이죠. 나는 이 시스템에 일말의 믿음을 품고 있습니다. 그래야만 합니다. 그들이 옳은 결정을 내릴 가능성이 없지 않습니다. 나는 이 시스템의 결과에 정말로 믿음을 품고 있습니다. 비록 역사는 그렇게 믿을 이유가 많지 않다는 걸 보여주지만요. 이게 내 결론입니다."

〔2016〕

✦ 코다: 항소 기각되다

매스터스의 변호사들이 항소 변론 취지서를 제출한 것은 2001년이었다. 2016년 2월 22일, 오랜 끝에 캘리포니아주 대법원 판결이 내려졌다. 그의 사형 선고를 유지하고, 제1심이 적법했다고 확인하는 판결이었다. 누구를 믿을 만한 증인으로 여길 것인가, 어떤 증거를 인정하거나 인정하지 않을 것인가 하는 점에서 임의적이고 편향적인 듯한 결정들이 포함되었던 그 재판을.

항소는 제1심 내용 자체에 대한 이의만을 받아준다. 매스터스가 사형수로 좁은 새장에서 인생의 15년을 보낸 지금에 와서 항소에 실패했으니, 그의 변호사들은 다음 단계로 재심리를 청구했고 인신보호구제 청원도 할 생각이다. 재심리를 청구하면 많은 증인들이 증언을 철회했다는 사실을 포함하여 새로운 정보를 이야기할 수 있고, 전반적으로 더 강한 주장을 펼칠 수 있다. 그래도 매스터스가 언젠가 무죄를 입증받고 자유로워질 것인가는 여전히 예측하기 어렵다.

우리가 아는 사실은 상황이 그에게 불리하다는 것이다.

상황은 평생 그에게 불리했다. 73쪽짜리 대법원 결정문 중 상당 분량은 매스터스가 미성년일 때 저질렀다는 나쁜 짓을 열거하는 데 할애되었다. 법원이 굳이 언급해야겠다고 여긴 한가지 사소한 일화는 다음과 같다. "1974년 매스터스가 열두살이었을 때, 그는 다른 소년의 주머니에서 잔돈을 가져갔다. 그러나 상대가 매스터스에게 가져가지 말라고 호소하자 결국 돌려주었다. 나중에 매스터스는 경찰에게 동전을 한닢 빌린 것뿐이었고 소년이 돌려달라고 하자 돌려주었다고 말했다." 법원은 우스울 만큼 사소한 이 대화가 매스터스의 부도덕성을 보여주는 증거라며 결정문에 포함시켰지만, 오히려 이 일화는 판사들의 의도와는 다른 이야기를 들려준다. 어려서부터 범죄자로 취급되었던 아이, 그때부터 이미 사법 제도에 갇혀 있던 아이의 이야기를. (매스터스는 가정 위탁 아동이었고, 학대하는 가정에서 도망친 뒤 소년원 재소자가 되었다.) 우리도 대부분 어릴 때 시시한 비행을 저질렀지만, 그렇다고 해서 경찰의 심문을 받지는 않았고 그 일이 기록으로 남아서 42년 뒤 우리에게 불리하게 사용되지도 않았다.

매스터스는 교도관 살해에서 맡은 역할에 대해서만 재판을 받고 무죄인지 유죄인지 판정받았어야 했다. 그러나 항소 판결은 당국이 사전에 그를 다른 많은 일들에 대해서도 유죄인 인간으로 그려두었다는 사실을 보여주었다. 이를테면 그가 교도소 내 흑인 갱단의 멤버였으니 그 갱단의 반항적 사상도 그의 사건에 유효하다고 보는 식이었다. 요컨대 매스터스는 본디 범죄자이자 본디 위험한 인물로서 재판을 받은 셈이었다. 여기에 그의 인종이 영향을 미쳤으리라는 생각을 떠올리지 않기란 불가능하다.

내가 법원 결정문에서 받은 전반적 인상은 법원이 그를 저질 재판을 받을 자격밖에 안 되는 저질 인간으로 여겼다는 것이다. 그리고 그가 받은 재판은 실제 저질 재판이었다. 캘리포니아주 대법원 결정문에서 또 하나 주목할 만한 대목은 다음과 같다. "피고측 변호인은 버치필드 교도관 살해의 책임 소재가 적혀 있었다는 교도소 내 쪽지들에 관하여 교도관을 조사하고자 했다. 그 쪽지들은 교도소 조사관들에게 전달되었으나 이후 사라진 듯하다. (⋯) 교도관은 버치필드 교도관 살해의 책임 소재가 적혀 있었던 쪽지를 그 외에도 열장 넘게 더 보았다. 사실심 법원은 교도관이 그 쪽지에 대하여 증언하지 않도록 배제했다." 달리 말해, 상충하는 증거가 사라졌고 매스터스의 무죄를 밝혀 주었을지도 모르는 증언이 배제되었다는 것이다. 캘리포니아주 대법원은 그래도 아무 문제없다고 보았다. 검찰측 핵심 증인의 결정적 증언도 아무 문제없다고 보았다. 같은 갱단이었던 그 증인은 증언을 대가로 면책권을 받았고, 피고측과 대화하거나 만나기를 거부했다. 법원 결정문은 이 사실을 언급한 뒤 무관한 사실로 기각했고, 다른 죄수들이 이 증인을 믿을 수 없는 사람이라고 진술한 증언들도 기각했다. 그 증인은 매스터스가 살해에 가담했다고 증언했지만, 그가 맨 처음 묘사했던 인상착의는 매스터스와는 상당히 달랐다. 오히려 그 인상착의는 자신이 살해 무기를 제작했다고 실제 자백한 다른 갱단 멤버의 모습과 아주 비슷했다. 그러나 매스터스의 변호사들은 이런 결정적 사실들을 재판 때는 듣지 못했다.

매스터스의 선임 변호사인 조 백스터Joe Baxter는 법원 결정문을 "부실한 논리로 부실하게 작성된" "허접스러운 결과물"이라고 평가하며, 사실적 오류와 법률적 오류가 있다고 말했다. '유예된 정의는 부정된 정의다'라는 말은 법률계에서 자주 인용되는 격언이다. 우리는 매스터스의 사건에도 이 말이 적용된다고 볼 수 있을 것이다. 하지만 이 경우에는 애초에 정의의 가능성이 있기라도 했는가 하는 질문도 던져봄 직하다. 한 남자가 허접스러운 증거와 절차를 근거로 사형을 언도받고 35년 동안 암울하게 살아왔다는 사실을 생각할 때, '정의'라는 단어는 자비스 제이 매스터스가 겪은 일을 표현하는 말로는 지나치게 좋은 말이다.

2018년 현재, 조 백스터는 인신보호구제 청원을 준비하는 중이다. 우리는 그 결과를 기다리고 있다.

〔2016, 2018〕

기념비

전쟁

CALL THEM BY THEIR

TRUE NAMES

지난 몇년 동안 나는 뉴올리언스에 머무를 때마다 관능적으로 푸르른 시티 공원 바로 앞에 선 기마상을 지나쳐 달렸다. 동상은 에스플러너드가와 위즈너가가 만나는 주요 교차점에 자리 잡고 있지만 그 자체는 별로 특별한 점이 없고 그냥 근육질 말과 남성 기수가 묘사된 평범한 동상이었다. 그 동상은 1861년 4월 섬터 요새를 공격하여 미국 남북전쟁을 촉발했던 피에르 구스타브 투탕 보러가드 Pierre Gustave Toutant Beauregard 장군을 기리는 동상이었다. 말의 치켜든 앞발 밑에 붙은 명판에는 보러가드가 남부연합군에서 복무했던 4년을 기념하는 말이 적혀 있다. 명판은 그가 그전에 미합중국 군대에서 수십년을 복무했다는 사실에 대해서는 함구한다. 거기에서 남쪽으로 몇 킬로미터 떨어진 리 로터리 중심에는 보러가드의 남부연합군 사령관이자 역시 노예주였던 로버트 E. 리Robert E. Lee가 높이

18미터의 대리석 기둥 위에 우뚝 서 있다. 팔짱을 끼고 옆구리에 칼을 찬 모습이다. 리는 워낙 높이 있어서 똑똑히 보이지도 않는데, 왜 그가 거기 있는지 의아하게 여길지도 모르는 사람들의 손에 닿지 않도록 일부러 그렇게 높이 올려둔 것 같다.

뉴올리언스에서는 옛 남부연합을 기리는 기념비를 심심찮게 찾아볼 수 있었다. 미시시피강가에는 1874년 리버티 플레이스 전투를 기리는 흰색 오벨리스크가 서 있었다. 그 전투는 '크레슨트 시티 백인연맹'이라는 인종차별주의 준군사 조직이 재건시대 루이지애나 정부를 전복시키려고 한 유혈 사태였다. 흑인 구성원도 있고 백인 구성원도 있었던 행정부를 방어하는 일에는 뉴올리언스 경찰뿐 아니라 흑인 민병대도 나섰다. 접전 중 백인연맹 전투원들은 전차를 바리케이드로 쓰는가 하면 목화 뭉치 뒤에 숨기도 했다. 수십명이 죽었고, 경찰도 열한명 죽었다. 반란은 진압되었다. 그러나 재건정책을 중단시키겠다는 백인연맹의 목표는 2년 뒤 현실로 이루어졌다. 1876년 대통령 선거 결과에 따라 이전 10년 동안 진행되어온 개혁이 역행했고 흑인 선거인들에게 주어졌던 투표권이 도로 몰수되었기 때문이다. 1932년, 이 기념비에는 '보따리 정부'carpetbag government를 전복한 것을 칭송하는 말이 더해졌다('카펫배거'carpetbagger란 재건시대에 남부의 혼란을 틈타 이득을 보려고 카펫으로 만들어진 싸구려 가방만 하나 달랑 들고 넘어온 북부인을 가리키는 경멸적 용어다—옮긴이). 비문에는 전국 선거가 '백인의 우월성을 인정했고, 우리에게 우리의 주를 돌려주었다'고 적혀 있었다.

이때 '우리'는 물론 백인들이다. 역사책들은 북부가 전쟁에서 이겼다고 말하지만, 남부에서는 그 증거를 찾아보기 힘들다. 정말로 북부가 전쟁에서 이겼다면, 패장을 기리는 동상이나 거리명은 지금 없었을 것이다. 정말로 북부가 전쟁에서 이겼다면, 지금 우리의 기념비들은 노예들이 겪었던 고통과 그들의 자유를 향한 투쟁을 기억하는 내용이었어야 할 것이다. 정말로 북부가 전쟁에서 이겼다면, 남부연합 깃발은 부끄러운 신념과 군사적 패배의 상징이되어 지금은 박물관에서나 볼 수 있었을 것이다. 정말로 북부가 전쟁에서 이겼다면, 전쟁은 끝났을 것이다. 적어도나는 그렇게 생각했다. 내가 그 깃발과 그런 기념비를 도시 경관의 일상적 요소로 마주치는 일에 익숙하지 않은 어른으로서 처음 남부에 왔을 때.

내가 사는 서부에도 우리만의 끝나지 않은 전쟁이 있다. 아메리카 원주민들과의 전쟁이다. 2016년에 원주민 부족들이 이끈 다코타 액세스 송유관 반대 시위에 참가했을 때, 나는 그 전쟁이 결코 끝나지 않았다는 사실을 새삼 느꼈다. 시위는 노스다코타주 비즈마크의 주 의사당 앞 널따란 잔디밭에서 열렸는데, 그곳에는 개척자들을 기리는 기념비가 서 있었다. 회색의 금속 주조 동상이 묘사하는 것은 어느 일가족이다. 남자 가장은 셔츠 단추를 끄른 채 당장이라도 행동을 취할 듯한 태세로 서 있고, 여자 가장은 아기를 안은 채 남편에게 기대고 있고, 그들의 건장한 아들도 곁에 서 있다. 이 기념비는 가족을 소재로 삼기는 했어도 엄연한 군사 기념비다. 서부 곳곳에 있는 이런 동상은 이 땅의 침입자를 영웅으로 기린다. 더 중요하게는 그들이 곧 우리라고, 따라서 원주민들은 적이라고 규정한다.

비즈마크에 모인 군중 속의 젊은 원주민 주민 백여명이 이처럼 자신을 적으로 규정한 상징을 대면해야 한다는 사실은 어떤 면에서 중무장하고 도열해 있던 경찰들보다 더 무섭게 느껴졌다. 한세기 반 전에 미국 정부가 라코타족과 다코타족을 상대로 군사행동을 벌였던 일을 떠올리지 않으려야 않을 수 없었다. 그 결과 부족들의 땅 가운데 일부가—결국에는 거의 대부분이—백인들의 정착지가 되었고, 물론 착취 대상도 되었다. 군사행동의 한가지 목표는 광물 자원 확보였다. 원주민들을 상대로 한 전쟁은 예나 지금이나 자원 전쟁일 때가 많다. 노스다코타주는 루이지애나주나 캐나다의 앨버타주처럼 석유 기업의 볼모가 되었고, 원주민들에게 새롭게 전쟁을 선포한 듯하다. 주정부는 평화와 기도를 전술로 채택한 사람들을 폭력적 공격자처럼 취급한다. 내가 스탠딩록 원주민 보호구역을 찾았을 때, 여러개의 바리케이드가 활동가들이 머무는 야영지로 들어가려는 사람들을 멈춰 세웠다. 보안 경찰들은 내게 사람들의 안전을 위해 돌려보낼 뿐이라고 말했지만, 그것은 사람들에게 두려움을 심고 평화적인 저항자들을 테러리스트나 범죄자로 그리려는 시도 같았다.

서부에는 원주민을 죽이고 그 재산을 빼앗는 남자들의 모습을 그린 동상이 더러 있다. 하지만 대부분의 기념비는 최초의 침략과 갈등보다는 그 뒤에 이어진 일, 즉 백인의 정착을 묘사한다. 샌프란시스코의 골든게이트 공원에는 자녀를 거느린 개척자 어머니 동상이 산책로를 굽어보고 서 있다. 시청 근처에는 그보다 더 큰 기념비가 있는데, 높은 탑에 곁들여진 여러 무리의 청동 인물상 가운데는 한 스페인 사제와 카우보이가 발치에 움츠린 원주민 남자를 내려다보며 서 있는 모습도 있다. 두 사람이 원주민 남자를 '문명화하는' 모습을 의도한 것이었겠으나, 그보다는 꼭 용의자를 겁박하는 경찰들처럼 보인다.

도시는 우리가 거리를 방랑하면서 읽는 책이다. 그 텍스트는 역사의 한 버전을 선호하는 대신 다른 버전을 억압하고, 우리의 정체성을 확장시키거나 축소시키고, 당신이 누구이고 어떤 사람이냐에 따라 당신을 중요한 사람처럼 느끼게도 만들고 버려도 되는 사람처럼 느끼게도 만든다. 뉴올리언스에서 사는 작가 겸 변호사 모리스 카를로스 러핀 Maurice Carlos Ruffin에게 그 도시의 남부연합 기념비들에 관해 이야기 나누려고 전화했을 때, 그는 말했다. "그 동상들은, 외견상으로는 아름다운 것이 많지만, 당신이 백인이라면 인간이고 백인이 아니라면 인간이 아니라는 메시지를 보냅니다." 러핀은 인간이 아니다.

우리는 누구를 기억하고, 어떻게 기억하는가? 누가 그 문제를 결정하는가? 이런 질문은 정치적 질문이다. 조지 오웰은 『1984』에서 "과거를 통제하는 자가 미래를 통제한다"고 말했다. 미래를 자신이 원하는 모습으로 빚어내려고 애쓰는 미국인들은 이 사실을 잘 알고, 나아가 오웰의 충고 뒤에 이어지는 부분도 잘 안다. "현재를 통제하는 자가 과거를 통제한다." 우리는 과거의 우리가 아니다. 여기서 '우리'란 비백인 인구가 수적으로나, 가시성 면에서나, 세력 면에서나 늘어왔지만 여전히 수많은 방식으로 주변화되는 나라의 국민들을 뜻한다. 이 나라에는 인종차별이 워낙 깊이 박혀 있어서, 노예주였던 사람들을 기념하기를 그만두려면 많은 도시와 카운티, 그리고 워싱턴주의 이름을 바꿔야 한다. 이 나라에는 성차별이 워낙 공고히 박혀 있어서, 여성 위인들은 거리나 광장의 이름에서 거의 찾아볼 수 없다. 우리는 폭력의 유산을 간직한 경관을 어떻게 해야 할까? 이미 세워진 것을 끌어내려야 할까? 새 건물과 기념비를 세워서 수를 맞춰야 할까? 이미 존재하는 것의 맥락이나 의미를 전용해서 바꿔야 할까?

25년 전, 앨라배마주 버밍햄시는 민권 운동을 기념하는 조각상을 여러개 세웠다. 개중 가장 놀라운 것은 제임스 드레이크James Drake가 만든 조각상으로, 시내 공원의 오솔길을 끼고 양옆에 설치되어 있다. 청동과 철로 된 개들이 한쪽의 높은 벽에서 튀어나오고 맞은편에서는 땅에서 뛰어오르고 있다. 그 틈을 지나가는 행인을 누구라도 찢어발길 것처럼 으르렁거리며 덤벼드는 듯하다. 이 조각상은 우리가 한때 이곳에서 사람들이 겪었던 폭력을 이해하기 위해서는 그 폭력의 그림자나마 직접 체험해보아야 한다고 말하는 듯하다. 제도화한 야만성이 자행되었던 현장에서 그 일을 공식적으로 기억하는 기념비라니, 보기 드문 일이다.

역사는 물리학과는 달라서, 모든 작용에 대해 똑같은 크기의 반작용이 나타나지는 않는다. 그러나 가끔 역사는 희한한 방식으로 전진한다. 2015년 6월, 사우스캐롤라이나주 찰스턴의 이매뉴얼 아프리칸 감리교회 내에서 흑인 아홉명이 살해당했다. 찰스턴은 남부연합 깃발이 자주 내걸리는 도시다. 범인은 인종전쟁의 서막을 알리는 개시 사격이 되기를 바라며 유혈 사태를 일으켰으나, 이는 정반대의 상징적 효과를 냈다. 사람들이 그 깃발과 인종차별적 폭력의 연관관계를 정면으로 바라보지 않을 수 없도록 만들었던 것이다.

남부연합 깃발에 대한 일반적인 변론은 그것이 역사의 상징물이라는 것이지만, 사실 그 깃발이 사우스캐롤라이나에 내걸린 역사는 19세기까지 거슬러올라가지 않는다. 그 깃발이 주 의사당에 처음 펄럭인 것은 1961년이었다. 명목상으로는 남북전쟁 100주년을 표시하는 뜻에서 부활시켰다고 했지만, 실제로는 통합 반대의 상징이었다. 찰스턴 학살 후, 활동가 브리 뉴섬Bree Newsome이 의사당 깃대를 타고 올라가서 깃발을 끌어내렸다. 그녀는 체포되었다. 한 달 뒤, 주 의원들이 드디어 그 깃발을 영원히 내릴 것을 명령했다. 짐 크로 법으로부터 멀어지는 과정에서 또 하나의 이정표가 될 만한 사건이었다.

남부 전역에서, 사람들의 역사적 기억은 이제껏 간과되었던 측면을 인정하는 방향으로 변화하고 있다. 최소한 더 확장되고 있다. 2016년 10월, 사우스캐롤라이나주 애비빌시는 앤서니 크로퍼드Anthony Crawford라는 남자를 기리는 기념비를 제막했다. 그가 자신이 기른 작물의 가격을 놓고 한 백인 남성과 입씨름했다는 이유로 사람들에게 구타당하고, 고문당하고, 총에 맞고, 목매달려 죽은 지 100년 만이었다. 앨라배마주 몽고메리시에서는 평등정의기구라는 단체가 그동안 린치로 사망한 4,000여명의 흑인 피해자들을 기리는 기념비를 짓고 있다. 몽고메리에는 로자 파크스 기념관도 있다.

이런 발전에는 매서운 저항이 뒤따르곤 한다. 1989년 뉴올리언스 커낼가 발치의 목 좋은 위치에서 크레슨트 시티 백인연맹을 기리는 오벨리스크가 제거되었을 때, KKK단 대마법사 데이비드 듀크David Duke를 따르는 추종자는 KKK단이 벌였던 많은 행진의 시발점을 알리는 표지물이 도시에 공개적으로 보존되어 있어야 한다고 주장하는 소송을 내어 이겼다. 1993년 오벨리스크는 한 블록 떨어진 곳, 전보다 눈에 덜 띄는 곳에 재설치되었다.

2014년 재즈 음악가 윈턴 마살리스Wynton Marsalis는 당시 뉴올리언스의 백인 시장 미치 랜드루Mitch Landrieu에게 리 장군의 높다란 동상을 한번 보라고 요청하면서 이렇게 말했다. "그것을 내 눈으로 보면 어떤지 알려드리고 싶습니다. 그는 어떤 사람입니까? 그는 무슨 가치를 대변합니까? 뉴올리언스에서도 가장 눈에 잘 띄는 장소인 그곳이 우리의 과거를, 우리가 바라는 미래를, 혹은 우리의 현재를 잘 반영하고 있습니까?"

일년 뒤, 시장은 그 동상뿐 아니라 남부연합의 대의를 기념하는 여러 기념비들을 철거하겠다는 계획을 발표했다. 그러자 공무원들에게 협박이 쏟아졌고, 동상 철거 작업을 하기로 계약했던 위탁업자는 쏟아지는 살해 협박을 못 이겨 계약을 취소했다.

이따금 철거가 지연되는 데 좌절한 주민들이 들고일어나서 전면 충돌로 이어지기도 했다. 2016년 9월, 아프리카계 미국인 활동가 단체 '그것들을 끌어내려라 NOLA'는 프렌치 쿼터 지구의 중심에 있는 앤드루 잭슨Andrew Jackson 동상에 대해 항의하기 시작했다. 잭슨은 원주민들을 상대로 싸웠고, 노예를 소유하고 거래했으며, 1830년 인디언 이주법에 서명함으로써 체로키족, 촉토족, 세미놀족 등 남동부 부족들의 땅을 빼앗았다. 잭슨 광장으로 쏟아져나온 수백명의 시위자들을 기다린 것은 동상 앞에 설치된 바리케이드와 동상을 지키는 경찰들이었다. 활동가들을 방해하기 위한 반대시위도 열렸다. 데이비드 듀크가 몸소 잭슨 광장에 모습을 드러내자 급기야 다툼이 벌어졌고, 소동의 와중에 경찰은 일곱명을 체포했는데, 그중에는 듀크의 손에서 확성기를 빼앗은 백발의 여성도 있었다.

동상은 아직 서 있다. 하지만 듀크의 추종자들은 결과가 불 보듯 뻔하다고 걱정하는 것 같다. 누군가는 듀크의 웹사이트에 이렇게 적었다. "승자독식 세상이다. 그뿐 아니라 승자에게는 패자를 모욕할 능력도 주어진다. 가장 상징적인 방법은 패자의 동상과 기념비를 파괴하는 것이다."

맞는 말이다. 그런데 만약 진정한 패배를 보고 싶다면, 베를린이 제일 좋은 장소일 것이다. 베를린은 제3제국과 의절하기 위해서 어마어마하게 많은 기념관, 동상, 기념비,

기타 도시의 비망록이라 할 만한 기념물들을 세웠다. 가장 극적인 것은 2헥타르 가까운 부지에 조성된 '학살당한 유럽 유대인들을 위한 기념물'이다. 그곳은 미니어처 도시다. 아무것도 새겨지지 않은 갈색 콘크리트 대좌, 가로세로 길이는 같지만 높이가 조금씩 다른 대좌 약 3,000개가 격자형으로 배열되어 있다. 그곳은 부재의 도시, 말 없는 추념의 도시다. 그 속을 거닐면 으스스한 기분이 든다. 2005년 완성된 그 기념물은 홀로코스트에 희생된 유대인 피해자들만을 기리는데, 이후 동성애자나 집시 등 누락된 다른 희생자들을 기리는 기념물도 만들어졌다. 한때 나치 친위대 본부로 쓰였던 건물도 지금은 학살을 추념하는 공간이다. 유대인 기념관도 있다.

'슈톨퍼슈타인'Stolperstein도 있다. 이것은 '걸려 넘어지게 만드는 돌멩이'라는 뜻 그대로 발길에 걸리는 장애물인데, 동시에 무언가를 우연히 발견한다는 뜻도 될 수 있다. 독일 예술가 군터 뎀니히Gunter Demnig는 1996년부터 5만여 개의 작은—가로세로 10센티미터다—청동 명판을 홀로코스트 피해자가 살다가 잡혀간 집 앞 보도에 박아넣었다. 피해자는 유대인, 여호와의 증인, 집시, 동성애자, 체제 반대자 등등 다양하다. 뎀니히의 웹사이트에 따르면, 슈톨퍼슈타인 프로젝트는 지금도 진행되고 있다. 그는 사람들의 기부금과 이스라엘 야드 바셈 기록 보관소의 데이터를 활용하여 정성껏 새긴 작은 황금색 기념물을 매달 약 450개씩 설치하고 있다.

길을 걷다 돌멩이와 우연히 마주친 사람들의 시간 감각과 장소 감각을 뒤흔들어놓을 것이 분명한 그 작은 기록물에서만큼은, 기억이 망각을 앞지른다. 슈톨퍼슈타인은 다른 독일 도시들과 다른 나라들로도 퍼졌다. 이 프로젝트는 장소에도 기억이 있다고, 우리는 그곳에서 벌어졌던 일을 기억해야 한다고 말한다. 기억도 사람처럼 죽을 수 있지만, 계속 살아 있도록 만들어질 수도 있다. 그리고 누가 기억되는가, 어떻게 기억되는가, 그 결정을 누가 내리는가 하는 문제는 극도로 정치적인 문제다. 우리가 거주하는 물리적 공간은 동상이나 지명이나 표현을 통해서 과거를 통제한다.

뉴올리언스에서는, 그리고 그런 기념비가 서 있는 장소들에서는 남부연합도 아직 건재하다. 그러나 전국의 예술가들과 활동가들이 공공장소에 개입하기 시작했다. 개중에는 계획된 활동도 있고 즉흥적 활동도 있다. 비즈마크의 모멸적인 개척자 기념비 문제는 침대 시트를 덮어 가리는 것으로 임시 해결되었다. 시트 위에는 페인트로 '우리 어머니를 보호하라'라는 글귀가 적혀 있다. 뉴올리언스에서는 누군가 제퍼슨 데이비스Jefferson Davis 기념비에 '노예주'라고 적힌 딱지를 붙여서 명판의 설명이 누락한 사실을 시민들에게 알려주었다. 2015년 현충일, 개념예술가 존 심스 John Sims는 남부 열세개 주에서 남부연합 깃발을 태우거나 묻는 행사를 조직했다. 그는 "남부연합 깃발은 깃대에 매 달린 n 워드죠"라고 말했다('n 워드'는 '깜둥이'nigger라는 단어 를 가리키는 완곡어법이다 — 옮긴이). 깃발 매장식은 리 로터리 에서도 열렸다.

진보 진영이 연방 차원에서 세력을 발휘하지 못하는 시 기에는 인권과 인종정의를 추구하는 활동이 주로 주와 지 방 차원으로 이양된다. 트럼프 시기에는 이런 집중점의 변 화가 필수적이다. 우리가 만약 조금이라도 전진한다면, 그 것은 각자의 동네에서, 시 의회와 주민 모임과 거리에서 진행한 활동들 덕분일 것이다. 역사를 바로잡는 싸움은 게 릴라전으로 치러질 때 더 강력하고 통렬할지도 모른다.

스페인 식민지 지사였던 후안 데오냐떼Juan de Oñate의 1598년 신대륙 도착 400주년을 기려, 뉴멕시코주 샌타페이 북쪽에 동상이 제작되었다. 그 일대는 은빛 실 같은 리오 그란데강을 따라 원주민들의 푸에블로(미국 남서부 토착 원주 민들의 촌락을 가리킨다 — 옮긴이)가 구슬처럼 알알이 엮여 있 는 곳, 원주민들의 기억이 면면히 이어지는 곳이다. 그곳 사람들은 아코마 푸에블로 남자들이 오냐떼에 저항하여 일어났을 때 그가 그들의 오른발을 잘라버렸던 일을 아직 용서하지 않았다. 동상이 설치된 지 몇년 뒤 어느날 밤, 부

260

츠를 신고 박차를 달고 있는 오냬떼의 발목을 누군가 절단해버렸다. 이후 자신이 그 일에 관여했다고 주장하는 익명의 인물이 『앨버커키 저널』*Albuquerque Journal* 편집부에 편지를 보내어 이렇게 말했다. "꼭 그의 원정을 이야기해야겠다면, 진실을 빠뜨리는 것 없이 모두 말하십시오."

온전한 진실이란 무엇일까? 우리는 어떻게 그것에 도달할까? 기념비 전쟁에서 우리는 역사를 고고학 발굴지처럼, 혹은 범죄 현장처럼 발굴함으로써 새 결론을 끌어내고, 새 영웅을 추천하고, 과거를 다시 생각하고, 미래의 방향을 재설정할 기회를 얻는다. 그 과정에서 어떤 계층의 사람들은 공부를 하게 되고, 어떤 사람들은 힐책을 받는다. 사람들의 대화에서 가끔 구체적인 결과가 나올 때도 있다. 로어맨해튼에는 거대한 조지 워싱턴 동상이 1882년 처음 세워진 이래 죽 그랬던 것처럼 지금도 페더럴 홀을 지키고 서 있다. 그러나 최근 그곳으로부터 몇 블록 떨어진 곳에, 마치 거대 서사에 맞서는 작은 대위법처럼, 18세기에 월가가 노예 시장이었다는 사실을 기억하는 표지판이 설치되었다.

산꼭대기에 선 사람들은 밑에 있는 사람들을 내려다보면서 경기장은 평평하다고 외친다. 깊은 계곡에 선 사람들은 되받아 외친다. 그렇지 않다고.

트럼프의 천박한 천재성은 추종자들에게 단순한 — 그

러나 거짓된 ─ 역사의 서술을 제공한 것, 가상의 과거에 대한 향수를 부추김으로써 그 과거가 당당히 귀환하도록 만든 것이었다. 트럼프의 승리에 힘을 얻은 백인 우월주의자들은 그 틀에서 계속 역사를 다시 쓰고 있다. 혹은, 우리가 수정했던 내용을 계속 지우고 있다. 그들의 위조에 저항하는 최선의 방법은 하나의 단순한 이야기를 다른 단순한 이야기로 교체하는 것이 아니다. 모순되는 세부들과 복잡한 사실들을 더하는 것이다. 미국의 추악한 과거를 상징하는 모든 기념비를 없애는 일은 불가능할뿐더러 현명하지도 않을 것이다. 성공하더라도 풍경에 뇌엽절제술을 한 거나 마찬가지일 것이다. 그리고 우리는 지금 서 있는 동상들이 현재의 배제와 모욕을 강화한다는 사실을 잊을 수 없는 것처럼, 현재 우리가 만들어가는 시각도 참여나 평등의 최종적 실현일 가능성은 거의 없다는 사실을 명심해야 한다. 후세는 우리가 기여한 바를 수정하거나 아예 무를 것이고, 우리가 깨닫지도 못한 채 저지른 죄들에 대해서 우리를 욕할 것이다. 동상은 한자리에 서 있지만, 문화는 그것을 지나쳐 흘러간다.

그렇더라도, 2017년 5월 뉴올리언스는 마침내 남부연합 동상 네개를 철거했다. 뉴올리언스는 이제 남부연합을 상징적으로 탈퇴했다. 다른 많은 도시와 대학 캠퍼스도 선례를 따랐다. 우리는 아직 남부연합을 과거로 만들지 못했다. 그러나 우리는 이미 싸움에 다시 나섰다.

〔2017〕

CALL THEM BY THEIR

TRUE NAMES

800만가지
소속되는 방법

2016년 10월 20일
도널드 트럼프 귀하

　내가 궁금한 점이 하나 있습니다. 당신이 스스로 살고 있다고 주장하는 뉴욕을 실제로 돌아다녀본 적이 한번이라도 있는가 하는 점입니다. 부디 그래보기를 권합니다. 왜냐하면 이 도시의 수많은 아름다움과 근사함은 당신이 선거 기간 중 말했던, 특히 최종 토론회에서 말했던 발언들 중 많은 부분을 반박하는 내용이니까요. 우선, 뉴욕의 800만 인구 중에는 이민자, 무슬림, 흑인, 멕시코계가 차지하는 비율이 아주 높습니다. 흑인이면서 무슬림이면서 동시에 이민자인 멋진 사람들도 좀 있겠죠. 뉴욕 시민 중 백인은 3분의 1에 불과합니다. 당신은 미등록 이민자와 무슬림이 이곳에 많아지면 문제가 생길 것처럼 말합니다. 알려드릴 소식이 있는데요, 그들은 이미 이곳에 있답니다. 그리고 뉴욕은 꽤 잘 굴러가는 듯 보입니다.

당신은 당신의 그 타워에서 한번이라도 내려와본 적이 있나요? 전용 비행기를 타러 가는 길에 리무진에 오르려고 잠깐 땅을 밟을 때 말고요. 당신은 이민자를 비난하지만, 뉴욕 시민의 3분의 1 이상이 이민자입니다. 정확히 37퍼센트입니다. 뉴욕 시민 중 약 50만명은 미등록 이주자이고, 그 속에는 누구보다 열심히 일하면서 이 도시가 굴러가도록 만들어주는 사람들이 있습니다. 당신이 그들을 쫓아낸다면, 식당과 호텔 산업은 무너질 것입니다. 전 시장 마이클 블룸버그Michael Bloomberg에 따르면, 뉴욕에 거주하는 미등록 이주자 중 75퍼센트는 당신과는 달리 세금을 냅니다. 블룸버그 뉴욕 시장은 그 인구 집단의 범죄율이 낮다고도 말했죠. 청소부든 의사든, 이민자들은 전반적으로 이 도시에 활력을 불어넣고 이 도시를 풍요롭게 합니다.

당신은 퀸스도 꼭 가봐야 합니다. 당신이 자랐던 곳이죠. 지금 그 자치구는 세계에서 언어학적 다양성이 가장 높은 곳입니다. 이 도시에서 쓰이는 800가지 언어 중 대부분이 퀸스에서 쓰입니다. 뉴욕에서 가장 매력적인 조직 중 하나인 '멸종 위기에 처한 언어 연맹'Endangered Language Alliance에 따르면, 그 언어 중 다수가 현재 지구에서 사라져가는 언어입니다. 사람들은 난민으로 이곳에 오면서 자신들의 문화를 함께 가져옵니다. 히말라야와 안데스에서 사라져가는 언어를 마지막으로 간직한 사람들이 이곳에 있습니다. 그들은 이 도시를 많은 세상들이 만나는 세상, 많은 언어들로 이뤄지는 대화, 피난처가 되어주는 장소로 만듭니다. 내 어머니의 조부모가 아일랜드의 굶주림과 차별을 피해 이곳으로 왔을 때 그랬던 것처럼, 그리고 내 아버지의 부모가 박해를 피해, 지금 당신이 조장하려는 딱 그런 인종차별적 박해를 피해 이곳으로 와서 엘리스섬을 통과했을 때 그랬던 것처럼.

당신은 무슬림을 위험한 외부자로 취급합니다. 하지만 스스로 살고 있다고 주장하는 도시에 약 285개의 모스크가 있고 40만명에서 80만명 사이의 무슬림 인구가 산다는 사실은 모르는 것 같군요. 뉴욕의 멋진 종교학자 토니 칸스Tony Carnes가 알려준 바로는 그렇다고 합니다. 그것은 곧 뉴요커 열명 중 한명에서 스무명 중 한명은 이슬람교 신자라는 뜻이지요. 실제로 나쁜 짓을 저지른 무슬림이 한줌쯤 있지만 —여기에는 올랜도 대량 살인자도 포함되는데, 그는 퀸스에서 태어났지요— 무슬림 인구가 얼마나 많은지 안다면 소수의 행동으로 수백만명을 악마화하는 일은 그만둘 수 있을 겁니다.

그리고 그 올랜도 살인자 말인데요. 그의 동성애혐오, 총기를 쉽게 구했던 것, 가정폭력 전력 같은 문제들은 이

땅에서 자라난 문제이고 우리가 풀어야 할 문제이지 밖에서 수입된 문제가 아닙니다. 뉴욕은 게이·레즈비언·트랜스젠더 시민들을 차별에서 해방시키는 일에도 앞장서왔습니다. 아니, 그들 스스로가 캠페인·활동·피난처·공동체를 조직해서 자신을 해방시키고 온 나라와 전세계에 해방의 물결을 퍼뜨렸다고 말해야 옳겠군요. 나는 얼마 전에야 웨스트 빌리지에 있는 스톤월 인(1969년 6월 경찰이 동성애자 클럽 스톤월 인Stonewall Inn을 급습하여 단속하자 사람들이 봉기한 사건은 '스톤월 항쟁'으로 불리며, 미국에서 현대 동성애자 운동의 시발점으로 일컬어진다—옮긴이)에서 처음 술을 한잔 마셨는데요, 내가 그곳에 있다는 사실만으로 엄청난 전율을 느꼈답니다. 거의 50년 전 그곳에서 일어났던 봉기와 저항이 우리의 대화를 바꾸고 인권을 증진시켰으니까요.

그런데 참, 우리는 지금 게이·레즈비언·트랜스젠더 시민들이 아니라 무슬림 시민들을 이야기하던 중이었죠. 물론 이곳에는 게이·레즈비언·트랜스젠더이자 무슬림인 사람도 틀림없이 있겠지만 말입니다. 왜냐하면 뉴욕에는 모든 사람이 다 있으니까요. 모든 사람이. 뉴욕의 무슬림들은 택시 운전사이고, 맨해튼 길거리 어디서나 볼 수 있는 할랄 음식 판매대 속 사람이고, 그뿐 아니라 변호사나 학자나 교수이고, 프로그래머이고, 디자이너입니다. 이 도시의 아름다운 점 중 하나는 더없이 복잡한 교차 범주들이 존재한다는 점입니다. 많은 무슬림이 아프리카나 아시아에서 온 이민자이거나 그런 이민자의 자녀 혹은 손주입니다만, 또 적잖은 수는 아프리카계 미국인입니다. 게다가 그들이 이 땅에서 뿌리 박고 살아온 역사는 당신이나 나의 역사보다 훨씬 더 깁니다. 그들의 선조들이 이 장소를 지었습니다. 정말로, 월가라는 이름의 유래가 된 벽wall까지 포함하여, 말 그대로 이곳을 지었습니다.

아프리카계 미국인 이야기가 나왔으니까 말인데요. 당신은 할렘이나 브롱크스에 한번이라도 실제로 가본 적 있나요? 당신은 평생 흑인을 한명도 만나지 못했거나 흑인 동네를 한번도 가보지 못한 사람처럼 줄곧 말하던데요. 농담이 아닙니다. 당신은 가령 최종 토론회에서 이렇게 말했죠. "우리의 이너시티는 재앙이 되었습니다. 가게에 물건을 사러 가다가 총에 맞죠. 그곳 주민들은 교육도 못 받습니다. 일자리도 없습니다. 나는 아프리카계와 라틴계 미국인을 위해서 [클린턴이] 인생을 열번 살더라도 해내지 못할 일들을 해낼 겁니다. 그녀가 하는 일이라고는 아프리카계 미국인들과 라틴계들과 이야기하는 것뿐입니다." 저기요, 진심입니까? 이런 인식은 혹시 텔레비전에서 얻었나요? 그것도… 1975년에? 뉴욕의 고등학교 졸업률은 70퍼센트이고, 흑인 및 라틴계 십대들의 졸업률도 그보다 약간 낮을 뿐입니다. 뉴욕의 실업률은 약 5퍼센트입니다. 그

270

리고 기왕 말이 나왔으니까 말인데, 사람들과 이야기 나누는 것은 당신이 어떤 위치이고 그들이 어떤 사람인지 파악하는 데 아주 훌륭한 방법입니다. 당신도 꼭 해보세요. 그리고 '이너시티(도심지)'라는 케케묵은 용어는 뉴욕이 투자 감소와 인구 감소로 무너지던 시절, 범죄율이 실제로 높았던 시절에나 쓰던 말이죠(속보: 당신은 시카고에서 딸꾹질처럼 되풀이하여 범죄율을 언급했지만, 사실 미국의 범죄율은 지난 25년 동안 전국적으로 계속 낮아졌습니다). 요즘 '이너시티'라는 단어를 쓰면 시대에 40년쯤 뒤진 사람처럼 보인답니다.

당신은 언젠가 오늘날의 뉴욕이라는 신흥 도시에 꼭 가봐야 합니다. 할렘은 어떨까요. 할렘은 미국에서 가장 위대한 문화 중심지 중 한 곳이고, 최소 100년 동안 미국 흑인 문화의 위대한 심장부였던 곳이고, 가장 위대한 미국 작가들 중 일부가 성장하거나 여생을 보냈던 곳입니다. 지금 할렘에는 훌륭한 직업을 갖고 있고 훌륭한 교육을 받은 사람들이 가득합니다. 그렇지 않다고 말하는 것은 인종차별적인 말일뿐더러 무식한 소리입니다. 지금 할렘은 범죄로 점철된 곳이 아닙니다. 젠트리피케이션과 강제 퇴거를 범죄라고 부르고 싶지 않다면 말이죠. 당신은 당연히 절대 그렇게 부르고 싶지 않겠죠. 하지만 나는 가끔 그렇게 부릅니다. 그런 일이 우리의 문화적 기억과 장소의 연속성을 난도질하고 약자들만을 노리는 모습을 보니까요. 하지만 당신과 나는 부동산 문제에서는 필연적으로 의견이 다를 수밖에 없으니까 이 문제는 그만 말하죠.

정말, 꼭 한번만 실제로 뉴욕을 방문해보십시오. 뉴욕은 거대합니다. 뉴욕은 위대합니다. 뉴욕에는 여러 얼굴이 있지만, 그중에 위대한 라틴아메리카 도시라는 얼굴이 있습니다. 당신은 혹 뉴욕에서 가장 많은 청취자 수를 자랑하는 라디오 방송이 스페인어 방송들이라는 사실을 아나요? 디제이 알렉스 센세이션이 —콜롬비아 이민자입니다— 진행하는 낮 방송이 미국 최고의 시장에서 최고의 자리를 차지한 라디오 프로그램이란 사실을 아나요? 방송에서 그는 다양한 라틴 음악을 섞어 들려줍니다. 왜냐하면 뉴욕은 쿠바에서 도미니카, 콜롬비아, 과테말라에 이르기까지 모든 곳에서 온 사람들이 다 있는 라틴아메리카의 수도이니까요. 이 거대한 문화의 도가니에서 살사 음악이 진화하여 세계로 퍼졌고, 이제 그 음악은 미국의 가장 훌륭한 수출품 중 하나가 되었습니다. 사우스브롱크스에서 탄생한 힙합과 랩도 마찬가지죠. 이제 그 음악은 이누이트족이 사는 캐나다에서 중부 아프리카까지 전세계가 즐기는 중요한 대중문화가 되었습니다.

뉴욕은 늘 해방의 장소였습니다. 전세계에서 피난처를 찾아 이곳으로 모여든 난민들 덕분에, 당신이 자금을 끊겠다고 협박하는 가족계획협회처럼 이곳에서 생겨난 조직들 덕분에, 당신이 비난했던 '흑인의 목숨은 중요하다' 같은 단체들 덕분에. 어쩌면 당신이 지금까지 뉴욕을 방문하지 않은 건 그 때문인지도 모르겠습니다. 뉴욕이 당신에게 동의하지 않고 당신의 이데올로기를 반박하기 때문에. 뉴욕에는 수없이 많은 뉴욕이 있고, 누구나 제 마음에 드는 뉴욕을 고를 수 있지만, 부유한 백인들의 뉴욕은 이 도시의 작은 조각 하나에 지나지 않습니다. 그 너머에는 수천가지 생활 방식과 노동 방식, 수백가지 언어, 수십가지 종교를 가진 수많은 뉴욕이 있습니다. 그 뉴욕들은 매일 지하철 플랫폼에서, 거리에서, 공원에서, 병원에서, 부엌에서, 공립학교에서 만납니다. 왜냐하면 보통의 뉴요커들은 밖으로 나가서 남들과 어울리니까요. 이렇게 차이를 간직한 채 공존하는 것은 진정한 민주정신이 길러지는 아름다운 토대입니다. 우리가 서로 신뢰할 수 있고 공공 공간에서 함께 어울림으로써 문자 그대로 (또한 비유적으로) 공통의 터전을 찾을 수 있다는 믿음을 낳는 토대입니다.

만약 당신이 아직 나가서 어울릴 준비가 되지 않았다면, 그 대신 짧은 읽기 숙제를 하나 내드리겠습니다. 돈을 한번 읽어보세요. 큰돈일 필요도 없습니다. 10센트 동전을 보세요. 거기에는 라틴어로 '에 플루리부스 우눔'e pluribus unum이라고 적혀 있습니다. '여럿으로부터 하나를'이라는 뜻이지요. 이 문구는 건국 이래 이 나라의 핵심적인 모토 중 하나였습니다. 그리고 이 모토는 우리의 도시에서, 위대한 공존의 장소에서 현실로 실현되어 있습니다. 이것은 차이를 그냥 참기만 한다는 뜻이 아닙니다. 차이에서 기쁨을 얻고, 차이를 사랑하고, 타가수분을 하고, 인종 간 혼인을 하고, 혼성화하고, 우리가 한자리에 모일 때 각자 가져온 차이들로부터 새로운 것을 발명해낸다는 뜻입니다. 미국이 화내고, 분열되고, 불평등하고, 망상에 빠진 나라가 아니라 위대한 나라일 때, 미국을 위대하게 만들어주는 것이 바로 이런 일들입니다. 그리고 이런 일들은 바로 여기 존재합니다. 우리 곁에, 이 거대한 도시에.

마음을 담아,
리베카 솔닛

CALL THEM BY THEIR TRUE NAMES

스탠딩록에서
온 빛

아무도 예상하지 못했다. 2016년 12월 4일 일요일, 그야말로 느닷없이, 미국 육군공병대가 다코타 액세스 송유관DAPL 건설 허가를 취소한다는 소식이 들려왔다. 송유관이 미주리강 아래로, 스탠딩록 수족 보호구역 바로 위로 지나가는 것을 허락하지 않기로 한 것이다. 여러분은 어떤 일에서 승리했을 때 어떻게 하는가? 소셜미디어에서 많은 사람들은 이 사건이 '산타가 정말 선물을 주었군요' '이후 그들은 영원히 행복하게 잘 살았답니다' 류의 완전하고 최종적인 승리가 아니라는 점을 모두에게 경고하면서 따라서 우리가 무턱대고 축하해서는 안 된다고 말했다. 그런데 우리가 만약 그런 승리를 기다린다면, 축하라고는 영원히 할 수 없을 것이다. 아무튼 이 사건에 가장 깊이 개입했던 사람들은 이 소식이 비록 이야기의 결말은 아닐지언정 정말로 좋은 한 챕터라는 사실, 따라서 우리가 그 챕터를 축하할 수 있다는 사실을 아는 듯했다. 그래서 사람들은 축하했다. 스탠딩록과 전세계에서, 별별 야단법석을 다 떨면서 즐겁게 떠들어댔다.

이것은 최종적인 승리가 아니다. 도널드 트럼프는 이 송유관뿐 아니라 다른 모든 송유관도 반드시 건설되도록 만들려고 최선을 다하고 있다. 현재로서는 이것이 기정사실이다. 그렇더라도, 이 일은 정말로 큰 승리일 것이다.

에너지경제재무분석연구소The Institute for Energy Economics and Financial Analysis는 2016년 11월 발표한 보고서에서 이렇게 밝혔다. "이 사업을 둘러싼 폭넓은 경제 환경은 2014년 에너지 트랜스퍼 파트너스ETP가 사업을 제안한 이래 크게 달라졌다. 운송업체들이 DAPL만을 쓰기로 약정하고 불과 몇달 뒤부터 국제 유가가 추락했다. 전문가들의 시장 예측에 따르면, 유가는 앞으로 최소한 10년간 2014년 수준을 회복하지 못할 것이라고 한다. 그 결과 바컨 셰일Bakken Shale의 원유 생산량은 2년 연속 거의 내내 줄었다." 계획대로 2017년 1월 1일까지 건설이 완료될 경우, 송유관의 수익은 2014년 가격으로 고정하여 계약한 운송업체들로부터 나올 것이었다.

이 사실은 육군공병대의 선물을 좀처럼 믿기지 않는 것으로 만든다. 이것은 큰 타격이다. 보고서는 이렇게 결론지었다. "생산량이 계속 줄어든다면, DAPL은 좌초 자산이 될 수도 있다. 즉, 2014년 맺은 유리한 계약 조건을 시키기 위해서 급하게 완성한 결과물로 전락할 수도 있다." 만약 당신이 투자자가 아니라면, 이것은 정말 희소식이다. 승리의 의미를 더욱 증폭시키는 소식이다.

스탠딩록의 아름다운 투쟁에서 우리가 얻을 교훈은 아주 많다. 모두가 저마다의 결론을 끌어낼 수 있겠지만, 내 결론 하나는 우리는 미래의 일을 모른다는 것, 그러므로 현재를 원칙과 직관과 역사의 교훈에 따라 살아야 한다는 것이다. 많은 사람들이 스탠딩록에서 어떤 일이 벌어지고 벌어지지 않을지에 대해 단정적인 예측을 내놓았지만, 그 예측들은 결국 틀렸다. 누구도 일이 이렇게 되리라고는 예상하지 못했다.

또다른 교훈은, 비록 승리가 달성하기 어려울 만큼 멀리 있는 듯 보이더라도 우리는 자신이 믿는 것을 지키기 위해서 나서야만 한다는 것이다. 12월 4일 일요일은 송유관 반대 운동의 승리였다. 그 이튿날은 몽고메리 버스 보이콧이 시작된 지 65주년이 되는 날이었다. 그 시절 짐 크로 법 아래 살았던 아프리카계 미국인들은 무엇을 바랐을까? 당연히 통합된 대중교통 체계만은 아니었을 것이다. 그들은 자신들이 온 나라를 바꾸고 전국적 입법을 불러올 운동의 시작에 기여하리라는 사실을 몰랐을 것이고, 나아가 자신들이 제시한 비폭력 전략의 도구와 희망이 세계로 퍼져나가서 남아공과 이집트에서, 체코슬로바키아와 필리핀에서 쓰이게 되리라는 사실도 몰랐을 것이다. 하지만 그들은 미래가 과거와는 다르리라는 데 내기를 걸었고, 그렇게 만들기 위해 혼신을 다했다. 지금 우리는 민권 운동이 거둬온 승리가 위태로워 보이는 순간을 살고 있다. 그러나 그렇기에 더더욱 그것이 승리였다는 사실을 기억해야 하고, 또한 그것이 승리가 눈앞에 보이지 않던 시절 피땀과 헌신으로 일구어낸 성취였다는 사실을 기억해야 한다.

중요한 교훈이 또 하나 있다. 결과는 종종 간접적이다. 스탠딩록 운동은 어쩌면 이 송유관 하나를 저지하는 데 성공할 것이다. 그러나 성공 여부와 상관 없이, 이 운동은 아마 단일 집회로는 역사상 최대 규모의 북아메리카 원주민 집회였을 것이다(미국뿐 아니라 캐나다의 부족들도 참여했다). 이 사실은 초국적 연대의 성장에, 또한 문화적 정체성과 정치적 권리의 확인에 있어서 대단히 중요하고 감동적인 분수령이었다. 이 운동은 환경 운동과 인권 운동이 종종 뗄 수 없는 관계임을 다시 증명해주었고, 전세계에서 기후 운동의 최전선에는 토착민들이 서 있다는 사실을 상기시켜주었고, 토착민이 아닌 사람들 중에서도 그런 문화들을 존경하고 그들로부터 지도력을 구하는 이들이 많다는 사실을 보여주었다. 이 회합과 그 전망, 전술, 힘으로부터 지금 우리가 내다보지 못하는 많은 일이 따라나올지 모른다.

우파와 백인 우월주의가 승리를 뽐내는 지금, 우리는 많은 증오범죄 이야기를 듣는다. 구타, 모욕, 스와스티카, 협박 등등. 그러나 그와는 다른 신념 체계를 가진 다른 미국도 점차 가시화하고 있다. 이 사람들은 인종 간 정의를 위하여, 약자들을 위하여, 여성과 LGBTQ를 위하여, 과학을 위하여, 민주주의를 위하여 나선다. 수도로 이사해오는 마이크 펜스 부통령을 무지개 깃발로 맞이했던 동네 주민들에게서, 박해받는 이들을 변호하고 나서는 이들에게서, 사람과 장소와 가치와 민주주의 자체를 보호하려는 열망이 가득한 이들에게서 우리는 그런 미국을 본다. 지금처럼 격동적인 순간에는 뜻밖의 일도 가능하다. 스탠딩록은 그 가능성을 보여준 모범이었고, 그런 아름다움으로 환히 빛났다.

내가 스탠딩록을 찾은 것은 날씨가 쾌적하고 녹음이 푸른 2016년 9월이었다. 그곳에서 만난 원주민환경네트워크의 댈러스 골드투스Dallas Goldtooth에게 나는 이 운동의 선례가 무엇이냐고 물었다. 자신의 미니밴 뒷좌석에 앉아 있는 그의 주변을 어린 자녀들이 돌아다녔고, 한 소년은 길을 건너와서 그에게 악수를 청했다. 그가 대답했다. "없습니다. 정말입니다. 이 일에 비견할 만한 일은 지금껏 전혀 없었습니다. 자그마치 180개 부족들이 연대의 편지를 보내왔으니까요." 다코타족과 데네족의 피를 물려받은 골드투스는 내게 미국과 캐나다 전역의 원주민 부족들이 이 저항에 유례없는 지지를 보내왔다고 말했고, 기후 및 환경 운동 단체들도 지지를 보내왔다고 말했다. 이 연대는 원주민 권리 운동과 기후 운동 양쪽의 미래에 크나큰 잠재력이 될 것이다.

기쁨은 널리 퍼져 있다. 내가 도착해서 처음 만난 사람은 캐나다 최북단에서 온 젊은 후파/유록족 여성이었는데, 이 운동이 자신이 평생 참여한 일 가운데 가장 멋진 일이라고 말했다. 이튿날은 웬 작달막한 남자가 내게 다가와서 인사하며 자신을 "바로 이곳 출신" 프랭크라고 소개했다. 스탠딩록 수족 사람이라는 뜻이었다. 대화 중에 그는 "이 일 때문에 매일 행복한 기분으로 깬다"고 말했다. 나는 150년 전 라코타족/수족이 겪어야 했던 상실을 떠올리면서 그에게 이 일로 과거에 대한 생각이 어떻게 변했느냐고 물었는데, 그는 내 질문을 다르게 이해했다. 그는 오랜 앙숙이었던 크로족과 샤이엔족도 지지하러 와주었다고 말했고, 오랜 분열이 끝났다고 말했다. 저 질문을 던졌을 때, 나는 기후 활동가이자 환경 변호사인 캐럴린 라펜스퍼거 Carolyn Raffensperger에게 들었던 말을 떠올리고 있었다. 전에 이 야영지에서 머문 적이 있고 이 일대와 인연이 오래된 그녀는 "역사에는 가끔 과거와 미래를 치유하는 순간들이 있다"고 말했다.

가혹한 겨울을 버텨낸 사람들은 영웅적이었다. 그들은
안락보다 이상을 중시했고, 개인의 안전보다 강江의 안녕
을, 부족들의 권리를, 원칙을 중시했다. 모든 면에서 고결
한 노력이었다. 그들은 기도를 길잡이로 삼았고, 평화에
헌신했고, 무슨 일이 닥치든 장기적으로 보고 버텼다. 그
러자 수천명의 퇴역 군인들이 당국에 맞서고 원주민들과
함께하기 위해서 이곳에 나타났다. 그 다음에는 육군공병
대의 결정이 나왔다.

마지막으로, 스탠딩록은 이상을 지키고자 뭉칠 때 우리
는 강하다는 사실을 상기시켜준다. 그 힘은 가끔 간접적으
로만 발휘된다. 가능성을 보여주는 모델이 된다든지, 훗날
벌어지거나 다른 곳에서 벌어질 일에 희망과 도덕적 지원
을 제공한다든지 하는 식으로. 가끔 직접적으로 발휘될 때
도 있다. 그때 우리는 역사를 다시 만든다.

북아메리카 원주민들이 강탈당하고 비인간화된 지 500년
이 된 지금, 미 육군 퇴역 군인 4,000명이 이들과 함께하겠
다고 나선 순간, 이들이 하나의 큰 승리를 얻은 순간, 범죄
와 약탈이 늘 자행되지만 많은 경우 주목받지 못하는 장
소들 중 하나인 이곳에 세계의 눈길이 집중된 순간, 이 순
간은 중요했다. 퇴역 군인들이 그동안 미 육군이 자행해온
약탈에 공식적으로 사과하고 용서를 구한 순간도 중요했

다. 그리고 12월 4일 그곳에 있던 사람들과 후방에서 항의한 사람들, 편지를 쓰고 기부를 하고 전국에서 행진을 조직한 사람들은 충분히 축하할 만한 승리를 거두었다. 지금 우리는 모든 전선에서 어려움에 직면했다. 그런 우리에게 스탠딩록은 함께 뭉쳐서 맞서라고 알려준다.

〔2016〕

4부

가능성들

아서 도브, 「산과 하늘」(Mountain and Sky), ca. 1925.

CALL THEM BY THEIR

TRUE NAMES

이야기를
깨뜨리기

'이야기를 터뜨리다, 혹은 깨뜨리다'break the story라는 표현은 기자들이 특종을 보도할 때 곧잘 쓰는 표현입니다. 어떤 이야기를 맨 처음 말하는 사람이 된다는 뜻이죠. 그러나 내게 저 표현은 좀더 깊은 의미가 있습니다. 여러분이 어떤 사건을 보도할 때, 사건이 크든 작든, 대통령 선거든 학교 위원회 모임이든, 여러분의 임무는 보통 방금 일어난 일에 대한 이야기를 가져오는 것입니다. 그러나 당연히 이야기들은 공기처럼 늘 우리를 둘러싸고 있습니다. 우리는 이야기를 마시고, 이야기를 내쉽니다. 우리가 사적인 삶에서 늘 깨어 있는 의식으로 사는 비결은 그런 이야기를 볼 줄 알며 직접 말하는 사람이 되는 것입니다. 이야기들이 보이지 않는 힘이 되어 우리에게 이래라저래라 명령하

● 이 글은 내가 모교인 캘리포니아 버클리 대학의 저널리즘 대학원 졸업식에서 했던 축사를 다듬은 것이다.

도록 내버려두지 않고 말입니다. 공적인 이야기꾼이 되는 데도 같은 기술이 필요합니다. 다만 여기에는 더 큰 결과와 책임이 따릅니다. 왜냐하면 이제 여러분의 이야기는 세상을 둘러싼 그 물의 일부가 되어, 기존의 이야기들을 훼손하거나 강화할 테니까요. 여러분의 임무는 표면에 드러난 이야기, 한계가 정해진 이야기, 어제 벌어진 이야기를 보도하는 것입니다. 그러나 가끔은 주변을 둘러싼 이야기, 기존에 작성된 이야기를 깨뜨려서 열거나 부수는 것도 여러분의 임무입니다. 두 종류의 이야기 사이의 관계를 이해하는 것도 여러분의 임무입니다.

이야기 밑에도 이야기가 있고, 이야기 곁에도 이야기가 있습니다. 가장 최근 표면에 떠오른 사건은 우리 문화를 이끌어가는 이야기라는 강력한 사회적 엔진 위에 달린 작은 장식물에 불과할 때가 많습니다. 우리는 그런 큰 이야기를 '지배 서사' '패러다임' '밈' '우리가 따르는 은유', 혹은 '구조'라고 부릅니다. 어떤 이름으로 부르든, 그런 이야기에는 엄청나게 강한 힘이 있습니다. 그리고 지배 문화는 주로 자신을 지탱해주는 기둥 같은 이야기, 동시에 너무 자주 누군가를 가두는 감방의 창살 같은 이야기만을 강화합니다. 그런 이야기는 깨어져야 할 이야기, 혹은 이미 깨졌고 몰락했고 몰락을 불러오며 유통기한이 한참 지난 이야기일 때가 많습니다. 그런 이야기는 점검되지 않는 가정이라는 산꼭대기에 앉아 있습니다. 언론은 왜 미국 내에서는 그다지 많은 사망자를 내지 않는 테러를 고분고분 과잉 보도하면서, 수백만 미국 여성들을 장기간 공포에 떨게하고 매년 1,000명 가까운 사망자를 내는 가정폭력은 대체로 시시한 일처럼 축소할까요? 어떻게 하면 우리는 정말로 우리를 위협하고 죽이는 문제에 대한 이야기를 터뜨릴수 있을까요?

한 방법은 이야기의 생애주기와 먹이사슬에 유념하는 것입니다. 새로운 이야기, 기존 이야기를 깨뜨리는 이야기는 보통 주변부와 가장자리에서 생겨납니다. 간디는 이렇게 말했다고 하죠. "처음에 그들은 당신을 무시하고, 그 다음 당신을 비웃고, 그 다음 당신과 싸우고, 그 다음 당신이이긴다." 사실 간디가 정확히 이런 문장으로 말한 것은 아닙니다만, 아무튼 이 말은 사회 운동이 전개되는 일반적 양상을 잘 묘사하고 있습니다. 그리고 만약 운동이 이긴다면, 그것은 그들의 이야기가 새로운 서사가 되어 주류에게도 받아들여진 덕이 일부나마 있을 것입니다. 이 일에서 저널리즘은 결정적인 역할을 합니다. 우리는 '흑인의 목숨은 중요하다' 운동이 우리 시대에 이야기를 바꾸는 모습을 실시간으로 보고 있습니다. 그 운동은 경찰의 시민 살해라는 전염병을 조명했고, 그로 인한 유색인종 젊은이들의 죽음이 사실상 그 공동체 전체로부터 정당한 권리를, 특히 공직자들에게 위협받지 않고 보호받을 권리를 박탈하는 현실을 조명했습니다. 우리는 지금 목격하고 있습니다. 활동가들이 흑인 공동체에서는 오래전부터 알려졌던 이야기를 가져다가 소셜미디어에서 활활 불붙게 만들고, 언론이 그 소식을 받아서 보도하고, 그럼으로써 그러지 않았더라면 전국적으로 뜨겁게 논의되는 뉴스는커녕 한구석에 실리는 단신에 그쳤을지도 모르는 이야기를 널리 퍼뜨리는 모습을. 그래서 우리는 이제 피해자들의 이름을 압니다. 에릭 가너Eric Garner, 마리오 우즈Mario Woods, 월터 스콧Walter Scott, 샌드라 블랜드Sandra Bland, 태미어 라이스Tamir Rice, 그밖에도 많습니다. 이 이야기는 이제 주변부에서 중심부로 옮아왔고, 그래서 직접 영향받지 않는 사람들도 직접 영향받는 사람들에게 동참할 수 있게 되었습니다.

훌륭한 이야기꾼이 할 일 중 하나는 자신이 취재할 이야기의 이면에 깔린 이야기를 조사해보는 것입니다. 그 다음 어쩌면 그 이야기를 눈에 보이게 드러내고, 가끔은 우리가 그 이야기로부터 벗어나도록 해주는 것입니다. 이야기를 깨뜨리는 것입니다. 이런 종류의 글쓰기에서, 깨뜨리는 행위는 만드는 행위 못지않게 창조적입니다.

많은 작가들은 세상을 그저 멍하니 돌아다니면서, 세상은 이야기로 이루어졌다고 말합니다. 그것이 무척 아름다운 일인 것처럼 말합니다. 하지만 그것은 그 이야기들이 아름다울 때만 가능한 일입니다. 세상에는 여성과 흑인의 분노를 악마화하면서 백인 남성의 분노는 숭앙하는 이야기도 있습니다. 자본주의의 필연성을 역설하는 이야기도 있고, 기후변화의 현실에 양면적 속성이 있다고 말하는 이야기도 있습니다. 또 평온을 깨뜨리기 때문에, 강자를 불편하게 만들기 때문에, 기성 체제를 뒤흔들기 때문에 들려오지 않는 이야기가 아주 많습니다. 만약 여러분이 이런 이야기를 들려준다면, 여러분은 비호감을 사는 것이 크나큰 영광인 사람들로부터는 엄청난 비호감을, 사랑받는 것이 그보다 더 큰 영광인 사람들로부터는 사랑을 받을 것입니다.

2005년 뉴올리언스는 삼중의 재난을 겪었습니다. 허리케인은 그 삼중고 중 제일 약한 고난에 불과했습니다. 부실한 기반 시설, 수십년의 허술한 계획과 그보다 더 허술한 실행이 허리케인을 정확하게 예상 가능했고 대체로 인공적인 재앙으로 탈바꿈시켰습니다. 실패한 사회계약은 재앙을 더욱 격화했습니다. 가난한 사람들은 뒤에 남겨져 익사하거나 고난을 겪었습니다. 그런데 현장에 달려온 대중매체들은 살아남으려고 안간힘 쓰는 그 사람들을 범죄자 취급했습니다. 혹시 누가 텔레비전을 훔치려고 들지 않을까 하는 문제에 집착했습니다. 죽어가는 할머니들과 트라우마를 입은 아이들을 구조하는 일보다 텔레비전을 지키는 일이 더 중요하다는 시각을 노골적으로 드러냈습니다. 매체들은 1906년 샌프란시스코 대지진 때부터 이미 클리셰였던 진부한 보도 행태에 안이하게 기댔습니다.

타이밍이 좋았던 덕분에 그때 내게는 사람들이 야만인으로 돌변해서 강간하고, 약탈하고, 살해하고 돌아다닌다는 서사를 의심해볼 근거가 있었습니다. 불과 얼마 전에 바로 그 1906년 샌프란시스코 대지진에 대해서 조사하고 글을 썼기 때문이죠. 『가디언』『뉴욕 타임스』『워싱턴 포스트』, NBC, CBS, CNN, 그리고 그밖에 수많은 매체들의 보도에도 불구하고, 그런 도시전설은 1906년에도 사실이 아니었고 2005년에도 사실이 아니었습니다. 작가 애덤 호크실드Adam Hochschild는 최근 펴낸 책에서 스페인 내전 당시 기자들을 이렇게 묘사했습니다. "기자들은 떼 지어 몰려다니면서 똑같은 이야기를 보도하는 경향이 있다."

카트리나라는 인재人災의 10주년을 맞아, 나는 이런 글을 썼습니다.

대체로 아프리카계 미국인인 엄청난 수의 뉴올리언스 시민들이 숨 막히게 덥고 면적의 80퍼센트가 물에 잠긴 도시에서 지붕 위, 고가 도로 위, 컨벤션 센터, 슈퍼돔에 갇혀 있었다. 그런데 정부와 주류 언론은 그들이 너무 야만적이고 위험하기 때문에 구조해줄 수도, 도시를 떠나도 좋다는 허락을 내줄 수도 없는 존재인 양 악마화했다. 공무원들은 구조를 거들려고 외부에서 달려온 사람들을 돌려보냈고, 안에서 탈출하려는 사람들을 막아세웠다. 악의적인 당국의 손아귀에서 뉴올리언스는 감옥이 되었다. 지난(2015년) 4월 볼티모어에서 봉기했던 사람들이 얼마나 쉽게 악마화되었는지를 떠올리면, 그때 편의점이나 약탈 수준의 수표 환금 업소가 갑자기 미국에서 가장 성스러운 공간처럼 묘사되기 시작했던 것을 떠올리면, 이런 재앙이 또다시 발생하는 모습을 어렵잖게 상상할 수 있다.

주로 아프리카계 미국인에 노인도 많았던 수많은 뉴올리언스 시민들을 비인간화하고, 가두고, 죽게 놓아둔 일에서 기소만 당하지 않았다 뿐 공범으로 활약했고 지금도 활약하고 있는 것은 주류 언론이다. 주류 언론은 재난 상황에서 관습적으로 보도하는 이야기, 사람들이 폭도가 되어 약탈하고 강간하고 습격하고 다닌다는 이야기에 안이하게 의지했다. 흑인들을 재난으로 취약해지고 도움이 간절해진 피해자로 여기지 않고 사회에 적대적인 괴물처럼 악마화했다. 시민들이 헬리콥터에서 총을 난사한다는 둥, 슈퍼돔에서 가상의 유혈 사태가 벌어져서 시체가 산더미처럼 쌓였다는 둥 이야기를 마구 지어냈지만, 결국 모두 근거 없는 이야기로 드러났다.

내게 그런 이야기는 깨진 이야기, 혹은 깨져야 할 이야기였습니다. 카트리나 이후 뉴올리언스에 자주 드나들면서, 나는 그곳에서 끔찍한 범죄가 실제로 일어났다는 사실을 알았습니다. 도시에 떼거리로 넘쳐나던 기자들은 그 범죄를 철저히 외면하거나 아예 알아보지 못했다는 사실도 알았습니다. 그 범죄란 하층 계급이 기득권층에게 저지르는 범죄가 아니라 기득권층이 하층 계급에게 저지르는 범죄였습니다. 경찰의 시민 살해와 백인 자경단의 범죄였습니다. 나는 자료와 정보원을 모았고, 사진과 단서를 모았고, 뻔히 눈앞에 노출되어 있으면서도 숨겨졌던 조각들을 모았습니다. 그것을 탁월한 탐사 기자인 A. C. 톰프슨A. C. Thompson에게 넘겼고, 그는 그 자료를 받아서 추가로 취재해주었습니다. 그는 뉴올리언스에 온 뒤 다른 이야기들도 발굴하여 들려주었는데, 가장 주목받은 이야기는 경찰이 헨리 글로버Henry Glover라는 무장하지 않은 흑인 남성을 등 뒤에서 쏘아 죽인 사건이었습니다. 그 이야기 때문에, 경찰들은 감옥에 갔습니다. 이런 종류의 사건에서 보기 드문 결과죠. 나도 나름대로 더 보도했습니다. 그리고 사람들이 재난 상황에서 실제로 어떻게 행동하는가를 살펴본 책, 『이 폐허를 응시하라』를 썼습니다.

그 과정에서 언젠가, 나는 한 라디오 방송에 출연해서

카트리나의 여파에 실제로 벌어졌던 일에 관한 이야기를 나누었습니다. 출연을 마치고 차로 돌아와서 라디오를 켰더니, 다른 방송국에서 A.C.가 똑같은 이야기를 하고 있는 게 아니겠습니까. 나는 가만히 앉아 들으면서 이렇게 생각했습니다. 우리가 이야기를 깨뜨리는 데 성공했군요. 공식적으로 주어진 이야기의 안팎과 위아래를 뒤집는 데 성공했군요. 그로부터 10년이 흐른 지금, 사람들이 기억하는 역사는 2005년 당시 주류 언론이 가난한 흑인들과 인간 본성 일반을 비방하기 위해서 사용했던 이야기가 아닙니다. 물론 그 일을 우리 두 사람이 해낸 건 아니었습니다. 이야기를 깨뜨리는 일은 대개 오랜 기간에 걸친 협동 작업입니다. 그 과정은 보통 활동가, 목격자, 내부고발자에서 시작됩니다. 직접 영향받은 사람들, 최전선에 있는 사람들, 이야기를 직접 겪은 사람들에게서 시작됩니다. 다음 단계는 그들의 말을 기꺼이 듣고자 하고 이야기꾼의 능력도 갖춘 사람들이 이어갑니다. 기자는 남에게 벌어진 일을 보도하는 사람이므로 가장 처음 아는 사람은 될 수 없습니다. 하지만 가장 처음 듣는 사람은 될 수 있습니다. 이야기는 늘 타인의 이야기로 시작합니다. 그리고 여러분이 이야기를 아무리 훌륭하게 들려주더라도, 아무리 널리 퍼뜨리더라도, 그 이야기는 언제까지나 그들의 이야기입니다.

2016년 3월, 우리 시대의 가장 훌륭한 기자 중 한명인 벤

바그디키언Ben Bagdikian이 죽었습니다. 내가 바로 이곳 UC 버클리 저널리즘 대학원에 다니면서 그에게 배울 때, 그는 언론 독점이 민주주의에 가하는 크나큰 폐해를 폭로한 이야기를 터뜨렸습니다. 그보다 한참 전에는 대니얼 엘즈버그Daniel Ellsberg가 펜타곤 문서를 믿고 맡길 사람으로 선택한 기자였죠. 결국 그 문서는 네 대통령이 베트남 전쟁에 대해 해온 거짓말을 폭로했고, 전쟁에 관한 기존의 이야기를 깨뜨렸습니다. 그의 윤리 수업을 들을 수 있었던 것은 행운이었습니다. 그때 그는 이렇게 말했습니다. "여러분은 객관적일 수 없습니다. 하지만 공정할 수 있습니다." 객관성이란 픽션입니다. 여러분과 주류 언론이 머무를 수 있는 중립 지대, 정치적 무인 지대가 있다고 말하는 픽션입니다. 여러분이 무슨 사건을 보도 가치가 있는 일로 여기는가, 누구의 말을 인용하기로 결정하는가 하는 것 자체가 정치적 결정입니다. 우리는 흔히 주변부 사람들은 특정 이데올로기를 품고 있다고 여기고 중심부 사람들은 중립적이라고 여기곤 합니다. 이를테면 자동차를 소유하지 않겠다는 결정은 정치적 결정이지만 자동차를 소유하겠다는 결정은 아닌 것처럼, 전쟁을 지지하는 결정은 중립적이지만 반대하는 결정은 아닌 것처럼 말합니다. 그러나 탈정치적, 방관적, 중립적 지대란 없습니다. 우리는 누구나 다 관여하고 있습니다.

'옹호 저널리즘'advocacy journalism이라는 용어는 곧잘 바람직하지 않은 저널리즘을 뜻하는 말처럼 쓰입니다만, 사실 훌륭한 폭로 기사는 거의 모두 어떤 입장을 옹호하는 기사입니다. 만약 여러분이 바그다키언과 엘즈버그처럼 대통령의 거짓말을 폭로한다면, 여러분은 아마 대통령은 거짓말해선 안 된다고 생각하는 입장일 것입니다. 만약 여러분이 어느 기업이 지하 수면을 오염시킨 사건을 폭로한다면, 가령 수압파쇄법으로 오염시킨 사건을 보도한다면, 여러분은 아마 오염에 찬성하지 않는 입장일 것입니다. 최소한 시민들이 그런 일을 알아야 한다고 생각하는 입장일 것입니다. 놀랍게도 세상에는 사람, 동물, 장소를 오염시키는 행위를 변호하는 사람들도 많습니다. 그들은 보통 유독물질의 유독성을 부정하거나, 시민들에게는 어떤 오염 물질이 마구 버려지는지를 알 권리가 있다는 사실을 부정합니다. 그래서 오염에 반대하는 입장은 때로 논쟁을 일으키는 입장이 됩니다.

글 쓰는 사람의 임무는 남이 뚫어둔 창을 그냥 내다보기만 하는 것이 아닙니다. 직접 밖으로 나가는 것, 틀 자체에 의문을 제기해보는 것, 혹은 아예 집을 헐어서 속에 든 무언가를 풀어주는 것입니다. 모두 어딘가에 갇혀서 우리 시야에서 벗어나 있던 무언가를 눈에 보이게 만들어주는 일입니다. 뉴스 저널리즘은 어제 세상에서 무엇이 달라졌는지에 집중합니다. 그 일의 바탕에 어떤 세력이 있는가, 그 시점의 기존 구조로부터 이득을 얻는 숨은 수혜자는 누구인가 하는 문제에는 그다지 신경 쓰지 않습니다. 경찰이 흑인 남성을 총으로 쏜 사건이 발생했다고 합시다. 여러분이 그 사건을 이해하기 위해서 사건의 육하원칙 외에 더 알아야 할 내용은 무엇일까요? 그런 사건이 얼마나 자주 발생하는가? 또는, 그런 사건이 장기적으로 공동체와 개인들에게 어떤 영향을 미치는가? 또는, 경찰의 통상적인 정당화 논리는 무엇인가? 여러분이 역사학자가 아니라 저널리스트라도 역사를 알아야 하는 것은 바로 이 때문입니다. 여러분은 사람들이 뒤죽박죽 혼란스러운 사실을 자신이 기존에 알던 사실에 어떻게 통합시키는가 하는 패턴을 읽을 줄 알아야 합니다. 사람들이 어떻게 사실을 선택하고, 오독하고, 왜곡하고, 배제하고, 윤색하고, 이쪽에는 연민을 보이지만 저쪽에는 보이지 않고, 이 메아리를 기억하지만 저 선례는 잊어버리는지 알아야 합니다.

우리가 깨뜨려야 하는 이야기 중에는 특별한 사건이 아닌 것도 있습니다. 일상의 추악한 벽지처럼 평범한 것도 있습니다. 예를 들어, 세상에는 여자들이 곧잘 강간당했다는 이야기를 거짓말로 지어낸다는 통념이 퍼져 있습니다. 소수의 여자가 아니라, 이례적인 한 여자가 아니라, 모든 여자가 일반적으로 그런다고 하죠. 이런 사고방식은 신뢰성과 진실성이란 남성의 성질이고 거짓말과 앙심은 여성의 성질이라는 가정에서 나옵니다. 달리 말해서, 다 페미니스트들이 지어낸 이야기라는 주장이죠. 그렇지 않다면, 우리는 가부장제라는 정말로 거대한 기존의 이야기를 의심해봐야만 할 테니까요. 그러나 현실의 데이터는 강간 피해를 밝히는 사람들이 일반적으로 진실을 말한다는 사실을 확인해줍니다(또 강간범들이 거짓말하는 경향이 있다는 사실, 심지어 많이 한다는 사실도 확인해줍니다). 세상에는 이 데이터를 받아들인 사람도 많고, 받아들이지 않는 사람도 많습니다. 그래서 모든 성폭행 보도의 이면에는 우리가 사용하는 용어들을 둘러싼 싸움, 젠더와 폭력에 관한 믿음들을 둘러싼 싸움이 깔려 있기 마련입니다.

모든 나쁜 이야기는 감옥입니다. 그런 이야기를 깨뜨리는 것은 누군가를 감옥에서 탈출시키는 일입니다. 이 일은 해방하는 일입니다. 이 일은 중요합니다. 이 일은 세상을 바꿉니다. 퍼시 비시 셸리Percy Bysshe Shelley는 시인은 세상의 진정한 입법가라는 유명한 말을 남겼죠. 그렇다면 기자는 이야기를 깨뜨리는 사람입니다. 기자들의 작업 덕분에 종종 사람들의 신념 체계가 바뀌고, 그리하여 입법과 제도 변화가 추진됩니다. 열정과 독립성과 배짱으로 수행되는 경우, 이 일은 강력하고 명예롭고 긴요한 작업입니다. 「스포트라이트」를 훌륭한 영화로 만든 것은 『보스턴 글로브』*The Boston Globe* 탐사 보도팀이 가톨릭 사제들이 방만하게 저질러온 성적 학대에 관한 기사를 특종 보도한 과정을 보여주었기 때문만이 아닙니다. 그런 보도는 분명 편안한 관계들과 믿음들을 산산조각 낼 것이기에, 『보스턴 글로브』가 오랫동안 그 이야기를 터뜨리기를 외면했다는 사실도 함께 보여준다는 점입니다.

내가 볼 때, 주류 언론에게는 우파적 편향이나 좌파적 편향이 있다기보다는 기성 상태를 선호하는 편향이 있습니다. 이것은 권위자의 말을 믿는 경향, 단체와 기업과 부자와 강자와 그밖에도 자만에 빠진 양복쟁이 백인 남성의 말이라면 거의 무턱대고 믿는 경향입니다. 거짓말한다는 사실이 이미 밝혀진 사람에게 더 많은 거짓말을 하도록 허락하고 그 말을 의심 없이 보도해주는 경향입니다. 거짓이라는 사실을 쉽게 증명할 수 있는 문화적 가정에 입각하여 보도하는 경향입니다. 그리고 거의 모든 외부자를 깎아내리는 경향입니다. 그들의 말을 믿지 않거나, 그들을 조롱하거나, 아예 무시하거나 하는 식으로. 그런 편향 때문에, 지난 30여년간 우리 경제가 훨씬 더 불평등하게 바뀌어왔다는 사실을 은근슬쩍 눈가림하는 보도들이 나왔습니다. 그런 편향 때문에, 이라크가 알카에다 및 9·11 테러와 관련된다고 본 허위 주장에 많은 주요 언론 매체들이 선선히 동조했습니다. 그런 편향 때문에, 화석연료 기업들의 후원을 받는 기후변화 부정 세력의 말에도 자격 있는 과학자들 대다수의 합의와 동등한 수준으로 보도 기회를 주어야 공평하다고 말하는 뿌리 깊고 비겁한 가식이 생겼습니다.

그리고 기자들뿐 아니라 거의 모든 사람들이 오랫동안 뻔히 보면서도 짐짓 모르는 척해온 '방 안의 코끼리'가 하나 더 있습니다. 사실 이것은 코끼리도 아닙니다. 이 '방 안의 코끼리'는 방 그 자체입니다. 현재 우주에 존재한다고 알려진 모든 생명들이 담겨 있고 그 생명들이 의존하는 생물권 자체, 현재 기후변화로 망가져가고 있고 앞으로도 훨씬 더 많이 망가질 생물권 자체입니다. 이 사건의 규모는 인류가 지금까지 직면한 어떤 일과도, 기자들이 지금까지 보도한 어떤 일과도 비교가 안 되는 수준입니다. 유일한 예외라면 전면적 핵전쟁의 위협 정도였을 것입니다. 그러나 그것은 어쩌면 벌어질 수도 있는 사건이었지, 실제 벌어진 사건은 아니었습니다. 기후변화는 이미 벌어지고 있습니다. 이미 모든 것을 바꾸고 있습니다. 이것은 다른 무엇보다 큰 사건입니다. 왜냐하면 우리가 상상할 수 있는 미래 내에서는 이것이 곧 우리가 가진 모든 것이니까요.

지구에서 현재 인간이 거주할 수 있는 지역은 거주할 수 없는 지역으로 바뀔 것입니다. 흉작이 잦아지고 있고, 그 때문에 기근, 기후 난민, 갈등이 늘고 있습니다(예를 들어,

기후 문제는 시리아 내전의 한 요인이었습니다). 그린란드 대륙빙하는 녹아서 무너지거나 급류가 되어 흘러나가고 있습니다. 남극 서부의 대륙빙하도 과학자들이 불과 몇년 전 모형으로 예측했던 것보다 훨씬 더 빠른 속도로 녹고 있습니다. 해수면이 워낙 빠르게 상승하고 있어서, 이번 세기 말이면 현재의 모든 세계지도가 무용지물이 될 것이고 저지대 해안선이 완전히 달라질 것입니다. 장기적으로 뉴욕의 넓은 영역이 물에 잠길 가능성이 높습니다. 방글라데시·이집트·베트남의 많은 부분도 그럴 것이고, 플로리다 남부를 비롯하여 대서양 연안 여러 지역들도 그럴 것입니다. 바닷물은 산성화하고 있습니다. 물고기의 부화장 역할을 함으로써 전세계 많은 인구에게 식량을 제공하는 산호초가 빠르게 죽어가고 있습니다. 멸종이 가속화합니다. 극단적인 기후가 새로운 정상 상태가 되고 있습니다. 그래서 캐나다 역사상 최대 재난이었던 2016년 봄 앨버타주 대형 산불이나(여담이지만, 미국에서는 이 사건이 터무니없이 적게 보도되었습니다) 2017년 우리가 겪었던 재앙 수준의 산불과 허리케인 같은 재난이 자꾸 발생할 것입니다.

그러나 이런 뉴스는 비록 덧없지만 사람들의 의분을 가장 잘 자아내고 기사의 클릭 수를 높여주는 인간 드라마와의 경쟁에서 밀립니다. 이것은 한편으로 인간 본성의 문제입니다. 그러나 또 한편으로는 언론이 사건의 경중을 판별

하여 보도하지 않고, 기후변화의 충격이 얼마나 크고 위협
적일지를 보도하지 않기 때문입니다. 우리가 그 충격을 극
대화하지 않고 최소화하기 위해서 쓸 수 있는 선택지가 날
이 갈수록 줄고 있다는 사실을 보도하지 않기 때문입니다.
우리가 주로 느리고, 간접적이고, 복잡한 수단들로 우리가
사는 집을 파괴하고 있다는 이야기를, 언론은 대체로 간과
하거나 축소해서 보도합니다. 이 일은 어제 갑작스럽게 터
진 일이 아니라 줄곧 진행되어온 과정이기 때문에 보도 기
회를 얻기가 더 힘듭니다. 이것이 '일반적인 뉴스'일 때도,
이를테면 엑손을 위시한 화석연료 기업들이 기후변화가
널리 보도되거나 인식되기 전부터 현상을 인지했으면서도
은폐해왔다는 뉴스처럼 스캔들·거짓말·돈과 관련된 뉴스
일 때도 마찬가지입니다. 반면 전세계에서 성대하게 진행
되고 있는 기후 운동, 현재 추진되는 놀랍도록 신속하고
효율적인 에너지 전환 조치 같은 이야기들은 잘 보도되지
않거니와 보도되더라도 단편적으로만 묘사됩니다.

　미래 세대는 우리가 지구가 불타는 동안 다른 시시한 일
들에 정신이 팔려 있었던 점을 가장 심하게 욕할 것입니
다. 이 위기에서 우리의 가능성과 책임을 논할 때, 가장 중
요한 위치에 있는 사람이 바로 기자들입니다. 우리에게는,
이야기를 짓고 깨뜨리는 사람들인 우리에게는 어마어마한
힘이 있습니다.

그러니 부디, 이야기를 깨뜨려주십시오.

〔2016〕

CALL THEM BY THEIR

TRUE NAMES

비탄 속의
희망

나는 내 동포 미국인들의 불안, 분노, 비탄에 큰 희망과 용기를 느낀다. 남들이 괴로워하는 모습을 보는 게 좋아서가 아니다. 이렇게나 많은 사람들이 이렇게 무관심하지 않다는 사실에 안도되기 때문이다. 선거 후 나는 우리 중 직접 표적이 되지 않는 사람들이 독재 정권하에서 사람들이 종종 드러내는 태도, 즉 사적인 삶으로 물러나고, 끝날 때까지 기다리고, 자신만 챙기고 남들은 신경 쓰지 않는 태도를 보이면 어쩌나 걱정스러웠다.

실제 벌어진 일은 그와는 달랐다.

스트레스가 엄청나다. 사람들은 심각한 감정적 스트레스, 수면장애, 불안, 집착, 분노, 분노로 인한 피로, 비참함, 공포, 두려움, 그밖의 감정들, 그리고 뉴스에 대한 편집증적 집착을 느낀다고 말한다. 월가 중역 출신의 에이미 시스킨드Amy Siskind는 선거 후 트럼프 행정부의 일탈적이고 심란한 행동과 발언을 매주 목록화하여 그들이 권위주의로 빠져드는 과정을 기록하는 일에 전업으로 몰두해왔다. 11월에 그녀는 잘 때 마우스가드를 물고 자기 시작했다고 썼다. 그동안 이를 하도 악물고 자서 이에 금이 갔다는 것이다. 한 미술 교사는 내게 말했다. "사회가 무너져서 혼란과 폭력이 판칠지도 모른다는 위험이 너무 현실적으로 느껴지는 세상에서 살다보니, 그 스트레스가 내 몸에도 영향을 미쳐요. 꼭 약한 독감을 계속 달고 사는 것 같아요. 머리는 두통으로 늘 뿌옇고요. 수백만명의 다른 사람들도 나처럼 느낀다는 걸 육감으로 알 수 있어요."

사람들은 염려한다. 그렇다고 해서 모두가 활동에 나서는 것은 아니다. 미국인의 3분의 1은 여전히 트럼프를 지지하며, 반쯤 가상의 존재인 예전의 미국으로 돌아가기를 바란다. 백인 남성이 모든 것을 통제하던 시절, 여성은 침묵하던 시절, 비백인 인구는 복종하던 시절, 이성애가 의무이던 시절, 환경 파괴가 규제되지 않던 시절로. 그러나 여든세살의 페미니스트이자 활동가인 글로리아 스타이넘 Gloria Steinem은 올해 샌프란시스코의 한 행사에서 이런 수준의 정치 참여가 전국적으로 벌어지는 모습은 평생 처음 본다고 말했다. 1960년대에도, 다른 어떤 시대에도 이 정도는 아니었다는 것이다. 내가 현재 주변의 많은 사람들에게서 보는 것은 원칙, 명예, 약자, 미래, 법치, 미국이 의지해온 제도들의 온전성에 대한 열렬한 관심이다.

그것은 곧 그들이, 우리가, 이상주의자라는 뜻이다. 우리는 공공의식을 가진 사람들이다. 우리는 참여하는 사회 구성원들이다. 이 상황은 우리 미국인이 온갖 방식으로 평생 들어온 이야기, 그리고 미국 밖의 여러분도 만약 우리처럼 자본주의하에서, 사회다원주의하에서, 프로이트주의라고 불러도 될 만한 사상하에서 살아왔다면 역시 내내 들어왔을 이야기와는 어긋난다. 인간은 자신의 육체적·감정적·물리적 욕구를 충족시키는 일과 자신의 유전자를 퍼뜨리는 일에만 관심 있는 이기적 동물이라는 이야기, 인간의 욕망은 사적이고 개인적이라는 이야기 말이다. 기업의 세계화와 초국적 반세계화 운동이 태동하던 시절에 실제로 내가 관찰했듯이, 은행이나 철도를 민영화하려면 그전에 먼저 사람들의 상상력을 민영화해야 한다. 사람들로 하여금 우리는 모두 별다른 공통분모가 없고, 서로에게 아무 빚이 없고, 인생은 각자의 가정과 개인의 영역에서 살아가는 편이 이상적이고, 우리는 시민이 아니라 소비자이고, 공적인 삶을 살거나 공적 영역에 참여하고 싶어할 이유가 없다고 믿게 만드는 것이다. 그런 작업은 여러 방식으로 진행되었다. 그래서 우리는 공공영역이란 과잉적이고, 어수선하고, 불쾌하고, 위험하며, 즐거움과 목적의식을 찾을 수 있는 공간이 아니라는 소리를 귀에 못이 박히도록 들어왔다. 실리콘밸리는 이런 관점으로부터 수익을 얻고자 구슬땀을 흘려왔다.

하지만 내가 지진이나 허리케인 같은 재난을 조사하면서 알게 되었듯이, 사람들은 위기 상황에서 종종 자발적으로 좀더 공동체적인 자아로 돌아간다. 그리고 그 깊은 관계 속에서 의미와 목적과 힘을 발견한다. 심지어 폐허에서 기쁨을 발견할 때도 있다. 지난 15개월 남짓을 겪으면서 이런 생각이 자주 들었다. 지금이 우리에게 위기이고 재난이고 비상 상황이라는 사실은 사람들이 이렇게 떨쳐나서서 반응하는 것만 보아도 알 수 있다고. 사람들은 자신이 시민사회의 구성원이라는 사실, 낯선 이웃과 공동의 이익을 염려한다는 사실, 그런 것들을 위하여 가끔 변화를 감수하거나 자기 일상의 위험까지 감수할 마음이 있다는 사실, 그렇게 보다 공적이고 공동체적인 영역에서 활동할 때 자아가 확장된다는 사실을 깨닫고 있다.

선거 후 나는 사람들이 겁에 질려 공적인 순종과 사적인 무관심으로 침잠할까봐 걱정스러웠다. 9·11 테러 후 부시 행정부는 그 사건과 그에 대한 반응을 교묘하게 조작하여 애국심을 일종의 맹목적 복종으로 둔갑시켰고, 이후 몇년 동안 그에 대해 감히 반대 의견을 내는 사람은 거의 없었다. 지금 이 추악한 시절에도 즐거움이 있다면, 그중 하나는 지금은 아무도 트럼프 행정부를 두려워하지 않는 것 같다는 점이다. 트럼프가 트윗을 올릴 때마다 평범한 시민들은 조롱, 경멸, 범죄자라는 비난까지 다양한 반응으로 대꾸한다. 미국이 전면적인 독재로 빠져드는 일을 막아줄 수 있는 것이 있다면, 아마 수많은 미국인들의 이런 불복종 기질일 것이다. 또 미국이 자주 선언해왔으나 지키는 데는 그보다 더 자주 실패해온 원칙들에 대한 시민들의 헌신일 것이다.

마음속으로 독재와 부패에 반대하고, 스트레스를 받고, 염려하는 것만으로는 부족하다. 우리는 행동해야 한다. 그러나 그런 감정은 행동의 토대가 되어주며, 현실적이고 실천적인 반대 운동도 사방에서 진행되고 있다. 수백명의 여성들이 처음 공직에 출마하여 당선되었다. 민주당은 전통적으로 공화당의 텃밭이었던 지역들에서 이겼다. 트럼프와 공화당에게 동의하지 않는 유권자들이 대대적으로 참여한 덕분이었다. (당연한 말이지만, 민주당은 결코 완벽하지 않다. 그러나 민주당은 정신 나간 극우 공화당에 맞설 주요 대안이고, 민주당 후보자들 중에는 당의 공식 기조보다 더 진보적이고 더 용감한 사람들이 많다.)

2018년 봄 『워싱턴 포스트』는 기사에서 이렇게 말했다.

2016년 초 이래 미국인 다섯명 중 한명은 거리 시위나 정치 집회에 참여했다. 그중 19퍼센트는 이전에는 시위나 정치 모임에 한번도 참여해본 적 없었다고 말했다. 최근 들어 행동에 나선 이 사람들 중 압도적 다수가 트럼프에게 비판적이다. 여론조사에 따르면, 대통령에게 찬성한다는 사람은 30퍼센트였고 나머지 70퍼센트는 반대한다고 했다. 또 많은 사람들이 올해 더 많은 정치 활동을 할 계획이 있다고 답했고, 약 3분의 1은 2018년 중간선거에서 자원봉사나 다른 방식으로 일할 생각이 있다고 답했다.

이런 수준의 참여는 유례가 없었다.

2018년 밸런타인데이에 학교에서 벌어진 총기 학살 사건에서 살아남은 플로리다주 파클랜드의 고등학생들은 총기 규제 운동에 새로운 활력과 지지층을 가져왔다. 학살이 벌어진 지 꼭 한달 뒤였던 3월 14일, 100만명의 학생들이 수업 도중 나와서 행진했다. 열흘 뒤인 3월 24일에는 '우리의 목숨을 위한 행진'이라는 이름으로 전국에서 450건이 넘는 시위가 조직되었고 100만명이 넘게 참가했다. 집회 참가 인원을 집계하는 단체인 '크라우드 카운팅 컨소시엄'에 따르면, 미국에서 2018년 봄 한달 동안 2,500건이 넘는 정치 시위가 열렸다고 한다. 2017년 10월, 영화 제작자 하비 와인스틴의 성희롱과 성폭력이 폭로되자 페미니스트들은 거세게 반응했고, 그 결과 그와 비슷한 다른 많은 남자들도 줄줄이 정체가 폭로되고 해고되었다. 이 분노에는 우리가 백악관에 상습적 성추행범을 두었다는 사실이 영향을 미쳤는지도 모른다. 페미니스트들과 총기 반대 활동가들은 개별적인 사건들이 그보다 더 커다란 질문으로 이어진다는 사실을 아는 듯하다. 힘, 권위, 젠더, 인종, 평등에 관한 질문, 혹은 평등의 반대에 관한 질문으로.

노동계와 교육계는 공격에 시달리고 있다. 그러나 빈곤한 웨스트버지니아주의 저임금 교사들은 성공적으로 파업을 조직해냈고, 이 글을 쓰는 현재 오클라호마의 교사들도 파업 중이며, 애리조나와 노스캐롤라이나의 교육자들도 파업에 나섰다. 개인 차원의 운동들에도 사람들이 열렬히 가담한다. 캔자스에서 한 이민자 남성을 보호하기 위해 벌어진 싸움이 좋은 예다. 투표권을 지키기 위한 투쟁도 강력하게 시작되었다(트럼프가 소수자 득표에서 승리할 수 있었던 것은 공화당이 민주주의를 훼손함으로써 이기겠다는 전략을 지속적으로 펼쳐온 결과 수백만명의 투표권이 억압된 탓이었다).

우리가 이기고 있다는 확신은 내게도 없다. 그러나 우리가 마침내 싸우고 있다는 사실은 기쁘다. 적어도 우리 중 일부는 싸운다. 지금은 혼란스러운 시절이다. 전통적 보수주의자들 중 일부는 트럼프 행정부를 비판하고, 더이상 자신들을 대변하지 않는다고 여겨 가끔 공화당까지 비판한다. 좌파 강경주의자들 중 일부는 선거 정치에 대한 환멸 때문에, 그렇다 한들 더 나은 방안이 있을 것 같지 않다는 생각 때문에 방관자로 나앉았다. 미국이 천명한 가치들을 열렬히 지지하고 있는 것은 온건한 진보주의자들과 중도주의자들이며, 어쩌면 지금은 그들의 시간인지도 모른다. 이른바 저항 세력의 뼈대는 그들이다.

가끔은 이 합중국의 상태가 꼭 부조리한 스릴러 영화처럼 느껴진다. 만약 2년 전에 누가 우리에게 이런 상황을 말해주었다면, 우리는 이런 상황이 가능하다는 것조차 믿지 못했을 것이다. 하물며 가능성이 높다고는, 심지어 현실이 된다고는 더더욱 믿지 못했을 것이다. 뉴잉글랜드 특권층 출신의 위엄 있는 연방 공무원과 남부 출신의 성인 엔터테인먼트 배우 겸 감독이 — 로버트 멀러 3세Robert Mueller III 와 스토미 대니얼스Stormy Daniels 말이다 — 트럼프 행정부의 성채를 포위하는 작전에 함께하는 모습은 정말 웃기면서도 끔찍하고, 비현실적일 만큼 기이하다.

이 행정부가 사실상의 점진적 쿠데타를 벌여왔다는 점 때문에 이 상황은 더 복잡해진다. 이 행정부는 권력을 확보하고 행사하며 법규와 공무 기준을 처음에는 약간 어기고, 그 다음에는 좀더 어기고, 또 좀더 어겼다. 그러는 과정에서 사익 추구와 파괴를 일삼았다. 백악관과 각료들은 꼭 공교육을, 그리고 (빈곤층, 장애인, 어린이, 학생, 이민자와 난민, 트렌스젠더 등등) 약자에 대한 지원을, 이 나라를 굴러가게 하는 외교단과 관료를, 미국 국민과 환경의 안전을, 권력 분립을, 정부의 책임성과 투명성을 박살내려고 작정한 적대적 외부 세력처럼 행동한다.

그들은 파괴하려고 왔고, 목표를 순조롭게 달성하는 중이다. 그들에게 힘을 실어주는 건 법, 진실, 국가의 안녕에는 더이상 신경 쓰지 않는 듯한 공화당 의원들이다. 어떤 사람들은 행정부가 갑자기 권력을 장악하여 고삐 없는 독재 정권을 선언할까봐 걱정한다. 어떤 사람들은 그 일이 벌써 점진적으로 진행되고 있다고 말한다. 그런 시도에 장애물이 될 만한 두 요인은 트럼프 행정부의 혼돈 그 자체인 무능, 그리고 대중의 경계와 분노다. 세번째 요인을 꼽자면, 군대와 정보기관과 전국의 과학자들과 행정가들에 이르기까지 오래된 공직자들이 느끼는 혐오감이다. 어느 이민국 공무원은 2018년 사임하면서 이렇게 말했다. "더이상 허위 사실을 퍼뜨리는 일에 일조하고 싶지 않아서 그만둡니다."

이 슬픔과 분노, 불면과 분개가 그 자체로 힘이 되지는 못한다. 그러나 이런 감정들은 미국에 공공의식을 갖춘 시민들이 있다는 사실을 증명해준다. 어쩌면 그들은 부패 선거와 처벌을 모면한 위법 행위에 빼앗긴 나라를 되찾을 수

있을지 모른다. 어쩌면 그 순간은 곧 올지도 모른다. 우리
가 노력한다면.

〔2018〕

CALL THEM BY THEIR TRUE NAMES

간접적
영향을
칭송하며

2017년 2월, 대니얼 엘즈버그와 에드워드 스노든Edward Snowden은 민주주의, 투명성, 내부 고발, 기타 등등에 대해서 공개 대화를 나누었다. 그때 스노든은 ─ 물론 모스끄바에서 스카이프로 대화했다 ─ 만약 엘즈버그의 선례가 없었더라면 자신은 미국국가안전보장국NSA이 평범한 국민 수백만명을 광범위하게 감시해왔다는 사실을 감히 폭로하지 못했을 것이라고 말했다. 놀라운 선언이었다. 그것은 1971년 엘즈버그가 일급 기밀이었던 펜타곤 문서를 누출했던 일의 영향이 1970년대의 대통령직과 당시의 전쟁에만 국한되지 않았다는 뜻이었다. 그 일의 영향 범위는 그 순간을 살았던 사람들에게만 국한되지 않았다. 엘즈버그의 행동은 수십년 뒤 사람들에게도 영향을 미쳤다. 스노든은 엘즈버그가 자신의 원칙을 따르고자 자신의 미래를 걸었던 때로부터 12년 뒤에 태어났다. 행동이 일으키는 파문은 종종 직접적인 목표를 넘어서는 지점까지 퍼져나간다. 이 사실을 기억하는 것은 원칙에 따라 살아야 할 이유가 되어주고, 설령 결과가 즉각적이거나 명백해 보이지 않더라도 내가 하는 일이 중요하다는 희망에 따라 행동해야 할 이유가 되어준다.

종종 가장 간접적인 영향이 가장 중요하다. 나는 대중행진에 참가할 때, 가령 2017년 1월 여성행진 같은 시위에 참가할 때, 이런 자리가 중요한 것은 어느 이름 모를 젊은이가 여기서 삶의 목적을 찾아내기 때문이 아닐까 하고 생각하곤 한다. 그러나 그 사실은 20년 뒤 그녀가 세상을 바꾸는 때가 와야만, 그녀가 위대한 해방자가 되는 때가 와야만 비로소 우리에게 밝혀질 것이다.

내가 희망을 이야기하기 시작한 것은 2003년이었다. 이라크 전쟁이 시작된 직후의 암담한 나날이었다. 그로부터 15년이 지난 지금도 나는 여전히 그 단어를 쓴다. 왜냐하면 희망은 낙천주의와 비관주의라는 두가지 거짓 확신의 틈을 비집고서, 또한 양쪽 모두에 따라오는 순응성과 수동성을 물리치고서 앞으로 나아갈 길을 찾아내주기 때문이다. 낙천주의는 우리가 노력하지 않아도 모든 것이 잘되리라고 가정한다. 비관주의는 모든 것이 구제 불능이라고 가정한다. 둘 다 우리를 그냥 집에 머물면서 손을 놓게 만든다. 내게 희망이란 늘 미래가 예측 불가능하다는 사실을 아는 것을 뜻했다. 우리는 앞으로 무슨 일이 벌어질지 모른다는 것, 그러나 어쩌면 스스로 미래를 써나갈 수 있을지도 모른다는 것.

희망은 우리가 하는 일이 중요할지도 모른다고 믿는 것, 미래가 아직 씌어지지 않았음을 이해하는 것이다. 희망은 앞으로 어떤 일이 벌어질 수 있고 우리가 그 속에서 어떤 역할을 수행할 수 있는가 하는 점을 정보에 근거하여 영리하게 판단하되 늘 열린 마음을 유지하는 것이다. 희망은 앞을 내다보지만, 과거에서 에너지를 얻는다. 역사를 아는 데서, 특히 우리가 거두었던 승리를 아는 데서, 나아가 그 승리의 복잡성과 불완전성을 아는 데서. 희망은 썩 좋은 것의 적이나 다름없는 완벽에 집착하지 않고, 승리의 문턱에서 굳이 패배를 낚아채지 않으며, 미래는 아직 씌어지지 않았고 그 내용이 일부 우리에게 달려 있는데도 꼭 미래의 일을 다 아는 것처럼 생각하지 않는다.

인간은 복잡한 동물이다. 우리 안에는 희망과 고뇌가 공존할 수 있고, 우리의 운동과 분석 안에도 마찬가지다. 제임스 볼드윈에 대한 2017년 다큐멘터리 「나는 네 깜둥이가 아냐」I Am Not Your Negro를 보면, 1968년에 로버트 케네디 Robert Kennedy가 앞으로 40년 뒤에는 흑인 대통령이 탄생할 것이라고 예측하는 장면이 나온다. 놀라운 예언이었다. 정확히 40년 뒤에 버락 오바마가 대통령으로 당선되었기 때

322

문이다. 그러나 볼드윈은 케네디의 발언에 조소한다. 케네디가 그 말을 하는 방식은, 그게 아무리 근사한 꿈일지라도 인종차별을 싫어하는 백인들을 위로할 수는 있을망정 바로 지금 여기에서 인종차별을 겪는 흑인들의 고통과 분노를 씻어내지는 못한다는 사실을 외면하고 있기 때문이다. '흑인의 목숨은 중요하다' 운동의 창시자 중 한명인 퍼트리스 컬러스Patrisse Cullors는 초기에 운동의 사명을 "비통함과 분노에 뿌리를 두되 미래와 꿈을 향하는 것"이라고 밝혔다. 더 나은 미래를 그린다고 해서 반드시 현재의 범죄와 괴로움을 부정할 필요는 없다. 오히려 후자 때문에 전자가 중요한 것이다.

나는 그동안 트럼프 행정부와 그 강령에 저항해온 사람들의 힘, 폭, 깊이, 아량에 감동받고, 전율하고, 놀랐다. 이토록 대담하고 폭넓은 저항이 일어나리라고는 미처 예상하지 못했다. 저항은 주 정부들, (주지사나 시장부터 여러 연방 부서의 직원들까지) 수많은 정부 직원들, 공화당 주의 소도시들, '인디비저블'Indivisible이라는 풀뿌리 조직에 선거 후 6,000개가 넘는 지역 분회가 새로 결성되었다는 사례처럼 많은 신생 조직들, 새로 결성되거나 강화된 이민자 권리 단체들, 종교 단체들, 미국 역사상 최대 시위 중 하나로 기록된 2017년 1월 21일 여성행진 및 기타 등등을 포함할 만큼 폭넓었다.

나는 또 저항이 지속될 수 있을까 염려했다. 운동에 새로 가담한 사람들은 가끔 결과가 즉각 나오거나 안 나오거나 둘 중 하나라고 생각한다. 당장 성공하지 않으면 실패한 셈이라는 것이다. 그런 사고방식 때문에, 이제야 막 추진력이 형성되고 승리가 목전인데도 많은 사람들이 포기하고 돌아간다. 나는 그런 위험한 실수를 숱하게 보았다. 그러나 우리가 지금 선 지점이 어디인지를 알려면, 단기적 인과관계라는 단순한 산수가 아니라 변화의 복잡한 미적분을 풀어야 한다.

맨해튼에 내가 좋아하는 서점이 있다. '하우징 워크스 북카페'Housing Works Bookstore Cafe라는 곳으로, 최근 몇년 동안 뉴욕에 갈 때마다 그곳에 들러서 요기도 하고 훌륭한 중고책 컬렉션도 살펴보곤 했다. 그러던 2016년 가을, 컬럼비아 대학에서 일하며 하우징 워크스에서 자원봉사를 하는 친구 개빈 브라우닝Gavin Browning이 내게 그 이름의 의미를 알려주었다. 하우징 워크스는 'ACT UP', 즉 '힘을 발휘하는 에이즈 연합'AIDS Coalition to Unleash Power에서 파생한 단체다. ACT UP은 에이즈 위기가 한창일 때 아직 개발 중인 신약에 접근할 권리를 요구하고, 이 전염병의 심각성에 대한 인식을 제고하고, 환자들이 때 이른 죽음이라는 나쁜 밤으로 순순히 들어가지 않도록 만들기 위해서 결성된 단체였다.

ACT UP은 무슨 일을 해냈을까? 활동가들 중에는 위험할 만큼 아프고 죽어가는 사람도 많았는데, 이 맹렬하고 용맹한 이들은 에이즈에 대한 대중의 생각을 바꿔놓았다. 그들은 신약 시험의 속도를 높이도록, 에이즈의 여러 증상과 합병증까지 함께 다루도록 압박을 넣었다. 정책, 교육, 예방, 홍보, 자금 지원을 요구하며 압박을 넣었다. 타국의 에이즈 환자와 연대자에게 그들이 필요로 하는 약을 감당 가능한 가격에 구할 수 있도록 제약 회사와 싸우는 법을 가르쳐주었다.

브라우닝은 최근 이렇게 썼다. "1990년대로 접어들 무렵, HIV/에이즈에 걸린 약 1만 3,000명의 노숙인 인구에게 할당된 뉴욕 내 공공주택은 350군데가 못 되었다. 그래서 ACT UP 주거 위원회 구성원 중 네명은 1990년 '하우징 워크스'를 설립했다." 이후 긴 시간이 흐른 지금까지도 그들은 HIV 양성 환자들에게 주거를 비롯한 다양한 서비스를 제공하는 일을 묵묵히 해오고 있다.

내가 본 것은 서점뿐이었다. 그동안 나는 많은 것을 놓친 셈이었다. ACT UP의 사업은 어떤 의미에서도 아직 끝나지 않았다.

많은 단체·운동·봉기에는 파생 단체, 딸 조직, 도미노 효과, 연쇄 반응, 그리고 하나의 실험에서 드러난 새로운 본보기, 사례, 모형, 도구 상자가 뒤따른다. 모든 활동은 각각이 하나의 실험이며, 그 실험의 결과는 다른 상황에도 적용될 수 있다. 우리가 희망을 품으려면, 불확실성을 끌어안는 것만으로는 안 된다. 더 나아가 결과가 측정 가능하지 않을 수도 있다는 사실, 결과가 여태 펼쳐지는 중인지도 모른다는 사실, 미국의 활동가들이 상황을 잠자코 받아들이기를 거부하고 들고일어난 덕분에 다른 대륙의 가난한 사람들이 약을 구할 수 있게 된 것처럼 때로는 결과가 간접적이라는 사실을 이해하려고 애써야 한다. 희망이란 거미줄처럼 가느다란 그런 연결들로, 모든 것은 연결되어 있다는 생각으로, 최악의 사건뿐 아니라 최선의 행동에서 나온 영구적 영향으로 짜여진 현수막이라고 여기자. 세상의 모든 것은 불가분의 관계로 엮여 있기에 모든 것이 중요하다고 여기자.

월가 점거 운동이 시작하고 몇주, 성공의 양상을 단순한 기준으로만 측정하는 자칭 전문가들은 그 운동이 혼란스럽고 무익하다며 깔보았다. 그러나 운동이 전 미국과 해외까지 퍼지자, 그 운동이 망해가고 있거나 이미 망했다고 선언했다. 로어맨해튼에서 벌어졌던 최초의 점거는 2011년 11월 해산되었지만, 그로부터 감화받아 생겨난 다른 많은 농성지들은 훨씬 더 오래 이어졌다. 월가 점거 운동은 학자금 대출과 기회주의적으로 영리를 추구하는 대학들에게 항의하는 운동을 일으켰고, 재정 파탄과 미국의 빚 노예 체제가 얼마나 고통스럽고 잔인한지를 조명했다. 새로운 방식으로 경제 불평등에 도전했다. 캘리포니아는 주택 소유자가 약탈적 대출업자에 맞설 수 있게 한 권리장전을 통과시켰고, 점거 운동의 여파로 생겨난 주거 보호 운동은 많은 취약한 주택 소유자들을 한 집 한 집 보호하는 일에 나섰다. 많은 점거 조직들은 각자의 지역에서 지방 정부에 개입했고, 각자의 사업을 추진했다. 지역의 점거 조직들은 여전히 활발하게 변화를 만들어내고 있다. 점거는 지금도 진행 중이다. 그러나 그 사실을 알려면 운동이 취하는 무수히 다양한 형태를 알아볼 줄 알아야 하는데, 그 형태들은 처음 로어맨해튼 광장에 군중이 모였던 때의 모습과는 딴판이다.

마찬가지로, 나는 노스다코타주 스탠딩록에 모였던 원주민 부족들과 활동가들의 운동을 송유관 건설을 저지했느냐 못 했느냐만으로 평가하는 것은 실수라고 생각한다. 그런 차원을 넘어서, 2017년 1월 1일까지 완료될 예정이었던 사업을 미루게 만든 것만으로도 그 운동은 투자자들에게 큰 부담을 안겼고, 대규모 항의로 대규모 투자 회수를 일으키고 이전까지 드러나지 않았던 환경 파괴를 면밀히 조사하도록 만듦으로써 송유관 건설이 좀더 위험성 높고 수익성 낮은 사업으로 여겨지게끔 만들었다.

그런데 스탠딩록은 이런 실제적인 측면들보다도 더 큰 사건이었다. 한창때 이 운동은 북미 아메리카 원주민들의 정치 집회로는 거의 틀림없이 역사상 최대 규모였다. 라코타족의 일곱 분파가 전부 한자리에 모인 것은 이들이 1876년 리틀 빅혼 전투에서 커스터 장군을 패퇴시켰던 때 이래 처음이라고 했다. 이 운동은 사람들의 눈에 보이지 않는 존재일 때가 많았던 이들을 세상에 드러냈다. 스탠딩록에서 벌어졌던 일은 송유관 하나를 취소시킬 가능성을 지닌 일로만 그치지 않았다. 500여년에 걸친 잔인한 식민 지배와 수백년에 걸친 죽음과 비인간화와 강탈의 역사에 급진적인 새 장을 써넬지도 모르는 일이었다. 한 기념비적 의식에서, 많은 퇴역 군인들이 무릎을 꿇고 미 육군이 오랫동안 원주민 억압에 가담해온 일을 사과하며 용서를 구했다. 1969년에서 1971년까지 이어졌던 앨커트래즈섬 점거 운동이 그랬던 것처럼, 스탠딩록은 원주민들로 하여금 자신들의 힘, 자부심, 운명을 느끼게 만든 촉매였다. 스탠딩록은 연대와 연결을 확인해주었고, 원주민들의 실정을 잘 몰랐던 사람들에게 교육의 기회를 마련해주었고, 역사를 열정적으로 세세히 기억하곤 하는 원주민들이 옳았음을 말해주었다. 스탠딩록은 기후 운동과 캐나다를 드나드는 송유관 건설 저지 운동에서 늘 중요한 요소로 작용해온 원주민 권리 운동 사이에 깊은 유대 관계가 있음을 확인해주었다. 앞으로 반세기 넘게 훌륭한 활동을 해나갈지도 모르는 젊은이들에게 영감과 가르침을 주었다. 스탠딩록은 봉화였고, 그 의미는 그 시간과 장소를 넘어 더 멀리까지 뻗어나간다.

역사를 알면, 현재 너머를 볼 수 있다. 과거를 기억하는 사람은 미래도 내다볼 수 있고, 모든 것은 변하는 데다가 가장 극적인 변화는 종종 가장 예상하지 못했던 변화라는 사실도 알게 된다.

1970년대 반핵 운동은 그 시절 강력한 세력이었지만 지금은 거의 기억되지 않는다. 그러나 그 영향은 지금도 미치고 있다. 『직접 행동: 저항과 미국 급진주의의 재발명』 *Direct Action: Protest and the Reinvention of American Radicalism*이라는 중요한 책에서, L. A. 카우프먼L. A. Kauffman은 1976년 일어났던 미국 최초의 주목할 만한 원자력 발전소 반대 운동은 그 전해에 서독에서 벌어졌던 놀라운 저항에서 영감을 얻었다고 말했다. 서독 시민들이 정부를 압박하여 원자로 건설 계획을 포기하도록 만든 사건이었다. 뉴잉글랜드에서 원자력 발전소에 반대하고자 결성된 단체는 스스로를 클램셸 연합Clamshell Alliance이라고 불렀다. 그 활동가들은 뉴햄프셔에 지어질 시브룩 원자력 발전소에 반대하여 창의적인 전술을 펼쳤고, 여론을 잘 형성해나갔고, 언론 보도도 많이 받았지만, 건설 저지에는 결국 실패했다. 그러나 그들을 본받아 캘리포니아 중부에서도 애벌로니 연합Abalone

Alliance이라는 자매 조직이 결성되었고, 이 조직도 비슷한 전략을 활용하여 디아블로캐니언 원자력 발전소 건설을 저지하려고 나섰다.

두 단체는 특정한 두 원자력 발전소 건설에 저항했으나, 결국 발전소는 둘 다 지어졌다. 그러니 어쩌면 두 운동은 실패였다고 볼 수도 있겠지만, 카우프먼은 그 활동이 전국에서 많은 사람들을 감화시켜서 저마다 반핵 단체를 조직하게끔 만들었다고 지적한다. 그런 움직임으로 이후 몇년 동안 100개가 넘는 원자력 발전소 계획이 취소되었고, 대중의 인식이 제고되었고, 원자력 발전에 대한 여론이 바뀌었다. 카우프먼은 이어서 정말 흥미로운 대목으로 넘어간다. 그녀에 따르면, 클램셸 연합의 "가장 대단한 유산은 이후 40년 동안 사람들이 대규모 직접 행동을 조직할 때 지배적 모형으로 따를 운동 방식을 굳히고 퍼뜨렸다는 사실이다. (…) 1980년대 미국의 중앙아메리카 정책에 반대하여 결성된 전국 활동가 단체 연대, '저항의 맹세'Pledge of Resistance가 그들의 방식을 채택했다."

카우프먼은 계속해서 이렇게 말한다. "그해 가을에는 연방대법원이 '바워즈 대 하드윅 사건'Bowers vs. Hardwick에서 소도미 법을 인정하는 반동성애적 결정을 내린 데 항의하는 시민 불복종 운동이 일어났는데, 그때도 수백개의 단체들이 그들의 방식을 사용했다. 에이즈 활동가 단체 'ACT

UP'도 1988년 식품의약국 본부를 점거하고 1990년 국립보건원을 점거하여 두 기관에 실험 단계의 에이즈 신약 승인을 압박하는 대담한 활동을 조직할 때 역시 이 방식을 차용했다." 이 역사는 21세기 현재까지 이어진다.

클램셸 활동가들이 촉진했다는 전략과 조직 원칙이란 정확히 무엇이었을까? 짧게 설명하면, 대외적으로는 비폭력 직접 행동을 추구하고 내부적으로는 합의제 의사 결정 방식을 채택하는 것이었다. 전자의 역사는 전세계로 뻗어나가고, 후자의 역사는 유럽에서 북미로 처음 건너왔던 반체제 집단들에게로 거슬러 올라간다. 좀더 설명하자면, 비폭력은 간디가 명료하게 기술한 전략으로 1906년 9월 11일 남아공의 인도계 주민 차별에 저항하는 운동에서 처음 시도한 방법이었다. 직후 젊은 변호사였던 간디는 대의를 추구하기 위해 런던을 여행했는데, 그때의 경험으로 비폭력의 가능성과 힘이 자신이 생각했던 것보다 더 크다고 믿게 되었다. 그가 도착한 지 사흘째 되던 날, 참정권을 요구하며 싸우고 있던 영국 여성들이 의회를 점거했다. 열한명의 여성이 체포되었고, 벌금을 물기를 거부하여 감옥에 갇혔다. 이 여성들은 간디에게 깊은 인상을 남겼다.

간디는 이후 '말보다 행동이 낫다'라는 제목의 글을 써서 그 여성들을 이야기했다. 그 글에서는 체포된 여성 중 한명의 언니인 제인 코브던Jane Cobden의 말을 인용했다.

"나는 내가 제정에 관여하지 못한 법률을 결코 따르지 않을 것입니다. 그런 법률을 집행하는 법원의 권위를 결코 인정하지 않을 것입니다." 간디는 이렇게 단언했다. "오늘날 온 나라가 그들을 비웃고, 그들을 편드는 사람은 얼마 되지 않는다. 그럼에도 이 여성들은 전혀 굴하지 않고 대의를 착실히 추구해나가고 있다. 이들은 틀림없이 성공할 것이고, 투표권을 얻을 것이다." 간디는 이렇게 생각했다. 만일 그 여성들이 이길 수 있다면, 영국령 아프리카에서 자신들의 권리를 찾고자 싸우는 인도계 주민들도 아마 이길 수 있을 것이다. 그는 또 같은 글에서(1906년 글이었다!) 이렇게 예언했다. "언젠가 때가 온다면, 인도도 스스로 예속을 끊어낼 것이다."

생각은 전염되고, 감정도 전염되고, 희망도 전염되고, 용기도 전염된다. 우리가 이런 것을 체현하면, 혹은 그 반대를 체현하면, 남들에게도 이런 것을 전달하게 된다.

요컨대 영국에서 1918년 제한적인 여성 투표권을 얻어내고 1928년에는 온전한 투표권을 쟁취한 여권 운동가들이 한 인도 남성에게 영감을 주었고, 그래서 그가 20년 뒤에 아시아의 한 아대륙을 영국의 지배로부터 해방시키는 일을 이끌도록 만들었다. 그런 그가 또 미국 남부의 한 흑인 남성에게 영감을 주어, 그의 사상과 그 적용을 연구하도록 만들었다. 마틴 루서 킹은 간디의 후손을 만나기 위해서 1959년 인도로 순례 여행을 다녀온 뒤 이렇게 썼다. "우리가 몽고메리 보이콧을 진행하던 때, 인도의 간디는 비폭력에 의한 사회 변화라는 우리의 기법을 안내한 등대였다. 우리는 간디 이야기를 자주 했다." 이후 민권 운동이 더욱 발전시킨 그 기법은 세계로 퍼졌다. 아프리카 대륙 한끝에서 아파르트헤이트에 저항하던 사람들도 그 기법을 채택했고, 대륙의 반대쪽 끝에서 벌어진 아랍의 봄 시위자들도 마찬가지였다.

1960년대 초 민권 운동의 경험은 많은 참여자들의 삶의 방향을 결정지었다. 그중 한명이 존 루이스John Lewis였다. 그는 최초의 '프리덤 라이더'('프리덤 라이드' 운동은 연방법이 대중교통수단의 흑백 분리를 금한 뒤에도 차별이 존속하던 남부에 대한 항의로서 흑백 시민이 버스에 나란히 앉아 여행하는 평화 시위였는데, 1961년 5월 시작된 첫 '라이드'에 참여했던 13명의 시민은 남부에서 폭력과 구금을 겪었다 ― 옮긴이) 중 한명이었고, '식당 카운터 점거' 운동(흑인에게는 음식을 팔지 않던 남부의 가게들에 대한 항의 시위로, 시위자들은 그냥 카운터에 앉아서 주문을 하는 게 고작이었으나 사람들로부터 구타당하곤 했다. 존 루이스는 학생이던 1960년에 내슈빌의 점거 운동에 앞장섰다 ― 옮긴이)의 젊은 지도자였고, 셀마 행진에서 경찰의 잔인한 구타로 머리가 깨진 피해자였다. 수십년 뒤 하원의원이 된 루이스는 트럼프 당선의 적법성에 가장 대담하게 이의를 제기한 사람이었고, 다른 민주당 의원 수십명을 이끌고 취임식을 보이콧했다. 그리고 트럼프 취임 일주일 후 무슬림 난민과 이민자에 대한 공격이 시작되자, 루이스는 항의 시위대에 합류하려고 애틀랜타 공항으로 달려갔다.

영국 의사당에서 체포되었던 여성들은 영국 여성의 참정권을 얻어내려고 싸웠다. 그들은 스스로를 해방시키는 일에 성공했다. 그러나 또한 그들은 후대에 전술·투지·저항심을 물려주었다. 미국의 여성 참정권 운동에 영향을 준 사건들의 계보를 위로 거슬러 올라가보면 노예제 폐지 운동에 다다르고, 아래로 따라 내려오면 애틀랜타 공항에서 난민과 무슬림을 위해 나섰던 존 루이스에 이른다. 우리보다 앞서서 가능성과 상상력의 문을 열었던 영웅들이 우리의 등을 밀어주고 있다.

미셸 푸꼬Michel Foucault는 이렇게 말했다. "사람들은 자신이 무슨 일을 하는지 안다. 그 일을 왜 하는지도 안다. 그러나 자신이 하는 일이 무슨 일을 하는지는 모른다." 우리는 우리가 할 수 있는 일을 한다. 그리고 우리가 한 일은 우리의 상상보다 더 많은 일을 미래 세대에게 해줄지도 모른다. 우리는 씨앗 하나를 심고, 그 씨앗에서 나무가 자란다. 그 나무에서 열매, 그늘, 새들의 보금자리, 더 많은 씨앗, 숲, 요람이나 집을 만들 목재가 나올까? 우리는 모른다. 나무는 사람보다 훨씬 더 오래 살 수도 있다. 그러므로 생각은, 또한 무엇이 진실이거나 참인가에 대한 새로운 생각을 기꺼이 받아들임으로써 온 변화는, 세상을 다시 만들 수도 있다. 우리는 우리가 할 수 있는 일을 한다. 우리는 우리의 최선을 다한다. 우리가 하는 일이 무엇을 하는가는 우리에게 달린 문제가 아니다.

이 점을 명심하는 것은, 1970년대 반핵 운동이 활용했던 비폭력 시민 불복종의 대외 전략이 우리에게 남긴 유산을 기억하는 한 방법이다. 또한 그 기법을 확장하고 다듬는 데 크게 기여했던 1960년대 민권 운동을 기억하는 한 방법이다.

그렇다면 클램셸 연합 내부의 과정은 어땠을까. 『직접 행동』에서 카우프먼은 클램셸의 영향을 설명하면서 참가자 이네스트라 킹Ynestra King의 말을 인용했다. "우리는 페미니즘에서 배웠던 형식들, 그리고 어떤 존중의 정서 같은 것을 이 상황에도 자연스럽게 끌어들였어요. 그것이 퀘이커교의 전통으로 더욱 강화되었죠." 카우프먼에 따르면, 클램셸의 초기 참가자였던 수키 라이스Sukie Rice와 엘리자베스 보드먼Elizabeth Boardman은 퀘이커교의 영향을 받았고 퀘이커교의 관습인 합의제 의사 결정 과정을 새 집단에도 가져왔다. "누구의 목소리도 묻히지 않게 하자는 생각, 지도자와 추종자의 구분이 없게 하자는 생각이었죠." 퀘이커교는 17세기부터 전쟁, 위계 구조, 기타 등등에 반대해온

급진적 반체제 세력이었다. 활동가 조앤 시핸Joanne Sheehan
은 이렇게 말했다. "비폭력 훈련, 소모임 활동, 여러 비폭력
지침에 동의하는 것. 이런 것들은 새롭지 않았어요. 하지
만 이것들을 다 섞어서 합의제 의사 결정 과정과 비위계적
구조와 결합한 것은 새로웠죠." 클램셸이 만든 운동의 운
영 및 조직 방법은 이후 진보적 활동가 세계 전체로 퍼져
나갔다.

  HIV 같은 바이러스가 종에서 종으로 점프하면서 돌연
변이를 일으킨다는 무서운 이야기들이 있다. 생각과 전술
도 그처럼 공동체에서 공동체로 점프하면서 돌연변이를
일으키는데, 이 변이의 결과는 우리에게 유익하다. '부수
적 피해'라는 사악한 용어가 있다. 전쟁에서 살해된 비전
투원들을 전쟁 폭력의 불가피한 부산물인 양 표현한 말이
다. 내가 지금 이야기하는 개념은 어쩌면 부수적 편익이라
고 불러도 좋을 것이다.

  민주주의라고 불리는 제도의 원칙은 종종 소수를 무시
하는 다수결이다. 설령 인구의 49.9퍼센트가 ─ 삼파전 투
표일 때는 이보다 더 많을 수도 있다 ─ 무시당하게 되더
라도 말이다. 반면 합의의 방식은 아무도 빠뜨리지 않는
다. 클램셸 이후 합의제는 급진 정치로 점프해 들어가서
그것을 변화시켰다. 급진 정치가 좀더 너그럽고 포용력 있
고 평등한 것이 되도록 만들었다. 내가 참여하거나 목격한

거의 모든 운동들도 합의제를 연마하고, 개선하고, 사용했다. 1980년대와 1990년대에 네바다 핵 실험장에서 벌어졌던 반핵 운동도, 1999년 말 시애틀에서 세계무역기구 각료회의를 저지함으로써 세계의 운명을 바꾼 신자유주의에 대항하여 승리를 거두었던 운동도, 2011년부터 전개된 월가 점거 운동도 그랬다.

그래서, 클램셸 연합은 정확히 무엇을 성취했을까? 운동의 직접적인 목표로 여겨졌던 일을 제외한 나머지 모든 것을 성취했다. 그 운동은 세상을 바꿀 도구를 거듭 제공했고, 그 도구를 좀더 평등하고 포용적인 방식으로 사용할 수 있다는 전망도 제공했다. 오늘날의 세상에는 인류에 대한 범죄가 있고, 자연에 대한 범죄가 있고, 그밖의 형태로 자행되는 파괴 행위도 있다. 우리는 그 범죄들을 한시바삐 중단시켜야 하고, 그러기 위해서 지금 노력하는 사람들이 있다. 이 사람들은 과거의 저 활동가들로부터 교훈을 얻고, 그들이 개발했던 도구를 쓴다. 만약 우리가 부수적 편익과 간접적 영향을 인식하는 법을 배운다면, 현재 우리의 노력도 미래에 좀더 오래 지속되는 유산을 남기도록 만들 수 있을 것이다.

만약 당신이 시민사회의 구성원이라면, 만약 당신이 시위를 하고 의원에게 전화를 걸고 인권 운동에 기부한다면, 당신이 가져온 변화의 공로를 정치인이나 판사나 유력자

가 날름 차지하거나 부여받는 모습을 보게 될 것이다. 그
들이 심지어 처음에는 변화에 저항하고 반대했던 사람들
일 때도 있다. 그래도 당신은 어쨌든 자신의 힘과 영향력
을 믿어야 한다. 우리가 거둔 위대한 승리들 중 많은 수가
현실로 벌어지지 않은 일이라는 사실을 기억해야 한다. 무
언가가 건설되거나 파괴되지 않은 일, 규제가 풀리거나 합
법화되지 않은 일, 법령으로 통과되거나 문화적으로 용인
되지 않은 일이었다는 사실을. 우리가 노력했기 때문에 세
상에서 사라진 것들이 있는데, 그러면 우리는 한때 그것들
이 있었다는 사실을 잊어버린다. 이런 망각은 우리가 한때
노력하여 이겼다는 사실을 잊는 것과 다름없다.

　심지어 지는 것도 과정의 일부다. 대영제국의 노예제 폐
지 법안은 연거푸 통과에 실패했지만, 그 속에 담긴 생각은
계속 퍼져나갔고 그래서 결국 첫 법안이 제안된 지 27년
만에 새로운 형태의 법안이 통과되었다. 우리는 언론이 보
통 단순하고 직접적인 이야기만을 좋아한다는 사실을 기
억해야 한다. 법정이 어떤 판결을 내리거나 의회가 어떤
법을 통과시키면 그 행동이 바로 그 행위자의 선의나 통찰
이나 발전만을 반영한다고 본다는 이야기다. 그런 시각을
처음 형성한 것은 칭송되지 않는 무명의 사람들이었다는
사실, 수많은 산호들이 하나의 산호초를 이루듯이 수많은
활동으로 하나의 새로운 세상이나 세계관을 이룬 사람들

이 뒤에 있었다는 사실까지 언론이 깊이 살펴보는 경우는 드물다.

독재와 파괴를 막아세울 유일한 힘은 시민사회다. 그것은 곧 우리 중 대다수가 자신의 힘을 기억하고 한데 뭉쳐야 한다는 뜻이다. 이 일은 어떤 구체적인 파괴 행위에 반대하는 작업에서 시작되지만, 그 끝은 우리가 전반적인 체계를 바꾸는 데 성공하고 그래서 다른 문제로 넘어갈 때에야 온다. 그러나 이때 우리는 혁명하는 사람들에 그쳐서는 안 된다. 혁명은 지속되지 않기 때문이다. 우리는 더 나아가 평등, 민주주의, 포용, 완전한 참여와 같은 가치들을 품은 시민사회가 되어야 한다. 그런 시민사회란 말하자면 '여럿으로부터 하나를'의 원칙을 급진적으로 구현하고 더불어 연민까지 갖춘 존재일 것이다. 이 일은 언제나, 처음부터 끝까지 시종일관, 이야기를 들려주는 일이다. 내 친구들이 쓰는 표현에 따르자면 '이야기들의 싸움'이다. 스스로 이야기를 짓고, 기억하고, 다시 들려주고, 기념하는 것은 우리 일의 일부다.

이 일은 오래 지속될 때에만 비로소 중요해질 것이다. 이 일이 지속되려면, 작고 점진적인 수많은 활동들이 하나하나 다 중요하다는 사실을 믿어야 한다. 결과가 직접적이거나 명백하지 않더라도 중요하다고 믿어야 한다. 직접적인 목적에 실패했을 때조차, 가령 어떤 후보의 당선을 막거나, 송유관의 건설을 막거나, 법안의 통과에 실패했을 때조차 어쩌면 더 폭넓은 변화가 더 쉽게 이뤄질 수 있는 형태로 전체 구조를 조금 바꿨을지도 모른다고 생각해야 한다. 우리는 이야기나 규칙을 바꿨을 수도 있고, 미래 활동가들에게 도구나 본보기나 용기를 제공했을 수도 있고, 주변의 다른 사람들이 그들 각자의 노력을 지속하도록 힘이 되어주었을 수도 있다.

이 일이 중요하다고 믿으려면… 물론, 우리는 미래를 볼 수 없다. 그러나 우리에게는 과거가 있다. 과거는 우리에게 패턴, 모형, 비슷한 사례, 원칙, 자원을 알려준다. 영웅적이고 탁월하고 끈질겼던 이야기들을 알려준다. 중요한 일을 할 때 느끼는 크나큰 즐거움을 알려준다. 이런 것들을 갖춘다면, 우리는 가능성을 붙잡고 희망을 현실로 바꿔나갈 수 있다.

〔2017〕

감사의 말

글쓰기는 고독 속에서 이루어지는 일이지만 고립 속에서 이루어지는 일은 결코 아니다. 나는 고독의 고요함 속에서 세상과 사람들이 내게 말해준 것들에 대해서 생각하고 반응하며, 내가 그렇게 쓰는 글은 모두 사람들과의 대화다. 이 책의 글들은 내게 가장 중요한 사람들과 함께해온 모험과 지속적인 대화에서 진화했다. 타지 제임스, 에리카 체노웨스, 존 위너, 애스트라 테일러, 샘 그린, 마리타 시트린, 안토니아 유하스, L. A. 카우프먼, 존 핼리팩스, 개빈 브라우닝, 조슈아 젤리샤피로, 가넷 카도건, 클라이브 존스, 모리스 러핀, 앨런 세노크, 멜로디 체이비스, 그 밖에도 지난 몇년 동안 나와 함께 생각하고, 행진하고, 희망하고, 걱정해준 사람들에게 고맙다. 운 좋게도 지난 몇년 동안 함께 일해온 기후 문제 활동가들에게 특별한 감사를 전한다. '350.org'의 메이 부버, 애나 골드스틴, 데이비드 솔닛, 빌 매키븐에게 고맙다. 내가 이사회 멤버로 자랑스럽게 이름을 올려둔 '석유 변화 인터내셔널'Oil Change International의 스티브 크레츠먼과 직원들에게 고맙고, 오랜 친구이자 새로 이사회에 합류한 동료 레나토 레덴토르 콘스탄티노에게 고맙다. 빠뜨린 많은 사람들에게는 미안한 마음을 전한다.

물론, 일단 씌어진 글은 편집자에게 넘어가야 발표될 수 있다. 이 글들은 운 좋게도 다음 훌륭한 편집자들의 손을 거쳤다. 『뉴요커』의 도러시 위켄든, '릿헙'의 존 프리먼과 조니 다이아몬드, 『런던 리뷰 오브 북스』의 멋진 일당, 『하퍼스』의 크리스토퍼 베하(2014년에 내게 '이지 체어' 칼럼을 처음 청탁했던 그에게는 마땅히 고마움을 추가로 전해야 한다)와 에밀리 쿡, 『가디언』의 아마나 폰타넬라칸과 메로프 밀스, 그리고 헤이마켓 북스 출판사의 앤서니 아노브와 캐럴라인 러프트다.

알레한드로 니에또의 이야기를 들려준 엘비라와 레푸히오 니에또, 아드리아나 까마레나, 엘리 플로레스, 오스카 살리나스, 벤 백 시에라, 호르헤 엘리오에게 특별한 감사를 전한다. 이 재판과 살인을 보도하기 위해서 나와 함께 애써주었던 사나 살림에게도 고맙다. 그리고 오래전 내가 유대-기독교 틀을 벗어나서 생각할 수 있도록 조기 교육을 해주었던 루이스 디소토에게 고맙다.

「이야기를 깨뜨리다」는 모교인 UC 버클리 저널리즘 대학원에서 했던 졸업식 축사다. 세상으로 나가는 훌륭한 저널리스트들에게 말할 기회라는 영예를 준 데 대해, 또한 오래전 내가 그곳에서 받았던 교육, 보도 기법과 법과 각종 임기응변에 대한 교육뿐 아니라 윤리 교육에 대해서도 모교에 감사한다.

지금까지 내 소중한 친구이고 엄청난 역경 속에서도 놀라운 품위의 모범을 보여주는 자비스 매스터스에 대해서는, 그가 얼마나 웃긴 사람이고 그와의 대화가 얼마나 재미난지를 이 글에서는 보여주지 못한 게 아쉽다. 그는 감옥에 갇혀 있으면서도 많은 종류의 해방을 이루어냈다. 아름다운 일이다.

그리고 언제나처럼, C에게 고맙다.

지은이 · 리베카 솔닛(Rebecca Solnit)
예술평론과 문화비평을 비롯한 다양한 저술로 주목받는 작가이자 역사가이며, 1980년
대부터 환경·반핵·인권운동에 열렬히 동참한 현장운동가다. 특유의 재치 있는 글쓰기
로 일부 남성들의 '맨스플레인'man+explain 현상을 통렬하게 비판해 전세계적인 공감
과 화제를 몰고 왔다. 국내에 소개된 책으로 『남자들은 자꾸 나를 가르치려 든다』 『여자
들은 자꾸 같은 질문을 받는다』 『어둠 속의 희망』 『멀고도 가까운』 『걷기의 인문학』 『이
폐허를 응시하라』가 있다. 구겐하임 문학상, 전미도서비평가상, 래넌 문학상, 마크 린턴
역사상 등을 받았으며, 이 책으로 2018 전미도서상 후보에 올랐다.

옮긴이 · 김명남(金明南)
KAIST 화학과를 졸업하고 서울대 환경대학원에서 환경정책을 공부했다. 인터넷서점
알라딘 편집팀장을 지냈고, 전문번역가로 활동하고 있다. 『남자들은 자꾸 나를 가르치
려 든다』 『여자들은 자꾸 같은 질문을 받는다』 『우리는 모두 페미니스트가 되어야 합니
다』 『면역에 관하여』 『휴먼 에이지』 『지상 최대의 쇼』 등을 옮겼다. 『우리 본성의 선한
천사』의 번역으로 제55회 한국출판문화상을 수상했다.

이것은 이름들의 전쟁이다

초판 1쇄 발행 / 2018년 10월 25일
초판 3쇄 발행 / 2018년 12월 28일

지은이 / 리베카 솔닛
옮긴이 / 김명남
펴낸이 / 강일우
책임편집 / 최지수 김정희
조판 / 신혜원
펴낸곳 / (주)창비
등록 / 1986년 8월 5일 제85호
주소 / 10881 경기도 파주시 회동길 184
전화 / 031-955-3333
팩시밀리 / 영업 031-955-3399 편집 031-955-3400
홈페이지 / www.changbi.com
전자우편 / nonfic@changbi.com

한국어판 ⓒ (주)창비 2018
ISBN 978-89-364-7679-3 03300